Außergerichtliche Streitbeilegung
in Deutschland

Europäische Hochschulschriften

Publications Universitaires Européennes

European University Studies

Reihe II

Rechtswissenschaft

Série II Series II

Droit

Law

Bd./Vol. 3198

PETER LANG

Frankfurt am Main · Berlin · Bern · Bruxelles · New York · Oxford · Wien

Gerald Zimmer

Außergerichtliche Streitbeilegung in Deutschland

Eine Bestandsaufnahme im Lichte US-amerikanischer Erfahrungen

PETER LANG
Europäischer Verlag der Wissenschaften

Die Deutsche Bibliothek - CIP-Einheitsaufnahme

Zimmer, Gerald:

Außergerichtliche Streitbeilegung in Deutschland : eine Bestandsaufnahme im Lichte US-amerikanischer Erfahrungen / Gerald Zimmer. - Frankfurt am Main ; Berlin ; Bern ; Bruxelles ; New York ; Oxford ; Wien : Lang, 2001
(Europäische Hochschulschriften : Reihe 2, Rechtswissenschaft ; Bd. 3198)
Zugl.: Frankfurt (Main), Univ., Diss., 2001
ISBN 3-631-37762-2

D 30
ISSN 0531-7312
ISBN 3-631-37762-2

www.peterlang.de

VORWORT

Diese Arbeit wäre ohne die Unterstützung und Hilfe vieler Menschen nicht entstanden.

An erster Stelle möchte ich meinem Doktorvater, Herrn Professor (em.) Dr. Dr. h.c. Hans-Leo Weyers, für seine in jeder Hinsicht vorbildliche Betreuung der Dissertation danken. Neben seiner fortwährenden, konstruktiven Diskussionsbereitschaft half seine große Geduld über manch schwierige Phase hinweg.

Herrn Professor Dr. Manfred Wolf habe ich für die Übernahme und zügige Erstellung des Zweitgutachtens zu danken.

Wertvolle Anregungen zur Thematik gaben mir Herr Dr. Helmut Scholz und Frau Dr. Margret Schleidt, die - wie andere auch - viel Zeit und Mühe investierten. Ihnen allen gilt mein Dank.

Ich widme die Dissertation meinen Eltern.

Frankfurt am Main, im April 2001 Gerald Zimmer

INHALTSVERZEICHNIS

SCHRIFTTUMSVERZEICHNIS

Alexander, Nadja, Wirtschaftsmediation in Deutschland, Tübingen 1998.

Bandisch, Günter, Zur Vermittlertätigkeit von Rechtsanwälten, in: Blankenburg, Erhard / Gottwald, Walther / Strempel, Dieter (Hrsg.), Alternativen in der Ziviljustiz, Köln: Bundesanzeiger, 1982, S. 41 ff.

Barrett, Robert C., Mediator Certification: Should California Enact Legislation?, in: 30 University of San Francisco Law Review 617 (1996).

Baumbach, Adolf / Lauterbach, Wolfgang / Albers, Jan / Hartmann, Peter, Zivilprozeßordnung, 58. Auflage, München 2000 (zitiert: Baumbach-Bearbeiter).

Behrens, Fritz, Die außergerichtliche Streitschlichtung nach dem Modell Nordrhein-Westfalen, in: Deutsche Richterzeitung (DRiZ) 1997, S. 236 ff.

Benjamin, Robert D., A Critique of Mediation – Challenging Misconceptions, Assessing Risks and Weighing the Advantages, in: 146 Pittsburgh Legal Journal 37 (1998).

Berghuis- van der Wijk, Irma J., Vermitteln oder Prozessieren? Faktoren, die die Häufigkeit gütlicher Streitbeilegung bei Rechtsanwälten beeinflussen, in: Blankenburg, Erhard / Gottwald, Walther / Strempel, Dieter (Hrsg.), Alternativen in der Ziviljustiz, Köln: Bundesanzeiger, 1982, S. 65 ff.

Bericht der Bundesregierung zur Verbraucherpolitik, BT-Drucksache 6/2724.

Blankenburg, Erhard, Außergerichtliche Konfliktregelung in den Niederlanden, in: Vögele, Wolfgang (Hrsg.), Mediation – vermitteln – verhandeln – schlichten. Rechtspolitische Chancen kooperativer, vorgerichtlicher Konfliktbearbeitung, Loccumer Protokolle 2/98, 1. Auflage, Rehburg-Loccum 1998, S. 70 ff. (zitiert: Außergerichtliche Konfliktregelung in den Niederlanden).

Blankenburg, Erhard, Droht die Überforderung der Rechtspflege?, in: Zeitschrift für Rechtspolitik (ZRP) 1992, S. 96 ff. (zitiert: ZRP 1992).

Blankenburg, Erhard (Hrsg.), Prozeßflut?: Studien zur Prozeßtätigkeit europäischer Gerichte in historischen Zeitreihen und im Rechtsvergleich, Köln: Bundesanzeiger, 1989 (zitiert: Prozeßflut?).

Blankenburg, Erhard / Fiedler, Jann, Die Rechtsschutzversicherungen und der steigende Geschäftsanfall der Gerichte, Tübingen 1981.

Blankenburg, Erhard / Gottwald, Walther / Strempel, Dieter (Hrsg.), Alternativen in der Ziviljustiz, Köln: Bundesanzeiger, 1982.

Blankenburg, Erhard / Verwoerd, J. R. A., Prozeßhäufigkeiten in den Niederlanden und in Nordrhein-Westfalen 1970 – 1984, in: Blankenburg, Erhard

(Hrsg.), Prozeßflut?: Studien zur Prozeßtätigkeit europäischer Gerichte in historischen Zeitreihen und im Rechtsvergleich, Köln: Bundesanzeiger, 1989, S. 257 ff..

Blegvad, Britt-Mari / Wulf, Annegrete, Prozeßflut aller Orten? Dänemark: Ein Gegenbefund und seine Ursachen, in: Blankenburg, Erhard (Hrsg.), Prozeßflut?: Studien zur Prozeßtätigkeit europäischer Gerichte in historischen Zeitreihen und im Rechtsvergleich, Köln: Bundesanzeiger, 1989, S. 115 ff.

Böckstiegel, Karl-Heinz, Schlichten statt Richten. Möglichkeiten und Wege außergerichtlicher Streitbeilegung, in: Deutsche Richterzeitung (DRiZ) 1996, S. 267 ff.

Böckenförde, Ernst-Wolfgang, Juristenausbildung – auf dem Weg ins Abseits?, in: Strempel, Dieter (Hrsg.), Juristenausbildung zwischen Internationalität und Individualität, Baden-Baden 1998, S. 63 ff.

BRAK-Mitteilungen (Hrsg. Bundesrechtsanwaltskammer), 31. Jahrgang, Heft 3/2000 vom 21.06.2000.

Breidenbach, Stephan, Mediation - Komplementäre Konfliktbehandlung durch Vermittlung, in: Breidenbach, Stephan / Henssler, Martin (Hrsg.), Mediation für Juristen, Köln 1997, S. 1 ff. (zitiert: Komplementäre Konfliktbehandlung).

Breidenbach, Stephan, Mediation. Struktur, Chancen und Risiken von Vermittlung im Konflikt, Köln 1995 (zitiert: Mediation).

Breidenbach, Stephan / Gläßer, Ulla, Selbstbestimmung und Selbstverantwortung im Spektrum der Mediationsziele, in: Konsens, Zeitschrift für Mediation, 2. Jahrgang Nr. 4, 1999, S. 207 ff.

Breidenbach, Stephan / Henssler, Martin (Hrsg.), Mediation für Juristen, Köln 1997.

Brinkmann, Hermann, Tätigkeit und Organisation der ÖRA, in: 1922 bis 1997 – 75 Jahre Öffentliche Rechtsauskunft- und Vergleichsstelle Hamburg (Hrsg. von der Behörde für Arbeit, Gesundheit und Soziales), Hamburg 1997, S. 41 ff.

Britz, Guido, Fernsehaufnahmen im Gerichtssaal, Baden-Baden 1999.

Büchner, Sebastian u. a., Außergerichtliche Streitbeilegung, 1. Auflage, München Berlin 1998.

Bullock, Stephen G. / Gallagher, Linda Rose, Surveying the State of the Mediative Art: A Guide to Institutionalizing Mediation in Louisiana, in: 57 Louisiana Law Review 885 (1997).

Bundschuh, Karl Dietrich, Erfahrungen mit dem Ombudsmannverfahren der Banken, in: Zeitschrift für Bankrecht und Bankwirtschaft (ZBB) 1/1998, S. 2 ff.

Bursch, Gustav-Adolf, ÖRA an der Jahrtausendwende – wohin in den nächsten 75 Jahren?, in: 75 Jahre Öffentliche Rechtsauskunft- und Vergleichsstelle Hamburg, Hamburg 1997, S. 29 ff.

Bush, Robert A., What do We Need a Mediator for?“: Mediation's „Value-Added“ for Negotiators, in: 12 Ohio State Journal on Dispute Resolution 1 (1996).

Calkins, Richard M., Mediation: The Gentler Way, in: 41 South Dakota Law Review 277 (1996).

Chandler, William, Der Ombudsman in den kanadischen Provinzen, in: Kempf, Udo / Uppendahl, Herbert, Ein deutscher Ombudsman, Opladen 1986, S. 180 ff.

Chantilis, Peter S., Mediation U.S.A., in: 26 University of Memphis Law Review 1031 (1996).

Christiansen, J., Ritual and Resolution. The Role of Reconciliation in the Mediation Process. Lessons from a Traditional Chinese Village, in: Dispute Resolution Journal 66 (1997).

Curriculum einer Mediationsausbildung, in: Konsens, Zeitschrift für Mediation, 1. Jahrgang Nr. 1, 1998, S. 29 f.

Das Kraftfahrzeug-Gewerbe: Mitteilungsblatt des Verbandes für das Kraftfahrzeuggewerbe für Rheinland-Hessen-Nassau e.V., Koblenz, 1969.

Deutsch, Erwin / Matthies, Karl-Heinz, Arzthaftungsrecht: Grundlagen, Rechtsprechung, Gutachter- und Schlichtungsstellen, 3. Auflage, Köln 1988.

Devine, Paul F., Mediator Qualifications: Are Ethical Standards Enough to Protect the Client?, in: 12 Saint Louis University Public Law Review 187 (1993).

Dieckmann, Jochen, Das nordrhein-westfälische Ausführungsgesetz zu § 15a EGZPO, in: Neue Juristische Wochenschrift (NJW) 2000, S. 2802 f.

Dinger, Andrea / Koch, Uwe, Querulanz in Gericht und Verwaltung, München 1991.

Directory of Law Schools, American Bar Association: Section of Dispute Resolution, Alternative Dispute Resolution – Courses and Programs, 2. Auflage 1997.

Donegan, Susan L., ADR in Colonial America: A Covenant for Survival, in: 48 Arbitration Journal 14 (1993).

Drischler, Karl, Die unsichtbare Arbeit des Schiedsmanns, in: Schiedsmannszeitung (SCHS-ZTG) 1984, 55. Jahrgang, S. 101 ff.

Duss- von Werdt, Josef / Mähler, Hans-Georg / Mähler, Gisela, Faire Scheidung durch Mediation: ein neuer Weg bei Trennung und Scheidung, München 1994.

Duve, Christian, Alternative Dispute Resolution (ADR) – die außergerichtliche Streitbeilegung in den USA, in: Betriebs-Berater Beilage 10 (Mediation und Recht) vom 01.10.1998, S. 9 ff. (zitiert: BB 1998).

Duve, Christian, Die Mediation ist auf halbem Weg stehen geblieben. Mängel bei der Suche nach einer Lösung für den Ausbau des Frankfurter Flughafens, in: Frankfurter Allgemeine Zeitung vom 07.05.2000, S. 4 (zitiert: FAZ).

Duve, Christian, Mediation und Vergleich im Prozeß, München 1998 (zitiert: Mediation).

Eberhardt, Lothar, Stellungnahme zur Situation der ärztlichen Gutachter- und Schlichtungsstellen, in: Makiol, Hans u.a., Gutachterkommissionen und Schlichtungsstellen: Anspruch, Praxis, Perspektiven, Berlin 1990, S. 65 ff.

Eidenmüller, Horst, Ökonomische und spieltheoretische Grundlagen von Verhandlung/Mediation, in: Breidenbach, Stephan / Henssler, Martin (Hrsg.), Mediation für Juristen, Köln 1997, S. 31 ff.

Falke, Josef, Das Schiedsmannsinstitut – historische und rechtssoziologische Aspekte, in: Schiedsmannszeitung (SCHS-ZTG) 1977, 48. Jahrgang, S. 74 ff.

Falke, Josef / Gessner, Volkmar, Konfliktnähe als Maßstab für gerichtliche und außergerichtliche Streitbehandlung, in: Blankenburg, Erhard / Gottwald, Walther / Strempel, Dieter (Hrsg.), Alternativen in der Ziviljustiz, Köln: Bundesanzeiger, 1982, S. 289 ff.

Felstiner, William L. F. / Abel, Richard / Sarat, Austin, The Emergence and Transformation of Disputes. Naming, Blaming, Claiming, in: 15 Law & Society Review 631 (1981).

Fine, Erika S. / Plapinger, Elizabeth S., ADR and the Courts, Innovative Strategies for Case Management, Early Settlement and Dispute Resolution, New York 1987.

Fisher, Roger / Ury, Willliam / Patton, Bruce, Getting to Yes, New York, 1991.

Folberg, Jay / Rosenberg, Joshua / Barrett, Robert, Use of ADR in California Courts: Findings and Proposals, in: 26 University of San Francisco Law Review 343 (1992).

Franke, Markus, Ein Ombudsmann für Deutschland?: Einführungsmöglichkeiten einer Ombudsmann-Institution in das deutsche Verfassungsleben unter Berücksichtigung der dänischen und europäischen Einrichtungen, Frankfurt 1999.

Gain, Hans-Joachim / Schulte, Günter, Das Schlichtungsverfahren vor Schiedsämtern und Schiedsstellen, 4. Auflage, Köln Berlin Bonn München 1991.

Gans, Walter G. / Stryker, David, ADR: The Siemens Experience, in: 51 Dispute Resolution Journal 40 (1997).

Georges, Karl Ernst, Ausführliches lateinisch-deutsches Handwörterbuch, 2. Band, Nachdruck der 8. Auflage, Hannover 1959.

Gibson, Kevin, Confidentiality in Mediation: A Moral Reassessment, in: Journal of Dispute Resolution 25 (1992).

Gilman, Ronald Lee, Mediation: Prime ADR Tool of the 90's, in: 30 Tennessee Bar Journal 20 (1994) (zitiert: Mediation).

Gilman, Ronald Lee, Resolving Commercial Cases through Alternative Dispute Resolution, in: 26 University of Memphis Law Review 1121 (1996). (zitiert: Resolving Commercial Cases).

Goldberg, Stephen B. / Green, Eric D. / Sander, Frank E. A., Dispute Resolution, Boston Toronto 1985.

Gottwald, Walther, Mediation in den USA – ein Wegweiser, in: Henssler, Martin / Koch, Ludwig, Mediation in der Anwaltspraxis, Bonn 2000, S. 187 ff. (zitiert: Mediation in den USA).

Gottwald, Walther, Modelle der freiwilligen Streitschlichtung unter besonderer Berücksichtigung der Mediation, in: Zeitschrift für Wirtschafts- und Bankrecht (WM) 1998, S. 1257 ff. (zitiert: WM 1998).

Gottwald, Walther, Streitbeilegung ohne Urteil. Vermittelnde Konfliktregelungen alltäglicher Streitigkeiten in den Vereinigten Staaten aus rechtsvergleichender Sicht, Tübingen 1981 (zitiert: Streitbeilegung ohne Urteil).

Gottwald, Walther, Streitschlichtung und Mediation, in: Betrifft JUSTIZ Nr. 59, Sept. 1999, S. 117 ff. (zitiert: Betrifft JUSTIZ).

Gottwald, Walther / Strempel, Dieter (Hrsg.), Streitschlichtung, Köln 1995.

Greger, Reinhard, Vom „Kampf ums Recht" zum Zivilprozeß der Zukunft, in: Juristenzeitung (JZ) 1997, S. 1077 ff. (zitiert: JZ 1997).

Greger, Reinhard, Diversion statt Flaschenhals, in: Zeitschrift für Rechtspolitik (ZRP) 1998, S. 183 ff. (zitiert: ZRP 1998).

Gude, Hans Harald Otto, Der Ombudsmann der privaten Banken in Deutschland, Großbritannien und der Schweiz, Bonn 1998.

Haegelin, Elizabeth J., How to Negotiate and Settle a Personal Injury Case, Practising Law Institute, Litigation and Administrative Practice Course Handbook Series, PLI No. H4-5265, 1997.

Hartmann, Peter, Das neue Gesetz zur Förderung der außergerichtlichen Streitbeilegung, in: Neue Juristische Wochenschrift (NJW) 1999, S. 3745 ff.

Haß, Detlef, Die Gruppenklage. Wege zur prozessualen Bewältigung von Massenschäden, München 1996.

Heinsius, Theodor, Verbraucher und Ombudsmann, in: Zeitschrift für Wirtschafts- und Bankrecht (WM) 1992, S. 478.

Hellner, Thorwald, Bankenverband beschließt Ombudsmannsystem, in: Die Bank 12/1991, S. 666 ff.

Henderson, Douglas A., Mediation Success: An Empirical Analysis, in: 11 Ohio State Journal on Dispute Resolution 105 (1996).

Hennings, Carl Peter, Einrichtung und Tätigkeit der Öffentlichen Rechtsauskunft- und Vergleichsstelle in Hamburg, in: 50 Jahre Öffentliche Rechtsauskunft- und Vergleichsstelle Hamburg, Hamburger Dokumente 1.73 (Hrsg. von der Staatl. Pressestelle in Zusammenarbeit mit der Arbeits- und Sozialbehörde), Hamburg 1973, S. 37 ff.

Henssler, Martin / Koch, Ludwig, Mediation in der Anwaltspraxis, Bonn 2000.

Hix, Phyllis M. / Negussie, Mel M. / Scully, Daniel J. / Maas, Earl H., Mediation, or is it? Everything you Thought you Knew, but maybe didn´t, in: 65 Defense Counsel Journal 256 (1998).

Hoffmann-Riem, Wolfgang, Konfliktbewältigung in einer angebotsorientierten Rechtsschutzordnung, in: Zeitschrift für Rechtspolitik (ZRP) 1997, S. 190 ff.

Hoyningen-Huene, Dagmar von, Mediation – Eine Alternative zum gerichtlichen Verfahren, in: Juristische Schulung (JuS) 1997, S. 352 ff. (zitiert: JuS 1997).

Hutchinson, Campbell C., The Case for Mandatory Mediation, in: 42 Loyola Law Review 85 (1996).

Huttner, Georg, Das Sühneverfahren in Baden-Württemberg, Stuttgart 1981.

Ietswaart, Heleen F. P., Die Entwicklung des Geschäftsanfalls an Amtsgerichten in Frankreich, in: Blankenburg, Erhard (Hrsg.), Prozeßflut?: Studien zur Prozeßtätigkeit europäischer Gerichte in historischen Zeitreihen und im Rechtsvergleich, Köln: Bundesanzeiger, 1989, S. 159 ff.

Ihering, Rudolf, Der Kampf ums Recht, Wien 1872.

Iwanyshyn, Deborah, Mediation shows Promise beyond Custody to Divorce and Business Issues, in: 146 Pittsburgh Legal Journal 41 (1998).

Jagodzinski, Wolfgang / Raiser, Thomas / Riehl, Jürgen, Rechtsschutzversicherung und Rechtsverfolgung, Köln: Bundesanzeiger, 1994.

Jansen, Dorothea / Schwarz, Gabriele, Das Güteverfahren vor dem Schiedsmann – ein alternatives Vermittlungsverfahren in zivilrechtlichen Streitigkeiten?, in: Röhl, Klaus F. (Hrsg.), Das Güteverfahren vor dem Schiedsmann, Köln 1987, S. 1 ff.

Jauernig, Othmar, Zivilprozeßrecht, 25. Auflage, München 1998.

Kauffman, Nancy / Davis, Barbara, What Type of Medication do you Need?, in: 53 Dispute Resolution Journal 8 (1998).

Kempf, Udo, Der Ombudsman-Gedanke in Westeuropa, in: Kempf, Udo / Uppendahl, Herbert, Ein deutscher Ombudsman, Opladen 1986, S. 130 ff.

Kempf, Udo / Uppendahl, Herbert, Ein deutscher Ombudsman, Opladen 1986.

Klein, Wolfgang, Schlichten in der Vergleichsbehörde: Die Herbeiführung von Einigung, in: Nothdurft, Werner (Hrsg.), Streit schlichten: Gesprächsanalytische Untersuchungen zu institutionellen Formen konsensueller Konfliktregelung, Band 1, Berlin 1995, S. 27 ff.

Koch, Klaus-Friedrich, War and Peace in Jalémó. The Management of Conflict in Highland New Guinea, Cambridge 1974.

Koch, Ludwig, Vertragsgestaltung in der Mediation, in: Henssler, Martin / Koch, Ludwig, Mediation in der Anwaltspraxis, Bonn 2000, S. 266 ff.

Kovach, Kimberlee K. / Love, Lela P., Mapping Mediation: The Risks of Riskin's Grid, in: 3 Harvard Negotiation Law Review 71 (1998).

Kovach, Kimberlee K., Mediation. Principles and Practice, St. Paul 1994.

Krapp, Thea, Zivilrechtliche Schlichtung an japanischen Gerichten, in: Gottwald, Walther / Strempel, Dieter (Hrsg.), Streitschlichtung, Köln 1995, S. 77 ff. (zitiert: Zivilrechtliche Schlichtung an japanischen Gerichten).

Krapp, Thea, Schlichtung in der Republik China (Taiwan), in: Gottwald, Walther / Strempel, Dieter (Hrsg.), Streitschlichtung, Köln 1995, S. 85 ff. (zitiert: Schlichtung in der Republik China (Taiwan)).

Krapp, Thea, Modelle zur alternativen Konfliktlösung an amerikanischen Zivilgerichten, in: Zeitschrift für Rechtspolitik (ZRP) 1994, S. 115 ff. (zitiert: ZRP 1994).

Kressel, Kenneth / Pruitt, Dean G. (Hrsg.), Mediation Research: The Process and Effectiveness of Third-Party Intervention, New York 1989.

Landry, Sherry, Med-Arb: Mediation with a Bite and an Effective ADR Model, in: 63 Defense Counsel Journal 263 (1996).

Lee, Jaime Alison / Giesler, Carl, Confidentiality in Mediation, in: 3 Harvard Negotiation Law Review 285 (1998).

Leeson, Susan M. / Johnston, Bryan M., Ending it: Dispute Resolution in America, Cincinnati Ohio 1988.

Leibholz, Gerhard / Rinck, Hans-Justus / Hesselberger, Dieter, Grundgesetzkommentar, 7. Auflage, Köln 1993.

Levi, Deborah L., The Role of Apology in Mediation, in: 72 New York University Law Review 1165 (1997).

Lichtenberger, Peter, Die Tätigkeit der Notare: Konfliktprophylaxe und Alternative der Konfliktregelung, in: Blankenburg, Erhard / Gottwald, Walther / Strempel, Dieter (Hrsg.), Alternativen in der Ziviljustiz, Köln: Bundesanzeiger, 1982, S. 47 ff.

Lobel, Ira, What Mediation Can & Cannot Do, in: 53 Dispute Resolution Journal 47 (1998).

Lörcher, Heike / Lörcher, Gino, Schiedsverfahren, in: Büchner, Sebastian u. a., Außergerichtliche Streitbeilegung, 1. Auflage, München Berlin 1998, S. 477 ff.

Lohmann, Hans-Wolfgang, Schiedsstellen des Kfz-Handwerks, in: Morasch, Hellmut, Schieds- und Schlichtungsstellen in der Bundesrepublik, Köln: Bundesanzeiger, Beilage 66/84, 1984, S. 127 f.

Lüdemann-Ravit, Peter, Konflikt-Sprechstunde: Konfliktbewältigung, Gerechtigkeit, Recht, Stuttgart 1994.

Mähler, Gisela / Mähler, Hans-Georg, Mediation als Konsensverfahren, in: Konsens, Zeitschrift für Mediation, 2. Jahrgang Nr. 4, 1999, S. 200 ff.

Makiol, Hans u.a., Gutachterkommissionen und Schlichtungsstellen: Anspruch, Praxis, Perspektiven, Berlin 1990.

Maunz, Theodor / Dürig, Günter / Herzog, Roman / Scholz, Rupert, Grundgesetzkommentar, Band V, München 1999.

Manos, Chris / Taylor, Carson, Dispute Resolution Options open Doors to Amicable Settlements, in: 23 Montana Lawyer 1 (1998).

McLaughlin, Joseph T., Alternative Dispute Resolution and Risk Management: Controlling Conflict and its Costs - Disputes involving Products, Services and Insurance, Litigation and Administrative Practice Course Handbook Series, 1987.

Menkel-Meadow, Carrie, Toward another View of Legal Negotiation: The Structure of Problem Solving, 31 UCLA Law Review 754 (1984).

Meyer-Teschendorf, Klaus G. / Hofmann, Hans, Eine neue Balance zwischen rechtsstaatlicher Sicherheit und Optimierung der Justiz, in: Zeitschrift für Rechtspolitik (ZRP) 1998, S. 132 ff.

Mnookin, Robert H. / Kornhauser, Lewis, Bargaining in the Shadow of the Law, in: 88 Yale Law Journal 950 (1979).

Morasch, Hellmut, Schieds- und Schlichtungsstellen in der Bundesrepublik, Köln: Bundesanzeiger, Beilage 66/84, 1984.

Morasch, Hellmut / Blankenburg, Erhard, Schieds- und Schlichtungsstellen – ein noch entwicklungsfähiger Teil der Rechtspflege, in: Zeitschrift für Rechtspolitik (ZRP) 1985, S. 217 ff.

Moyer, Thomas J., ADR as an Alternative to our Culture of Confrontation, in: 43 Cleveland State Law Review 13 (1995).

Müller, Helmut, Der Ombudsmann in der Versicherungswirtschaft, in: Versicherungs-Betriebswirt Nr. 3/2000, S. 1 ff.

Münch, Ingo von / Kunig, Philip, Grundgesetz-Kommentar, 3. Auflage, München 1996.

Murray, John S. / Rau, Alan Scott / Sherman, Edward F., Mediation and other Non-Binding ADR Processes, New York 1996.

Nelle, Andreas, Making Mediation Mandatory: A Proposed Framework, in: 7 Ohio State Journal on Dispute Resolution 287 (1992).

Nolan-Haley, Jacqueline M., Court Mediation and the Search for Justice through Law, in: 74 Washington University Law Quarterly 47 (1996).

Nothdurft, Werner, Streit schlichten: Gesprächsanalytische Untersuchungen zu institutionellen Formen konsensueller Konfliktregelung, Band 1, Berlin 1995 (zitiert: Schlichtung – Streit schlichten).

Nothdurft, Werner, ...und wie is es mit Kulanz? - Schlichtung in einer Schiedsstelle für den Gebrauchtwagenhandel, in: Nothdurft, Werner (Hrsg.), Streit schlichten: Gesprächsanalytische Untersuchungen zu institutionellen Formen konsensueller Konfliktregelung, Band 1, Berlin 1995, S. 364 ff. (zitiert: ...und wie is es mit Kulanz?).

Ortloff, Karsten-Michael, Richterauftrag und Mediation, in: Breidenbach, Stephan / Henssler, Martin (Hrsg.), Mediation für Juristen, Köln 1997, S. 111 ff.

Parsch, Leo, 5 Jahre Schlichtungsverfahren der privaten Banken, in: Zeitschrift für Wirtschafts- und Bankrecht (WM) 1997, S. 1228 f. (zitiert: WM 1997).

Parsch, Leo, Erste Erfahrungen mit dem Ombudsmann-Verfahren, in: Zeitschrift für Wirtschafts- und Bankrecht (WM) 1993, S. 238 (zitiert: WM 1993).

Plapinger, Elizabeth S. / Stienstra, Donna, ADR and Settlement in the Federal District Courts: A Project of the Federal Judicial Center and the CPR Institute for Dispute Resolution, New York 1996.

Plimpton, David, Mediation of Disputes: The Role of the Lawyer and How to Best Serve the Client's Interest, in: 8 Maine Bar Journal 38 (1993).

Ponschab, Reiner, Mediation in der anwaltlichen Tätigkeit, in: Breidenbach, Stephan / Henssler, Martin (Hrsg.), Mediation für Juristen, Köln 1997, S. 93 ff.

Ponschab, Reiner / Schweizer, Adrian, Kooperation statt Konfrontation – Neue Wege anwaltlichen Verhandelns, Köln 1997.

Porter, Chris, Mediation of Personal Injury Cases, 52 Oregon State Bar Bulletin 34 (1997).

Pound, Roscoe, The Causes of Popular Dissatisfaction with the Administration of Justice (1906), abgedruckt in: 20 Journal of American Judicial Society 178 (1936).

Preibisch, Wolfgang, Außergerichtliche Vorverfahren in Streitigkeiten der Zivilgerichtsbarkeit, Berlin 1982.

Proksch, Roland, Mediation in Deutschland – Stand und Perspektiven außergerichtlicher Konfliktregelung durch Mediation, in: Konsens 1. Jahrgang Nr. 1, 1998, S. 7 ff.

Prütting, Hanns, Verfahrensrecht und Mediation, in: Breidenbach, Stephan / Henssler, Martin (Hrsg.), Mediation für Juristen, Köln 1997, S. 57 ff.

Puttfarken, Hans-Jürgen, Gegenwartsprobleme der deutschen Zivilprozeßrechtswissenschaft, in: Juristische Schulung (JuS) 1977, S. 493 ff.

Radbruch, Gustav, Einführung in die Rechtswissenschaft, 7./8. Auflage, Leipzig 1929

Raiser, Thomas, Das lebende Recht: Rechtssoziologie in Deutschland, Baden-Baden 1999.

Raitt, Susan E. / Folberg, Jay / Rosenberg, Joshua / Barrett, Robert, The Use of Mediation in Small Claims Courts, in: 9 Ohio State Journal on Dispute Resolution 55 (1993).

Ratajczak, Thomas, Verfahrensordnung und Richtigkeitsgewähr, in: Makiol, Hans u.a., Gutachterkommissionen und Schlichtungsstellen: Anspruch, Praxis, Perspektiven, Berlin 1990, S. 3 ff.

Rauscher, Bert, Das Schiedsgutachtenrecht, Frankfurt 1969.

Reitemeier, Ulrich, Der Streit mit dem Handwerker: Zur Mikrosoziologie der Güteverhandlung vor der Handwerkskammer, in: Nothdurft, Werner (Hrsg.),

Streit schlichten: Gesprächsanalytische Untersuchungen zu institutionellen Formen konsensueller Konfliktregelung, Band 1, Berlin 1995, S. 268 ff.

Rendler, Angelika, Außergerichtliche Rechtshilfe in Hamburg bis zur Errichtung der Öffentlichen Rechtsauskunft- und Vergleichsstelle, Hamburg 1981.

Riskin, Leonard, Mediation and Lawyers, in: 43 Ohio State Law Journal 29 (1982) (zitiert: Mediation and Lawyers).

Riskin, Leonard, Understanding Mediator's Orientations, Strategies, and Techniques: A Grid for the Perplexed, in: 1 Harvard Negotiation Law Review 7 (1996) (zitiert: Understanding Mediator's Orientations, Strategies, and Techniques).

Risse, Jörg, Wirtschaftsmediation, in: Neue Juristische Wochenschrift (NJW) 2000, S. 1614 ff.

Roehl, Janice A. / Cook, Royer F., Mediation in Interpersonal Disputes: Effectiveness and Limitations, in: Kressel, Kenneth / Pruitt, Dean G. (Hrsg.), Mediation Research: The Process and Effectiveness of Third-Party Intervention New York 1989, S. 33 ff.

Röhl, Klaus F. (Hrsg.), Das Güteverfahren vor dem Schiedsmann, Köln 1987 (zitiert: Das Güteverfahren vor dem Schiedsmann).

Röhl, Klaus F., Rechtspolitische und ideologische Hintergründe der Diskussion über Alternativen zur Justiz, in: Blankenburg, Erhard / Gottwald, Walther / Strempel, Dieter (Hrsg.), Alternativen in der Ziviljustiz, Köln: Bundesanzeiger, 1982, S. 15 ff. (zitiert: Alternativen in der Ziviljustiz).

Rosenberg, Leo / Schwab, Karl Heinz / Gottwald, Peter, Zivilprozeßrecht, 15. Auflage, München 1993.

Rottleuthner, Hubert, Alternativen im gerichtlichen Verfahren, in: Blankenburg, Erhard / Gottwald, Walther / Strempel, Dieter (Hrsg.), Alternativen in der Ziviljustiz, Köln: Bundesanzeiger, 1982, S. 145 ff.

Sachs, Michael, Grundgesetz-Kommentar, 2. Auflage, München 1999.

Sander, Frank E. A., Varieties of Dispute Processing, St. Paul 1977.

Sander, Frank E. A. / Goldberg, Stephen, Fitting the Forum to the Fuss: A User-Friendly Guide to Selecting an ADR Procedure, in: Negotiation Journal 49 (1994).

Sander, Katharina M.-H. / Hatlapa, Christoph, Die Stärken und Chancen der klientenzentrierten Mediation, in: Vögele, Wolfgang (Hrsg.), Mediation – vermitteln – verhandeln – schlichten. Rechtspolitische Chancen kooperativer, vorgerichtlicher Konfliktbearbeitung, Loccumer Protokolle 2/98, 1. Auflage, Rehburg-Loccum 1998, S. 151 ff.

Schaaff, Petra, Discovery und andere Mittel der Sachverhaltsaufklärung im englischen Pre-Trial-Verfahren im Vergleich zum deutschen Zivilprozeß, Berlin 1983.

„Schlichten ist besser als Richten", Informationsbroschüre der Bundesregierung, herausgegeben vom Presse- und Informationsamt, 1983.

Schmidt-Bleibtreu, Bruno / Klein, Franz, Kommentar zum Grundgesetz, 9. Auflage, Neuwied 1999.

Schmidt, Frank H., Wirtschaftsmediation - die nicht gesehene Chance, in: Betriebs-Berater Beilage 10 (Mediation und Recht) vom 01.10.1998, S. 6 ff.

Schneider, Jochen, Mediation im Wirtschaftsrecht, in: Breidenbach, Stephan / Henssler, Martin (Hrsg.), Mediation für Juristen, Köln 1997, S. 171 ff.

Schütze, Rolf A., Alternative Streitschlichtung, in: Zeitschrift für vergleichende Rechtswissenschaften (ZvglRWiss) 97, 1998, S. 117 ff.

Schulte, Günter, Taschenlexikon für den Schiedsmann, 2. Auflage, Köln 1987.

Scully, Daniel J., Jurisdictional Analysis of Mediation, in: 65 Defense Counsel Journal 261 (1998).

Sherman, Mark R., Is there a Mediator in the House? Using In-House Neutrals, in: 50 Dispute Resolution Journal 48 (1995).

Sherowski, Elizabeth, Hot Coffee, Cold Cash: Making the Most of Alternative Dispute Resolution in High-Stakes Personal Injury Lawsuits, in: 11 Ohio Journal on Dispute Resolution 521 (1996).

Siegel, Otmar, Alternativen zur Justiz: Der Schiedsmann, in: Blankenburg, Erhard / Gottwald, Walther / Strempel, Dieter (Hrsg.), Alternativen in der Ziviljustiz, Köln: Bundesanzeiger, 1982, S. 55 ff.

Spain, Harold, Alternative Dispute Resolution for the Poor: Is it an Alternative ?, in: 70 North Dakota Law Review 269 (1994).

Stadler, Astrid, Außergerichtliche obligatorische Streitschlichtung – Chance oder Illusion?, in: Neue Juristische Wochenschrift (NJW) 1998, S. 2479 ff.

Statistische Jahrbücher für die Bundesrepublik Deutschland (Hrsg. vom Statistischen Bundesamt), Jahrgänge 1977, 1987, 1997, 1999, Stuttgart Mainz Wiesbaden 1977, 1987, 1997, 1999.

Stipanowich, Thomas J., The Multi-Door Contract and other Possibilities, in: 13 Ohio State Journal on Dispute Resolution 303 (1998).

Stix, Christel, Gerichtliche und außergerichtliche Durchsetzung ziviler Rechtsansprüche: Rechtlicher Vergleich und ökonomische Analyse, Wiesbaden 1992.

Stock, Johannes, Der Geschäftsanfall der Zivilgerichte und die Filterwirkung außergerichtlicher Konfliktbearbeitung, in: Gottwald, Walther / Strempel, Dieter (Hrsg.), Streitschlichtung, Köln: Bundesanzeiger, 1995, S. 113 ff.

Stock, Johannes / Wolff, Heimfrid / Thünte, Petra-Ida, Strukturanalyse der Rechtspflege, Köln: Bundesanzeiger, 1996.

Stöber, Kurt, Handbuch zum Vereinsrecht, 7. Auflage, Köln 1997.

Strecker, Christoph, Richterspruch und Streitbeilegung – Typen von Konflikten und Formen der Intervention, in: Betrifft JUSTIZ Nr.50, 1997, S. 66 ff.

Strempel, Dieter, Außergerichtliche Konfliktlösung (Mediation), in: Zeitschrift für Rechtspolitik (ZRP) 1998, S. 319 ff. (zitiert: ZRP 1998).

Strempel, Dieter (Hrsg.), Juristenausbildung zwischen Internationalität und Individualität, Baden-Baden 1998 (zitiert: Juristenausbildung).

Strempel, Dieter, Neuer Ausbildungsinhalt: Außergerichtliche Konfliktregelung (Mediation), in: Strempel, Dieter (Hrsg.), Juristenausbildung zwischen Internationalität und Individualität, Baden-Baden 1998, S. 365 ff. (zitiert: Neuer Ausbildungsinhalt).

Stulberg, Joseph B., Facilitative versus Evaluative Mediator Orientations: Piercing the „Grid“ Lock, in: 24 Florida State University Law Review 985 (1997).

Taylor, Richard, Der Ombudsman in den Vereinigten Staaten: Idee und Wirklichkeit, in: Kempf, Udo / Uppendahl, Herbert, Ein deutscher Ombudsman, Opladen 1986, S. 168 ff.

Thomas, Heinz / Putzo, Hans, Zivilprozeßordnung, 21. Auflage, München 1998.

Ury, William L. / Brett, Jeanne M. / Goldberg, Stephen B., Getting Disputes Resolved – Designing Systems to Cut the Costs of Conflict, San Francisco London 1988.

Vögele, Wolfgang (Hrsg.), Mediation – vermitteln – verhandeln – schlichten. Rechtspolitische Chancen kooperativer, vorgerichtlicher Konfliktbearbeitung, Loccumer Protokolle 2/98, 1. Auflage, Rehburg-Loccum 1998.

Vorträge im Rahmen des 49. Deutschen Anwaltstages in Frankfurt am Main, in: Anwaltsblatt (AnwBl) 10/1997, S. 520 ff.

Wald, Patricia M., ADR and the Courts: An Update, in: 46 Duke Law Journal 1445 (1997).

Waldman, Ellen A., The Challenge of Certification: How to Ensure Mediator Competence while Preserving Diversity, in: 30 University of San Francisco Law Review 723 (1996).

Walline, Megan J. / Gould, Lance, Dispute Resolution Today – The State of the Art, New York 1991.

Warum denn gleich vor Gericht gehen?, Außergerichtliche Schieds- und Schlichtungsstellen für Hessen (Hrsg. vom hessischen Minister der Justiz), 1987.

Wasilewski, Rainer, Streitverhütung durch Rechtsanwälte: Empirische Untersuchung von Umfang, Struktur und Bedingungen außergerichtlicher Beilegung zivilrechtlicher Streitigkeiten durch Rechtsanwälte, Köln: Bundesanzeiger, 1990.

Wassermann, Rudolf, Neue Streitkultur?, in: Neue Juristische Wochenschrift (NJW) 1998, S. 1685 f.

Wissler, Roselle L., The Effects of Mandatory Mediation: Empirical Research on the Experience of Small Claims and Common Pleas Courts, in: 33 Willamette Law Review 565 (1997).

Wohlner, Elaine A./ Rymers, John A., Civil Mediation: Where, When and Why it is Effective, in: 24 Colorado Lawyer 2161 (1995).

Wollschläger, Christian, Die Arbeit der europäischen Zivilgerichte im historischen und internationalen Vergleich. Zeitreihen der europäischen Zivilprozeßstatistik seit dem 19. Jahrhundert, in: Blankenburg, Erhard (Hrsg.), Prozeßflut?: Studien zur Prozeßtätigkeit europäischer Gerichte in historischen Zeitreihen und im Rechtsvergleich, Köln: Bundesanzeiger, 1989, S. 21 ff.

Zawal-Pfeil, Bernadette, Ein Jahr Ombudsmann der privaten Banken, in: Die Bank 10/1993, S. 620 f. (zitiert: Die Bank 10/1993).

Zawal-Pfeil, Bernadette, Fünf Jahre Ombudsmann der privaten Banken, in: Die Bank 7/1997, S. 446 f. (zitiert: Die Bank 7/1997).

Zdancewicz, William P., Alternative Dispute Resolution in the Personal Injury Forum, in: 26 University of Memphis Law Review 1169 (1996).

Zimmermann, Walter, Zivilprozeßordnung – Kommentar anhand der höchstrichterlichen Rechtsprechung, 5. Auflage, Heidelberg 1998.

Zweigert, Konrad / Kötz, Hein, Einführung in die Rechtsvergleichung, 3. Auflage, Tübingen 1996.

1. Kapitel:

Die zunehmende Notwendigkeit von Alternativen zum Gerichtsprozeß

Die vorliegende Untersuchung befaßt sich mit außergerichtlichen Alternativen zum formellen Gerichtsverfahren. Grundsätzlich stellt sich die Frage der Notwendigkeit von Gegenmodellen für alle Gerichtsbarkeiten[1]. Diese Arbeit beschränkt sich auf die Untersuchung von Alternativen zum *Zivil*gerichtsverfahren, der primären Methode der Entscheidungsfindung im privatrechtlichen Konfliktfall.

Ausgangspunkt ist die Überlegung, daß es neben der traditionellen Methode der mit staatlicher Hilfe verfolgten Streitbehandlung und Streitentscheidung - dem Gerichtsprozeß - weiterer, ergänzender oder alternativer Konfliktbearbeitungsstrategien in unserem Rechtssystem bedarf. Wie zu zeigen sein wird, vermag die gerichtliche Streitentscheidung nicht allen Konfliktsituationen hinreichend gerecht zu werden. So wird die Kompetenz der Gerichte als universale Streitregelungsinstanzen bereits durch die wachsende Vielfalt der auftretenden Konfliktarten zunehmend in Frage gestellt. Ob eine Privatperson oder ein weltweit operierender Konzern als Streitpartei auftritt, ob um die Scheidung einer Ehe gerungen, Schmerzensgeld wegen einer Körperverletzung gefordert oder ein Gesellschafter auf Zustimmung zu einer Geschäftsführungsmaßnahme verklagt wird: Unser Rechtssystem geht unabhängig von Konflikttypus, Streitwert und Streitpartei von einer allumfassenden Zuständigkeit der Gerichte aus. Die deutsche Rechtsordnung hat seit jeher die gerichtliche Streitentscheidung als allgemeingültigen Maßstab der Konfliktlösung etabliert.

Indessen ist die Methodik der Rechtsanwendung häufig ungeeignet, einen Konflikt dauerhaft beizulegen. Gerichte verkürzen die Auseinandersetzung im Rahmen ihrer Entscheidungsfindung zwangsläufig auf den rechtlich relevanten, subsumtionsfähigen Teil des Streits. Die juristische Dogmatik blendet dabei die komplexe Wirklichkeit hinter dem Konfliktgeschehen regelmäßig aus. Konflikte sind jedoch meistens kein statisches Gebilde, sondern ein sich ständig veränderndes dynamisches Geschehen[2]. Potentielle Ursachen des Konflikts wie etwa persönliche Differenzen der Konfliktpartner bleiben im Rahmen des Gerichtsverfahrens oft ungelöst. Auseinandersetzungen, die einen solch unterschwelligen Nährboden haben, drohen trotz gerichtlicher Entscheidung erneut auszubrechen.

---

[1] Darauf weist Preibisch hin, vgl. ders., S. 46 ff.

[2] Breidenbach, Komplementäre Konfliktbehandlung, S. 3 f.; Gottwald, WM 1998, S. 1261.

In solchen Fällen zeigen sich Grenzen der Befriedungskraft gerichtlicher Streitbeilegungen.

Freilich werden schon seit jeher die meisten rechtlich relevanten Konfliktsituationen ohne staatliche Hilfe, also ohne das Einschalten der Justiz gelöst. Hier sind zahllose Konfliktlösungsstrategien denkbar. Vielfach werden Auseinandersetzungen durch das Aushandeln eines Kompromisses im Wege gegenseitigen Nachgebens beigelegt. Oftmals kann der Streit unter Zuhilfenahme eines schlichtenden oder vermittelnden privaten Dritten beendet werden. Je nach Situation mag ein Familienangehöriger, der Nachbar, ein Lehrer, der Vorgesetzte oder eine sonstige von beiden Seiten anerkannte Autorität bei der Konfliktbewältigung helfen. Streitigkeiten, die weder von den Parteien selbst noch durch Partizipation Dritter beigelegt werden können, werden mitunter dadurch „gelöst", daß sie von den Betroffenen verdrängt werden. Der Konflikt wird bewußt oder unbewußt nicht mehr zur Kenntnis genommen oder relativiert, indem etwa eine Seite die Schuld für die Entstehung der Kontroverse ausschließlich bei sich selbst sucht und den anderen dadurch „entlastet". Der Konflikt existiert zwar in der Person des Verdrängenden weiterhin fort. Im Verhältnis zum ursprünglichen Gegner ist die Auseinandersetzung jedoch einstweilen beendet[3]. Schließlich führen die meisten Bagatellkonflikte des täglichen Lebens nicht zu ernsthaften Auseinandersetzungen. Banale Konfliktsituationen werden von den Beteiligten meist als nicht schwerwiegend genug empfunden, um daraus eine (Rechts)-Streitigkeit erwachsen zu lassen. Die meisten Reibungen im Alltagsleben erreichen nicht die erforderliche Intensität, bei welcher die Beteiligten einen Konflikt überhaupt als solchen realisieren. Es muß also eine Reizschwelle überschritten werden, um eine Rechtsverletzung überhaupt als Konflikt zu erleben[4].

Die meisten der in unserer Gesellschaft auftretenden Konfliktsituationen beschäftigen also nicht die Gerichte. Wenn aber die Konfliktparteien nicht in der Lage oder nicht willens sind, ihren als ernsthaft empfundenen Disput selbständig oder mit Hilfe von vermittelnden privaten Dritten zu beenden, wird das Gericht als die geläufige Instanz der Streitentscheidung angerufen. Jedoch ist oftmals *beiden* Konfliktparteien mit der traditionellen Streitentscheidung durch das Ge-

---

[3] Vgl. zu dieser Form des stillschweigenden Rechtsverzichts Breidenbach, Mediation, S. 44 f.

[4] Nach Felstiner/Abel/Sarat, S. 631 ff., entstehen Konflikte durch einen dreistufigen Prozeß, der von ihnen durch die Begriffe „naming", „blaming" und „claiming" charakterisiert wird. Im Anschluß an die Identifizierung eines Geschehens als Konfliktsituation (naming) erfolge die Schuldzuweisung (blaming) und schließlich die Geltendmachung und Behauptung der eigenen Position (claiming). Vgl. hierzu auch Breidenbach, Mediation, S. 42 ff.

richt nicht oder nicht befriedigend geholfen[5]. Damit aber stellt sich die Frage nach alternativen Wegen der Konfliktlösung.

§ 1 Verfassungsrechtliche und zivilprozessuale Grundprinzipien als Maßstab für die außergerichtliche Konfliktbearbeitung

Eine Auseinandersetzung mit außergerichtlichen Formen der Streitentscheidung darf nicht ohne Berücksichtigung der in der deutschen Rechtsordnung verankerten Leitlinien des Zivilprozeßrechts erfolgen. Sollen nichtrichterliche Instanzen die Aufgabe der Konfliktbearbeitung und –entscheidung übernehmen, ist dafür Sorge zu tragen, daß die fundamentalen, verfassungsrechtlich abgesicherten Rechte der Beteiligten nicht umgangen werden. Die Grundmaximen des Zivilverfahrensrechts und des Verfassungsrechts müssen damit als Richtschnur für die Implementation informeller Verfahren in unser Rechtssystem angesehen werden.

Das (Zivil-)Verfahren bietet elementare rechtsstaatliche Garantien. Genannt seien hier nur die verfassungsrechtlich verbürgten Prinzipien der richterlichen Unabhängigkeit (Art. 97 Abs. 1 GG, § 25 DRiG), die Bindung des Richters an Recht und Gesetz (Art. 20 Abs. 3 GG), der Anspruch der Parteien auf rechtliches Gehör (Art. 103 Abs. 1 GG) und die Gerichtsschutzgarantie (Art. 19 Abs. 4 GG).

Im folgenden sollen außergerichtliche Verfahren zunächst auf ihre Vereinbarkeit mit Art. 92 GG überprüft werden, wonach die rechtsprechende Gewalt den Richtern zugewiesen wird (A.). Ob die zivilprozessualen Verfahrensgrundsätze auch bei der informellen Streitbeilegung zu beachten sind, wird in einem zweiten Abschnitt behandelt (B.)

A. Zur Vereinbarkeit informeller Verfahren mit Art. 92 GG

Von besonderer Bedeutung für die Zulässigkeit von außergerichtlichen Streitbeilegungsformen ist Art. 92 GG. Nach der Verfassungsnorm ist die rechtsprechende Gewalt den Richtern anvertraut. Damit könnte der Tätigkeit informeller Konfliktlösungsinstanzen ein verfassungsrechtlicher Riegel vorgeschoben sein.

---

[5] Darauf ist noch näher einzugehen, vgl. unten § 2 B. II.

Neben der Streitfrage, ob der Begriff der „rechtsprechenden Gewalt" formell oder materiell interpretiert werden muß[6], ist vor allem die Auslegung des Wortes „anvertraut" in Art. 92 GG für die Frage der Vereinbarkeit informeller Verfahren mit der Verfassungsnorm maßgeblich. Teilweise wird in Art. 92 GG eine Rechtsweggarantie gesehen. Der Richter müsse lediglich das „letzte Wort" haben. Staatliche oder privat getragene Schlichtungsstellen oder Schiedsleute können danach mit auf Verbindlichkeit zielenden, aber vor dem staatlichen Richter anfechtbaren Schlichtungsentscheidungen beauftragt werden[7].

Die überwiegende Ansicht weist dem Richter aus Art. 92 GG jedoch ein Rechtsprechungsmonopol zu[8]. Geht man vom Bestehen eines Rechtsprechungsmonopols des Richters gemäß Art. 92 GG aus, so ist für die Beurteilung der Zulässigkeit informeller vorgerichtlicher Verfahren auf die Entscheidungskompetenz der Gütestelle abzustellen. Zunächst ergeben sich keine Bedenken hinsichtlich solcher Vorverfahren, die keine verbindliche Entscheidung mit sich bringen. In diesen Fällen kann es nicht zur Kollision mit dem Rechtsprechungsmonopol des Richters kommen, da die unverbindliche Entscheidung des alternativen Verfahrens vollständig durch die Gerichte überprüft werden kann. Gütestellen, die lediglich auf eine Vermittlung zwischen den Konfliktparteien abzielen, sind folglich mit Art. 92 GG vereinbar. Dies gilt auch dann, wenn die nichtrichterliche Instanz den Beteiligten einen Einigungsvorschlag unterbreitet. Mangels Verbindlichkeit einer solchen Anregung zur einvernehmlichen Streitbeilegung bestehen bezüglich der Zulässigkeit von ausschließlich beratenden und vermittelnden Stellen keine verfassungsrechtlichen Einwände.

Schwieriger ist die Beurteilung, wenn die Vorverfahrensstelle bindende Entscheidungen zu treffen befugt ist. Auf den ersten Blick liegt die Annahme eines Verstoßes gegen das Rechtsprechungsmonopol der Gerichte nach Art. 92 GG nahe. Gleichwohl sprechen auch in dieser Konstellation die überzeugenderen Gründe für die generelle Zulässigkeit außergerichtlicher Verfahren.

Zum einen erhebt die bindende Entscheidung informeller Konfliktlösungssysteme nicht den Anspruch, „rechtens" zu sein, also die Rechtslage zutreffend zu bewerten[9]. Die Verbindlichkeit solcher Entscheidungen nichtrichterlicher Gre-

---

[6] Vgl. hierzu Preibisch, S. 88 ff.

[7] von Münch/Kunig, Art. 92 Rdnr. 9.

[8] Schmidt-Bleibtreu/Klein, Art. 92 Rdnr. 1; Sachs, Art. 92 Rdnr. 28 m. w. N.; Leibholz/Rinck/Hesselberger, Art. 92 Rdnr. 1, 3.

[9] Vgl. Preibisch, S. 93.

mien beruht vielmehr auf der Fiktion, die Parteien wollten sich auf der Grundlage der Entscheidung gütlich einigen. Insoweit unterstellt die Rechtsordnung die Billigung des Vorschlags durch die Beteiligten[10]. Vor diesem Hintergrund stellen Sachentscheidungen der Gremien informeller Konfliktbewältigung keine Rechtsprechung im materiellen Sinne dar.

Zum anderen sollte außergerichtliche Streitbeilegung vor staatlichen und privaten Stellen sinnvollerweise gleich behandelt werden. Würde man verbindliche Entscheidungen staatlicher Vorverfahrensstellen an Art. 92 GG scheitern lassen, so wäre eine schwerlich zu rechtfertigende Diskrepanz zu den nichtstaatlichen informellen Streitbeilegungsstellen die Folge: diese fallen nach ganz überwiegender Auffassung nämlich nicht unter Art. 92 GG[11].

Schließlich stützt die historische Auslegung des Art. 92 GG das gefundene Ergebnis. Die Norm enthält nach der Auslegung des Bundesverfassungsgerichts einen Richtervorbehalt für die traditionellen Kernbereiche der Rechtsprechung[12]. Ein Ausschluß jeglicher Entscheidungsbefugnisse alternativer Gütestellen ist damit nicht verbunden, soweit der Kernbereich der Rechtsprechung nicht angetastet wird.

Festzuhalten ist somit, daß außergerichtliche Streitbeilegungsmechanismen unabhängig von ihren Entscheidungskompetenzen mit Art. 92 GG vereinbar sind.

B. Anwendbarkeit der zivilprozessualen Verfahrensgrundsätze bei außergerichtlicher Streitbeilegung

Merkmal der außergerichtlichen Konfliktlösung ist die weitgehende Verfahrensfreiheit. Der Ablauf eines informellen Verfahrens wird regelmäßig nicht in allen Einzelheiten festgelegt sein. Das Ermessen der Gütestelle spielt bezüglich des Verfahrensablaufs eine große Rolle. Dennoch muß sich auch die außergerichtliche Konfliktlösung an die elementaren rechtsstaatlichen Verfahrensgrundsätze halten. Die Parteien müssen angehört und der Sachverhalt muß geklärt werden; eine möglichst schnelle Beilegung der Streitigkeit ist anzustreben. So stellt sich die Frage, in welchem Verhältnis die den Zivilprozeß kennzeichnenden Verfahrensgrundsätze zu den außergerichtlichen Verfahren stehen.

---

[10] Preibisch, a. a. O.

[11] Art. 92 GG dient auch dazu, die Judikative von den anderen Staatsgewalten abzugrenzen; vgl. Maunz/Dürig/Herzog/Scholz, Art. 92 Rdnr. 1 ff.; von Münch/Kunig, Art. 92 Rdnr. 3.

[12] BVerfGE 22, 49, 77 f.

Der im Zivilprozeß herrschende Verhandlungsgrundsatz und die Dispositionsmaxime[13] haben zweifellos auch für außergerichtliche Streitbeilegungsverfahren Bedeutung. Es ist nicht ersichtlich, warum die Freiheit der Beibringung des Streitstoffes und die Verfügungsgewalt über den Gang und Inhalt des Verfahrens im Rahmen alternativer Streitbeilegung nicht gelten sollte. Diese das Zivilverfahren charakterisierenden Maximen, die das prozessuale Gegenstück zur Privatautonomie darstellen, sollten auch im außergerichtlichen Verfahren vorherrschen.

Auch die Prozeßgrundsätze der Mündlichkeit und der Unmittelbarkeit[14] sind auf das vorgerichtliche Verfahren übertragbar. Ein rein schriftliches Verfahren wird einem Ziel der außergerichtlichen Streitbeilegung, der selbstbestimmten und selbstverantworteten Konfliktbereinigung, in der Regel nicht gerecht[15]. Allerdings sollte bei offensichtlicher Unzulässigkeit oder Unbegründetheit des Antrages auf Einleitung des außergerichtlichen Verfahrens die ablehnende Entscheidung auch schriftlich ergehen können[16].

Der verfassungsrechtlich garantierte Grundsatz des rechtlichen Gehörs (Art. 103 Abs. 1 GG) hat ebenfalls bei informellen außergerichtlichen Verfahren Geltung. Dies ergibt sich schon aus der Notwendigkeit, den Konfliktparteien die Gelegenheit einzuräumen, sich zu der Streitigkeit zu äußern. Eine einvernehmliche Regelung des Konflikts im Wege eines außergerichtlichen Verfahrens ist ohne die Einhaltung des Grundsatzes des rechtlichen Gehörs nicht denkbar.

Anderes gilt lediglich für den Grundsatz der Öffentlichkeit des Verfahrens. Im Gegensatz zum Gerichtsverfahren sollte außergerichtliche Streitbeilegung grundsätzlich in einem nichtöffentlichen Verfahren erfolgen. Die Vorteile einer informellen Konfliktbewältigung,[17] insbesondere die für das außergerichtliche Verfahren typische aufgelockerte Gesprächsatmosphäre, drohen anderenfalls verloren zu gehen. Der Ausschluß der Öffentlichkeit begegnet keinen durchgrei-

---

[13] Vgl. Thomas/Putzo, Einl I Rdnr. 1 ff.; Baumbach-Hartmann, Grdz § 128 Rdnr. 20 f.; Jauernig, §§ 24 –25.

[14] Vgl. Thomas/Putzo, Einl I Rdnr. 8, § 128 Rdnr. 1 ff.; Zimmermann, § 128 Rdnr. 1 ff.; Jauernig, § 27.

[15] Zu den Vorzügen einer unmittelbaren Teilnahme der Parteien an der Streitbeilegung vgl. Breidenbach/Gläßer, S. 207 ff.

[16] So zu Recht Preibisch, S. 121.

[17] Näher hierzu unten § 2 B.

fenden Bedenken, da im Vorverfahren getroffene unbillige Sachentscheidungen der gerichtlichen Kontrolle unterliegen.

Damit können die wesentlichen Prozeßgrundsätze auch auf das außergerichtliche Verfahren angewandt werden. Kern der Verfahrensmaximen ist das immer zu beachtende Rechtsstaatsprinzip, das auch ein Gebot des fairen Verfahrens beinhaltet[18]. In diesem Zusammenhang ist vor allem darauf zu achten, daß die Konfliktparteien im Rahmen der außergerichtlichen Streitbeilegung gleich behandelt werden.

Im Zivilprozeß sorgt das Gericht für die Einhaltung der Verfahrensregeln. Die „Waffengleichheit" der Parteien wird durch die fakultative (oder im Rahmen des § 78 ZPO obligatorische) Einschaltung von Rechtsanwälten hergestellt[19]. Die Umsetzung des materiellen Rechts, der Schritt vom „Recht haben" zum „Recht bekommen", wird durch eine den Prozeßablauf genau regelnde und die Rechte der Verfahrensbeteiligten exakt bestimmende Zivilprozeßordnung gewährleistet. Das Recht bietet so dem Schwächeren ein Grundgerüst an Schutz. Diese dem rechtsstaatlichen Gerichtsverfahren immanente Schutzfunktion ist Prüfstein für die außergerichtliche Streitbeilegung. Die dem formellen Zivilverfahren zugrunde liegenden Leitgedanken des Prozeßrechts, welche die Rechtsstaatlichkeit als bestimmendes Element der gerichtlichen Konfliktlösung hervorheben, dürfen bei den nachfolgenden Überlegungen zum Einsatz informeller Konfliktbewältigung nie aus dem Blickfeld geraten. Alternative Streitbearbeitungssysteme müssen sich hinsichtlich ihrer Form und ihres Verfahrens an den rechtsstaatlichen Prinzipien des Gerichtsprozesses messen lassen. Nur unter dieser Voraussetzung läßt sich der Besorgnis vorbeugen, außergerichtliche Streitbeilegung sei Konfliktlösung minderen Ranges.

Im nachfolgenden Abschnitt soll näher erläutert werden, warum es neben dem Gerichtsprozeß Raum für alternative Konfliktlösungsmechanismen in unserer Rechtsordnung geben sollte.

---

[18] Thomas/Putzo, Einl I Rdnr. 30; Jauernig, § 29.
[19] Vgl. Baumbach-Hartmann, Einl III Rdnr. 21.

§ 2 Ursachen des Bedarfs außergerichtlicher Konfliktlösungen

Es sind eine Reihe von Gründen, die eine Abkehr von der tradierten Form der Konfliktbewältigung in bestimmten Fällen als notwendig und sinnvoll erscheinen lassen.

Zunächst fordert die wachsende Überlastung der Zivilgerichte, nach außergerichtlichen Instrumenten der Streitbeilegung Ausschau zu halten. Maßgebliches Motiv der Implementierung informeller Konfliktlösungssysteme ist aus diesem Blickwinkel die Entlastung der Justiz mit dem Ziel, die Effektivität des Gerichtswesens zu erhalten bzw. zu steigern (A.). Daneben gibt es Faktoren, die das Angebot alternativer Streitbeilegung für die Konfliktparteien interessant machen. Außergerichtliche Institutionen bieten im Vergleich zum Gerichtsverfahren mitunter schnellere und kostengünstigere Hilfe bei der Bewältigung von zivilrechtlichen Konflikten (B.). Schließlich kann ein Allgemeininteresse an einer Veränderung der deutschen Streitkultur ein Grund sein, sich mit alternativen Konfliktlösungsmöglichkeiten zu beschäftigen (C.).

A. Die Überlastung unserer Zivilgerichte

Seit vielen Jahren wird der Zusammenhang zwischen überlasteten Gerichten und daraus folgenden Unzulänglichkeiten des Zivilprozesses moderner Prägung betont[20]. *Hoffmann-Riem* hat 1997 eindringlich vor einer stetig ansteigenden „Prozeßflut" gewarnt, in der die Justiz zu „ertrinken" drohe[21]. Selbst wenn die heutige vermehrte Inanspruchnahme der Justiz als vorübergehende Anstiegsphase der Zahl der Klagen verstanden wird, die in einem zyklischen Verlauf auch wieder nachläßt[22], so ist doch aufgrund des vorliegenden statistischen Zahlenmaterials[23] ein deutlicher Anstieg des Geschäftsanfalles der zivilgerichtlichen Eingangsinstanzen in den vergangenen Jahren zu verzeichnen. Dieser Trend hält seit über zwanzig Jahren kontinuierlich an. Um das Ausmaß der Belastung des Justizwesens zu verdeutlichen, wird im folgenden die gegenwärtige Situation an unseren Zivilgerichten skizziert. Als Parameter der Arbeitsüberlastung wird der Ge-

---

[20] So bereits 1977 Puttfarken, S. 493 ff.; ebenso Preibisch, S. 269. Siehe für jüngere Kritik Stock, S. 115 ff.; Raiser, S. 322 ff.

[21] Vgl. Hoffmann-Riem, S. 190 f.

[22] Vgl. Wollschläger, S. 102, der die zyklischen Schwankungen des Geschäftsanfalls anhand von Justizstatistiken aus den Jahren 1817 bis 1984 nachweist.

[23] Die nachfolgenden Zahlenwerte entstammen den Statistischen Jahrbüchern der Jahrgänge 1997 (S. 364, 365), 1987 (S. 336, 337) und 1977 (S. 309, 310).

schäftsanfall der ordentlichen Gerichtsbarkeit herangezogen. Anschließend werden die wesentlichen Ursachen der Entwicklung umrissen.

I. Bestandsaufnahme

Während im Jahr 1975 rund 1.460.000 Klagen[24] vor den Amtsgerichten anhängig gemacht wurden, waren es im Jahre 1985 bereits ca. 1.750.000 Klagen. Zehn Jahre darauf stieg die Zahl abermals merklich an: 1995 wurden 2.450.000 anhängige Klagen registriert[25]. Bei den Landgerichten ist die Anzahl der neuen Verfahren dagegen relativ konstant. Im Jahre 1975 wurden bundesweit 466.000 Verfahren gegenüber 351.000 Verfahren im Jahre 1985 gezählt. Die Zahl der bei den Landgerichten anhängigen erstinstanzlichen Klagen betrug im Jahre 1995 wieder rund 420.000. Die Tatsache, daß sich die Zahl der Klagen vor den Landgerichten in der Tendenz wenig verändert hat, dürfte mit der Streitwertgrenze zusammenhängen. Die Masse der Neuverfahren bewegt sich unterhalb des Streitwerts von 10.000 DM und somit im Zuständigkeitsbereich der Amtsgerichte.

Trotz mancher rückläufiger Phasen, die in einzelnen Jahren beobachtet werden können[26], ist demnach ein deutlich steigender Geschäftsanfall in Zivilsachen auf längere Sicht unverkennbar. Nach einer Analyse der Prognos AG im Auftrag des Bundesministeriums der Justiz ist mit einer jährlichen Steigerungsrate des Geschäftsanfalls zwischen zwei bis fünf Prozent zu rechnen[27].

Die tatsächliche Arbeitsbelastung der Zivilgerichte hängt neben den absoluten Zahlen des Geschäftsanfalles von weiteren Faktoren wie z. B. der Anzahl der Richterstellen ab. So ließe sich nicht von einer Mehrbelastung der Justiz sprechen, wenn die Richterschaft im gleichen Maße wie die anhängigen Rechtsstreitigkeiten gewachsen wäre. Dem ist jedoch nicht so. In der ordentlichen Gerichtsbarkeit gab es im Jahre 1975 insgesamt 11.203 Richter. Bis zum Jahre 1985 stieg die Zahl der Richter bei den Zivilgerichten auf 13.040 an. Schließlich waren 1995 rund 16.300 Richter im Landesdienst beschäftigt[28]. Der prozentuale

---

[24] Die Zahl setzt sich aus den zu Jahresbeginn bereits anhängigen Klagen und den Neuzugängen im laufenden Jahr zusammen.

[25] Alle Zahlen aus den Statistischen Jahrbüchern Jahrgang 1997, S. 364, 365; Jahrgang 1987, S. 336, 337; Jahrgang 1977, S. 309, 310. Die Zahl der Verfahren aus dem Jahre 1995 bezieht die neuen Bundesländer mit ein.

[26] Dazu Stock, S. 115 f.

[27] Vgl. die 1995 veröffentlichte Studie von Stock/Wolff/Thünte, S. 38.

[28] Zu berücksichtigen ist, daß diese Zahlen nicht nur die erstinstanzlichen Richter, sondern alle bei der ordentlichen Gerichtsbarkeit tätigen Richter umfassen.

Anstieg der Richterstellen bleibt hinter der prozentualen Steigerung des Geschäftsanfalls bei den Amtsgerichten zurück. Während die Anzahl der anhängigen erstinstanzlichen Verfahren zwischen 1975 und 1995 um insgesamt gut 68 % gestiegen ist, haben die Richterstellen im selben Zeitraum nur um 45 % zugenommen. Damit muß ein konstanter Zuwachs an Arbeit für die (erstinstanzliche) Richterschaft festgestellt werden[29]. Die Dimension einer drohenden Justizkrise wird bei Betrachtung der richterlichen Sollstellen noch greifbarer. Hochrechnungen zufolge wären bis zum Jahr 2000 rund 3.000 neue Richterstellen erforderlich gewesen, um die Funktionstüchtigkeit der Justiz mittelfristig sicherzustellen[30].

Angesichts der angespannten Finanzlage der öffentlichen Kassen ist fraglich, ob die Justiz dieser Überforderung noch lange standhalten kann. Der dringend notwendige Ausbau des Justizwesens droht an der Begrenztheit der sachlichen Mittel zu scheitern[31]. Ohne die Fähigkeit der Richterschaft und Justizverwaltung, den permanent ansteigenden Geschäftsanfall durch geschickte Terminierung, Konzentration von Verfahren und zügiges Verhandeln zu verarbeiten, wäre das Ausmaß der Überbelastung wesentlich deutlicher spürbar[32]. Es dürfte aber außer Frage stehen, daß auch die Flexibilität der Justiz angesichts der prognostizierten Zahlen in absehbarer Zukunft an ihre Grenzen stoßen wird. Das Niveau unserer Rechtspflege droht unter diesen Umständen merklich nachzulassen.

Hinsichtlich des nominalen Verhältnisses von Richterschaft zu Einwohnern bestehen beträchtliche Unterschiede zwischen Deutschland und vielen anderen Nationen. Während bei uns rund 28 Richter auf 100.000 Einwohner kommen, sind es in Österreich und Belgien ca. 20, in Frankreich nur 10 und in den Niederlanden sogar nur 6 Richter. Die Vereinigten Staaten von Amerika kommen gar mit nur 5 Richtern je 100.000 Einwohner aus[33]. Aufgrund der in den westlichen Ländern vergleichbaren wirtschaftlichen und sozialen Rahmenbedingungen kann nicht ohne weiteres von einem ungleichen Aufkommen von Konflikten

---

[29] So auch Preibisch, S. 269 ff.

[30] Vgl. Hoffmann-Riem, S. 190 f.

[31] Vgl. Stock, S. 116. Der Anteil der Justizhaushalte am Gesamtvolumen der Haushalte der Länder ist sehr gering; im Jahre 1996 betrug die Quote im Durchschnitt lediglich 1,76 %, vgl. hierzu Strempel, ZRP 1998, S. 319.

[32] Blankenburg, ZRP 1992, S. 96, 102.

[33] Vgl. Blankenburg, ZRP 1992, S. 96. Zur Situation in den USA siehe unten §§ 7 und 8.

ausgegangen werden[34]. So stellt sich die Frage, worin die Ursachen für den stetig anwachsenden Geschäftsanfall der Zivilgerichte bei uns liegen.

II. Gründe der Entwicklung

Die Einflußfaktoren auf die ansteigende Zahl von Zivilprozessen sind komplex und bedingen sich zum Teil wechselseitig. Neben gesellschaftlichen Einflüssen (1.) sind vom Rechtssystem ausgehende Impulse (2.) für die steigende Anzahl der Zivilprozesse verantwortlich. Schließlich darf die Wirkung des gerichtlichen Umfelds (3.) auf die wachsende Zahl der Zivilklagen nicht unterschätzt werden. Nachfolgend soll ein Überblick über die wichtigsten Ursachen gegeben werden[35].

1. Gesellschaftliche Einflüsse

Die stetige Zunahme der Prozeßhäufigkeit beruht zunächst auf tiefgreifenden Veränderungen innerhalb der Rechtsgemeinschaft[36]. Es würde allerdings den Rahmen dieser Arbeit sprengen, die einzelnen gesellschaftlichen Ursachen der steigenden Anzahl der Zivilklagen im Detail darzulegen. Der Hinweis auf die folgenden Gründe mag genügen:

Die in den letzten Jahrzehnten stetig gestiegene Komplexität der Lebensbedingungen, das wachsende soziale Gefälle zwischen Bevölkerungsschichten und die damit einher gehende Veränderung von sozialen Verhaltensweisen beeinflussen die Prozeßhäufigkeit nicht unerheblich[37]. Ein Beispiel für die prozeßsteigernde Wirkung des gesellschaftlichen Wandels kann z. B. in der um sich greifenden Erosion von Sozialbeziehungen gesehen werden. Was früher an Konflikten innerhalb der vorgegebenen Sozialstrukturen (Familie, Dorfgemeinschaft) beigelegt werden konnte, wird heute häufig vor die Gerichte getragen. Die immer weiter vorantreibende Individualisierung der Gesellschaft führt zu einer Anonymisierung der (Konflikt-)Beziehungen[38]. Eine Einschaltung des anonymisierten Gerichtsverfahrens liegt bei gestörten Sozialbeziehungen im Konfliktfalle nicht fern[39]. Die Vielzahl der defekten Sozialkontakte in unserer Ge-

---

[34] Vgl. Blankenburg, ZRP 1992, S. 96. Zur Prozeßhäufigkeit in Frankreich vgl. Ietswaart, S. 159 ff. Der Geschäftsanfall der Gerichte in Dänemark wird beschrieben von Blegvad/Wulf, S. 115 ff.

[35] Ein ausführliches Kausalmodell des Geschäftsanfalls der Zivilgerichte gibt Wollschläger, S. 45 ff.

[36] So Stock, S. 118.

[37] Vgl. Stock, S. 118.

[38] Vgl. Hoffmann-Riem, S. 191.

[39] Vgl. Hoffmann-Riem, a.a.O.; Stock, S. 119.

sellschaft erklären demnach einen Teil des gestiegenen Geschäftsaufkommens der Gerichte.

Auch eine vermehrte Nichtakzeptanz gesetzlicher oder vertraglich auferlegter Regelungen hat Anteil an der Steigerung der Prozeßhäufigkeit. So stoßen Regelungen im materiellen Recht oder Klauseln in Allgemeinen Geschäftsbedingungen zunehmend auf Widerspruch, weil sie von informierten Bürgern als einseitig oder unbillig wahrgenommen werden[40]. Mit steigender Sensibilität für potentielle Beeinträchtigungen der eigenen Interessensphäre und Mißtrauen gegenüber „oktroyierten" Normen wächst die Bereitschaft, die als unfair empfundene Regelung gerichtlich überprüfen zu lassen. Dies ist weniger in der Ziviljustiz als in der Verwaltungsgerichtsbarkeit zu bemerken, in der manchmal politische Grundsatzfragen einer gerichtlichen Klärung zugeführt werden. Doch auch im Zivilrecht gibt es sozialpolitische Spannungsfelder, so etwa im Miet- und Verbraucherrecht. Gerade auf diesen Gebieten werden des öfteren Musterprozesse von Mieter- oder Verbraucherschutzverbänden wegen vermeintlich ungerechter Vorschriften angestrengt. Immer häufiger wehren sich auch einzelne Bürger gerichtlich gegen Regelungen, die sie ihrer Ansicht nach benachteiligen[41].

Weitere gesellschaftliche bzw. ökonomische Faktoren, die zum Anstieg der Gerichtsverfahren beitragen, werden in der allmählichen Veränderung der wirtschaftlichen Rahmenbedingungen der letzten Jahre, der Einführung neuer Techniken und langfristiger demographischer und sozialstruktureller Veränderungen ausgemacht[42].

Auch die immer umfänglichere Information der Bürger mit Wissen um das Recht beeinflußt die Prozeßstatistiken. Durch vielfältige Hilfen des Staates und privater Organisationen wird der Bürger mehr als je zuvor in die Lage versetzt, den Rechtsweg zu beschreiten. Ein weites Instrumentarium von Unterstützungsmaßnahmen erleichtert den Zugang zu den Gerichten. Indem der Staat seinen Bürgern mittels Aufklärungskampagnen über den Zugang zum Rechtssystem, durch Rechtsberatungshilfen oder durch die Gewährung von Prozeßko-

---

[40] Vgl. Stock, S. 120.

[41] Rechtsgrundlage solcher Streitigkeiten sind regelmäßig Verbraucherschutzgesetze wie z. B. das AGBG.

[42] Dazu im einzelnen Stock, S. 117 f.

stenbeihilfe[43] den Weg zu den Gerichten ebnet, sorgt er zugleich für ein Ansteigen des Geschäftsanfalls der Justiz. Mit zunehmender Aufklärung und Information wächst der Drang des Bürgers, sein Recht vor den Gerichten zu suchen. Um Mißverständnissen vorzubeugen, sei betont, daß die rechtspolitische Berechtigung der genannten Hilfsmittel nicht in Frage gestellt werden soll. Es ist jedoch offensichtlich, daß der steigende Geschäftsanfall der Gerichte auch auf die oben erwähnten vielfältigen Aufklärungs- und Hilfsmaßnahmen zurückgeht, die somit ihren Teil zur Überlastung der Ziviljustiz beitragen[44].

Durchgreifende Änderungen der politischen und wirtschaftlichen Rahmenbedingungen sind in Deutschland in absehbarer Zeit nicht zu erwarten. Die gesellschaftlichen Ursachen des ansteigenden Geschäftsanfalls der Zivilgerichte dürften also auch künftig erhalten bleiben[45].

2. Impulse des Rechtssystems

Ein weiterer Grund für die Zunahme der Zivilprozesse kann in der Attraktivität der Zivilgerichtsbarkeit gesehen werden. Daß vom deutschen Justizwesen Anreize für manche Konfliktbeteiligte ausgehen, soll beispielhaft anhand der sogenannten Vielfachprozessierer erläutert werden.

Unter Vielfachprozessierern werden Konfliktparteien verstanden, die durch überdurchschnittlich häufige Klagen die Gerichte für ihre Zwecke in Anspruch nehmen[46]. Der notorische Querulant trägt als Einzelperson in diesem Zusammenhang zum Geschäftsanfall wenig bei[47]. Es sind vielmehr einzelne Firmen, die sich die Justiz zur Eintreibung ihrer Forderungen gezielt zunutze machen. Mit Hilfe der sofortigen Inanspruchnahme des Gerichts wird die kostenintensive vorgerichtliche Eintreibung ausstehender Forderungen eingespart[48]. So führen betriebswirtschaftliche Aspekte dazu, das Gericht als effizientes Durchset-

---

[43] Stock nimmt einen bedeutsamen Einfluß der Prozeßkostenhilfe auf die Gesamtzahl der Klagen nicht an, da mutwilliges Prozessieren durch die begleitenden Regelungen der §§ 114 ff. ZPO erschwert werde, vgl. ders., S. 119.

[44] Vgl. Hoffmann-Riem, S. 191.

[45] So auch Stock, S. 118.

[46] Vgl. Blankenburg/Verwoerd, S. 298; Hoffmann-Riem, S. 192.

[47] Vgl. Dinger/Koch, S. 71 ff., 84. Die Autoren zeigen in ihrer empirischen Untersuchung auf, daß die Arbeitsbelastung für Juristen nicht durch eine weite Verbreitung des Phänomens der Querulanz entsteht, sondern durch den überdurchschnittlichen Arbeitsaufwand für den Einzelfall.

[48] Vgl. Stock, S. 119.

zungsmittel in die betriebsinterne Finanzkalkulation mit aufzunehmen[49]. Dies gilt etwa für manche Versandfirmen, die im Wissen um ihre oft wenig zahlungskräftige, auf Kredit einkaufende Klientel das Mahnverfahren bzw. den Gerichtsweg zur Geltendmachung ihrer Forderungen von vornherein einkalkulieren. Das Prozeßkostenrisiko ist in diesen Fällen kein wirklich prozeßhemmendes Hindernis, da der Ausgang des Verfahrens gut vorherzusehen ist. Ähnliche Verfahrensweisen sind von einzelnen Buchclubs bekannt; aber auch öffentliche Versorgungsunternehmen und Ärzte machen routinemäßig von der Androhung des Rechtsweges Gebrauch[50].

Die Besonderheit der hier angesprochenen Instrumentalisierung des Justizwesens besteht darin, daß die Inanspruchnahme der Gerichte zum systematischen Bestandteil der Geschäftspolitik wird. Wenngleich der konkrete Einfluß der Vielprozessierer auf den Geschäftsanfall der Justiz schwer zu ermitteln ist, ist davon auszugehen, daß die legale betriebswirtschaftliche Nutzbarmachung des Rechtssystems insgesamt zur steigenden Gesamtbelastung der Gerichte beiträgt.

Eine gleichfalls aus dem Rechtssystem resultierende prozeßfördernde Wirkung wird dem allgemeinen Klärungsbedürfnis hinsichtlich offener Rechtsfragen zugeschrieben[51]. Die richterliche Entscheidung von umstrittenen rechtlichen Problemfällen dient häufig zur Orientierung der Rechtsgemeinschaft. Viele Verfahren werden bis zum Bundesgerichtshof durchgeführt, um auf Grund der höchstrichterlichen Entscheidung Rechtsklarheit auch für alle künftigen einschlägigen Fälle zu erhalten.

Schließlich ist die immer komplizierter werdende Rechtsmaterie für die starke Beanspruchung der Zivilgerichte mitursächlich. Die zunehmende Komplexität der rechtlichen Strukturen, die steigende Anzahl von Gesetzen und Verordnungen und die Entwicklung im materiellen Recht in Richtung eines Billigkeitsrechts[52] bringen stärker denn je Unklarheiten und Auslegungsfragen des materiellen Rechts mit sich[53]. Eine unüberschaubare Menge an Gerichtsurteilen ver-

---

[49] Vgl. Blankenburg/Verwoerd, S. 298; Hoffmann-Riem, S. 192 f.

[50] Blankenburg/Verwoerd, S. 298. Die potentiellen Vielfachprozessierer sind selbstverständlich nicht auf die genannten Beispiele beschränkt.

[51] Stock, S. 120.

[52] Zu denken ist etwa an die Rechtsprechung zum AGBG, die in besonderem Maße vom Streben nach Einzelfallgerechtigkeit zeugt. Die zunehmende Verwendung von Generalklauseln im materiellen Recht – etwa § 9 AGBG – erhöht den rechtlichen Klärungsbedarf, dazu näher Preibisch, S. 271.

[53] Vgl. Preibisch, S. 271.

stärkt das Bild eines kaum zu überblickenden Rechtsstoffes. Neuartige Vertragstypen schaffen neue Rechtsprobleme. Zahlreiche Rechtsfragen stellen sich aufgrund neuer technischer Entwicklungen, etwa dem weltweiten Datennetz (Internet). Im Vergleich zu früheren Jahren ist die Menge der Rechtsprobleme also deutlich gestiegen. Die in der seit Jahren zunehmenden Zahl von Gesetzen und Verordnungen zum Ausdruck kommende „Verrechtlichung“ vieler Lebensbereiche trägt somit gleichfalls ihren Teil zur Arbeitsbelastung der Justiz bei.

3. Einwirkungen des Umfelds der Justiz

Auch das berufsständische Umfeld der Justiz, insbesondere die Anwaltschaft, übt Einfluß auf die Zahl der Gerichtsverfahren aus.

Betrachtet man vordergründig den finanziellen Aspekt eines Mandates, so müßten Rechtsanwälte ein Interesse daran haben, die ihnen zugetragenen Fälle vor Gericht zu bringen. Nach den Vorschriften der Gebührenordnung für Rechtsanwälte können prozeßbevollmächtigte Anwälte jeweils gesonderte Gebühren für das Betreiben des Geschäfts einschließlich der Information (§ 31 Abs. 1 Ziff. 1 BRAGO), für die mündliche Verhandlung (§ 31 Abs. 1 Ziff. 2 BRAGO), für die Vertretung im Falle der Beweisaufnahme (§ 31 Abs. 1 Ziff. 3 BRAGO) sowie für die Erörterung der Sache im Termin (§ 31 Abs. 1 Ziff. 4 BRAGO) verlangen. Das Gebührenrecht der Anwälte belohnt also den Rechtsanwalt, der einen Streitfall vor Gericht bringt. Die forensische Tätigkeit bringt dem Anwalt bis zu vier Gebühren ein, während streitschlichtendes Wirken finanziell weniger attraktiv ist. Die außergerichtliche Konfliktlösung kann gemäß § 20 Abs. 2 BRAGO eine halbe Gebühr einbringen, wenn der Anwalt „von der Einlegung eines Rechtsmittels abrät“. Umfaßt die vorgerichtliche Schlichtung lediglich die Abfassung eines einfachen Schreibens, so darf der Anwalt nach § 120 Abs. 1 BRAGO eine $^{2}/_{10}$-Gebühr verlangen. Nominal gesehen verdient ein Rechtsanwalt bei außergerichtlicher Konfliktlösung also deutlich weniger als im gerichtlichen Verfahren[54].

Der niedrigeren Gebührenforderung aus der Streitschlichtung steht aber ein regelmäßig erheblich geringerer Arbeitsaufwand gegenüber, so daß eine Kosten-Nutzen-Analyse für den Versuch der Streitschlichtung spricht[55]. Wenn die Streitigkeit im vorgerichtlichen Stadium beigelegt wird, entfällt z. B. das zeitintensi-

---

[54] Dies gilt auch unter Berücksichtigung des im Jahre 1994 geänderten § 23 Abs. 1 Satz 1 BRAGO, wonach der Anwalt nunmehr eine $^{15}/_{10}$ – Gebühr für die Mitwirkung beim Abschluß eines Vergleichs im Sinne des § 779 BGB berechnen darf.

[55] Stock, S. 124.

ve Anfertigen von Schriftsätzen oder die Wahrnehmung von aufwendigen Gerichtsterminen. Die Streitschlichtung empfiehlt sich also als vorrangiges anwaltliches Konfliktregelungsmittel[56].

Die Rentabilität außergerichtlicher Konfliktregelung spiegelt sich in der anwaltlichen Praxis wieder. Nach einer empirischen Studie erledigen Rechtsanwälte bis zu 70 % der an sie heran getragenen Streitigkeiten außergerichtlich[57]. Die hohe Quote überrascht, da die Juristen- bzw. Referendarausbildung einseitig auf das kontradiktorische Verfahren ausgerichtet ist[58]. Außergerichtliche Konfliktbehandlungsmöglichkeiten spielen bis heute an der Universität und während des Referendariats eine untergeordnete Rolle. Der Anwalt ist auf Grund seiner Ausbildung in seinem Berufsbild forensisch geprägt[59]. So gehört es zum öffentlichen Berufsbild, daß ein Rechtsanwalt im Streitfalle Klage erhebt[60].

Trotz der hohen Anzahl anwaltlicher Schlichtungen trägt der immer härter werdende Wettbewerb um Aufträge und Mandanten insgesamt zur steigenden Prozeßzahl bei. Berücksichtigt man die Anzahl der in Deutschland heute zugelassenen Rechtsanwälte und addiert die jährlich hinzukommenden Berufsanfänger hinzu, so waren es um die Jahrtausendwende rund 100.000 Menschen, deren Existenz auch von der Anzahl der zu führenden Rechtsstreitigkeiten abhing[61]. Die steigende Zulassungsrate zieht einen verschärften Konkurrenzdruck innerhalb der Anwaltschaft nach sich, der als steigernder Faktor auf den Geschäftsanfall der Gerichte anzusehen ist. Darüber hinaus steht zu vermuten, daß auch das Selbstverständnis vieler Anwälte zu einer Steigerung der Verfahrenszahlen führt, da außergerichtliche Alternativen zum Zivilprozeß oft als nicht gleichwertig betrachtet werden[62].

---

[56] Ausführlich hierzu Berghuis-van der Wijk, S. 65 ff.

[57] Zu diesem Ergebnis gelangt Wasilewski, S. 30 ff. Zu berücksichtigen ist allerdings, daß die Schlichtungsquote auf 30 % absinkt, wenn *beide* Konfliktparteien Rechtsanwälte eingeschaltet haben, vgl. Stock, S. 124. Praktische Beispiele für die außergerichtliche Schlichtungsfunktion von Anwälten gibt Bandisch, S. 41, 43; zur Streitbeilegung durch Notare vgl. Lichtenberger, S. 47 ff.

[58] Vgl. Böckenförde, S. 63 ff.; Strempel, Neuer Ausbildungsinhalt, S. 365 ff.; Ponschab/Schweizer, S. 23 ff.

[59] Stock, S. 124; Ponschab/Schweizer, S. 27 ff.

[60] Vgl. Stock, a.a.O.

[61] Vgl. die Übersicht über die Anzahl der Mitglieder der Rechtsanwaltskammern am 01.01.2000 in BRAK-Mitteilungen 3/2000, S. 137.

[62] Vgl. Stock, a.a.O.

Als ein weiterer Einflußfaktor auf den Geschäftsanfall der Gerichte sind die Rechtsschutzversicherungen zu nennen. Die Bereitschaft, einen Prozeß anzustrengen, wächst mit dem Vorhandensein einer Rechtsschutzversicherung. Nach einer Untersuchung[63] aus dem Jahre 1990 prozessieren Rechtsschutzversicherte häufiger und hartnäckiger als Nichtversicherte. Der Hauptgrund für die vermehrte Inanspruchnahme der Gerichte durch Rechtsschutzversicherte ist vor allem im Wegfall des Prozeßrisikos zu sehen. Gerichtsverfahren mit ungewissem Ausgang werden von Nichtversicherten eher gemieden als von Personen, denen im Falle der Deckungszusage jedes eigene Kostenrisiko genommen wird. Weiter mag es einen - empirisch allerdings kaum nachweisbaren - Anreiz für einige Versicherte geben, die vorgeleisteten Versicherungsprämien im Streitfalle „zu verwerten". Wer von diesem Motiv geleitet wird, nimmt die Versicherungsleistung bedenkenlos in Anspruch, insbesondere wenn die bisherige Prämienzahlung den Schadensbetrag übersteigt[64].

Der prozeßfördernde Einfluß der Rechtsschutzversicherungen bestätigt sich auch in einer Befragung der Anwaltschaft. Fast 80 % der befragten Anwälte bejahen eine prozeßtreibende Wirkung der Rechtsschutzversicherungen, nur 7,6 % verneinen diese[65].

III. Ausblick

Das mittlerweile erreichte Ausmaß der Arbeitsbelastung unserer Justiz veranschaulicht die Notwendigkeit der Schaffung von Alternativen zum herkömmlichen Gerichtsverfahren. Außergerichtliche Konfliktbewältigungssysteme können für eine Entlastung der stark beanspruchten Justiz sorgen. Dies wird von Untersuchungen des Bundesministerium der Justiz im Rahmen der „Strukturanalyse der Rechtspflege" bestätigt, wonach ein konsequenter Ausbau der vor- und außergerichtlichen Filterebene in allen Gerichtsbarkeiten eine erhebliche Reduzierung des zu erwartenden Geschäftsanfalles verspricht[66]. Der Gesetzgeber hat mit § 15a EGZPO mittlerweile eine bundesgesetzliche Regelung geschaffen, die das Ziel einer Entlastung der Justiz verfolgt[67].

---

[63] Vgl. Jagodzinski/Raiser/Riehl, Rechtsschutzversicherung und Rechtsverfolgung, 1990.

[64] So Jagodzinski/Raiser/Riehl, S. 1. Zu anderen Ergebnissen kommen frühere Untersuchungen. Nach Blankenburg/Fiedler, S. 113 f., lasse sich nicht nachweisen, daß Rechtsschutzversicherte höhere Prozeßrisiken eingingen oder hartnäckiger prozessierten. Insgesamt sei der Einfluß der Rechtsschutzversicherungen auf den Geschäftsanfall der Gerichte unbedeutend. Kritisch hierzu Jagodzinski/Raiser/Riehl, S. 16 f.

[65] Vgl. Wasilewski, S. 83 f., 131.

[66] Vgl. Stock/Wolff/Thünte, S. 35 ff.

[67] Siehe unten § 10.

B. Das Interesse der Streitparteien an alternativen Konfliktlösungen

Die Suche nach Alternativen zum Gerichtsverfahren ist nicht nur für die Justiz von erheblichem Interesse. Eine außergerichtliche Konfliktlösung kann auch für die am Rechtsstreit beteiligten Parteien vorteilhaft sein. Das Interesse der Konfliktparteien an einer informellen Streitbeilegung kommt in objektiven und subjektiven Aspekten zum Ausdruck. Zum einen sind die aufzuwendenden Kosten und die Zeitdauer eines Streitentscheidungssystems als objektiv bestimmbare Faktoren für die Konfliktparteien relevant (I.). Zum anderen spielt die Zufriedenheit mit dem konkreten Ablauf einer außergerichtlichen Konfliktbearbeitungsmethode als subjektives Element für die Beteiligten eine nicht unerhebliche Rolle (II.).

I. Zeitdauer und Kosten der Konfliktlösung

Der Wert eines Konfliktbearbeitungssystems bemißt sich aus der Sicht der Parteien insbesondere an den in einer Wechselbeziehung stehenden objektiven Faktoren „Zeitdauer“ und „Kosten“ des Verfahrens.

Rund 77 % der erstinstanzlichen Zivilgerichtsverfahren vor dem Amtsgericht werden binnen der ersten sechs Monate erledigt. Nach zwölf Monaten steigt der prozentuale Anteil der Erledigungen vor dem Amtsgericht auf 94 %. Vor dem Landgericht als Eingangsinstanz finden 65 % der Verfahren innerhalb eines halben Jahres ihre Erledigung. Nach einem Jahr sind 87 % dieser Verfahren erledigt[68].

Der deutsche Zivilprozeß schneidet hinsichtlich der Verfahrensdauer im internationalen Vergleich gut ab[69]. Dennoch können die Wartezeiten, welche die Parteien in Kauf zu nehmen haben, nicht befriedigen. Denn mit den nicht unerheblichen Zeitspannen bis zur Entscheidung des Rechtsstreits sind wesentliche Nachteile zumindest für eine Seite verbunden. Die lange Verfahrensdauer begünstigt z. B. den säumigen Schuldner und wirkt sich negativ auf die Zahlungsmoral aus. Die starke Beanspruchung der Ziviljustiz kann also erhebliche zeitliche Nachteile für die Prozeßparteien mit sich bringen. Von den Parteien wird in manchen Streitigkeiten ein hohes Maß an Geduld und Zähigkeit gefordert, um den Rechtsstreit bis zum Ende durchzuführen.

---

[68] Alle Zahlenwerte aus dem Statistischen Jahrbuch 1999, S. 350. Zur Verfahrensdauer in früheren Jahren vgl. die Übersicht bei Preibisch, S. 274; siehe auch Falke/Gessner, S. 297.

[69] Vgl. Falke/Gessner, S. 289, 296 f.

Darüber hinaus dürfen die von den Parteien aufzubringenden gerichtlichen und außergerichtlichen Kosten nicht vernachlässigt werden. Bei höheren Streitwerten kann das Aufbringen der Gerichts- und Anwaltskosten bereits ein Problem für Parteien darstellen, die über ein Durchschnittseinkommen verfügen.

Sucht man nach den Gründen der teilweise langen Dauer von Zivilverfahren, so ist zunächst der dargestellte hohe Geschäftsanfall der Gerichte zu berücksichtigen. Die zum Teil extensive Prozeßdauer wirkt sich umgekehrt natürlich auch auf die Justizbelastung aus. Im Falle einer längeren Verfahrensdauer kann das Gericht nämlich gezwungen sein, sich wiederholt in den Prozeßstoff einzuarbeiten, was zur Verlängerung der Gesamtdauer des Prozesses und zur Belastung der Gerichte beiträgt[70]. Folge der Arbeitsüberlastung sind erhebliche Terminierungsschwierigkeiten der Gerichte. Die Verfahren ziehen sich wegen der zu bearbeitenden Menge an Rechtsstreitigkeiten in die Länge. In vielen Fällen müssen die Parteien Wochen oder sogar Monate warten, bis ein Verhandlungstermin anberaumt werden kann. Die Überlastung der Justiz wirkt sich also auf die Länge des gerichtlichen Verfahrens aus.

Daneben kann unzulänglicher oder unvollständiger Parteivortrag an der Verlängerung des Gerichtsverfahrens Anteil haben. Ebenso mag das Erfordernis der Einholung eines Sachverständigengutachtens die Länge des Zivilprozesses zu beeinflussen[71].

Die dargelegten bremsenden Einflüsse auf eine zügige Behandlung privater Konflikte spielen für alternative Streiterledigungsverfahren keine Rolle, wenn diese außerhalb der von Überbelastung geprägten Justiz angesiedelt sind. Eine informelle Streitbeilegung kann unabhängig von ihrer konkreten Ausgestaltung im Vergleich zum Gerichtsverfahren in einer oft wesentlich kürzeren Zeitspanne erfolgen. Die Flexibilität außergerichtlicher Konfliktlösungen, die nicht an einen zeitraubenden förmlichen Verfahrensgang gebunden sind, fördert eine rasche Streitbearbeitung. In vielen Varianten der informellen Konfliktlösung können die Konfliktpartner auf den Ablauf des Verfahrens unmittelbar Einfluß nehmen[72]. Sie haben es in diesen Fällen selbst in der Hand, die Zeitdauer ihrer Streitbeilegung und damit auch die Kosten des Verfahrens zu bestimmen.

---

[70] Preibisch, S. 276.

[71] Siehe Preibisch, S. 278 f.

[72] Vgl. insbesondere die Ausführungen zur Mediationstechnik, siehe unten § 6 B. IV. und § 6 C.

Eine sich lange hinauszögernde und kostenintensive Streitentscheidung durch Urteil steht den materiellen Interessen der Konfliktparteien entgegen. Deutlich kürzere Formen der Disputbeilegung stellen für die Beteiligten demgegenüber eine attraktive Alternative dar. Anstelle der starren und in zeitlicher Hinsicht oft trägen Justiz sind aus Sicht der Konfliktparteien Streitbearbeitungssysteme wünschenswert, die ohne allzu großen Aufwand möglichst rasch zu effizienten Konfliktlösungen führen können.

II. Die Stärken einer konsensualen Konfliktbearbeitung

Neben der Zeitdauer und den Kosten des Verfahrens ist die Zufriedenheit mit der konkreten Form der Konfliktbewältigung ein für viele Parteien wichtiges Element. Dies gilt vor allem für Streitigkeiten mit hoch emotionalem Charakter[73].

Die Struktur des Zivilprozesses steht vielfach einer dauerhaften und die Parteien wirklich zufriedenstellenden Konfliktlösung im Wege. Das folgende Beispiel soll dies deutlich machen[74]: Zwei Parteien streiten um das Eigentum an einer Orange. Typischerweise legen die Parteien vor Gericht ihr *Interesse* am Streitgegenstand nicht offen. *Warum* sie jeweils die Orange begehren, bleibt meist unerörtert. Anstatt dessen werden beide Seiten regelmäßig die *Position* einnehmen, Alleineigentümer der Orange zu sein. Wenn nun die eine Partei lediglich den Saft der Orange begehrt, während es der anderen Partei nur auf die Schale zum Backen ankommt, so liegt die beide Seiten zufriedenstellende Lösung des Konflikts auf der Hand. Im Falle der gerichtlichen Entscheidung wird zumindest eine Seite nicht befriedigt, wenn die Parteien ihr Interesse am Gegenstand des Konflikts nicht offengelegt haben. So banal dieses Beispiel sein mag, zeigt es doch klar den Unterschied zwischen der Position, die eine Partei im Prozeß aus rechtlichen Gründen vertreten muß, und ihrem möglicherweise nicht deckungsgleichen Interesse. Verallgemeinernd läßt sich aus dem Orangenbeispiel ableiten, daß eine optimale Streitlösung für die betroffenen Konfliktparteien eine Verständigung über die jeweiligen Interessen am Streitgegenstand voraussetzt. Die dafür notwendige offene Kommunikation über die Interessen der Parteien und den Hintergrund des Konflikts kann aber beim typischen Zivilverfahren nicht immer erwartet werden. Vielmehr ist gerade der Streit um die geltend gemachten klar und eindeutig abgegrenzten Rechtspositionen das den Zivilprozeß prägende Kennzeichen.

---

[73] Z. B. Schmerzensgeldverfahren; zur Bedeutung des Faktors „Zufriedenheit" im Rahmen von Streitbeilegungsformen vgl. Manos/Taylor, S. 1 ff.; Calkins, S. 277, 278.

[74] Vgl. Breidenbach, Komplementäre Konfliktbehandlung, S. 5.

Zwar hat das Gericht in jeder Lage des Verfahrens gemäß § 279 ZPO auf eine gütliche Einigung der Parteien hinzuwirken. Ob im Rahmen eines durchschnittlichen Zivilverfahrens die Parteiinteressen – die von den eingenommenen Rechtspositionen wie dargelegt abweichen können – überhaupt hinterfragt werden, bleibt wegen der knappen Zeit pro Verfahren fraglich. Bei Konflikten, die ein Beziehungsproblem der Beteiligten in eine rechtliche Auseinandersetzung transformieren, sind den Parteien ihre eigenen *Interessen* – verstanden im obigen Sinne - unter Umständen nicht gegenwärtig. Wenn sich zum Beispiel langjährige Nachbarn wegen eines vermeintlichen Konflikts über die Grenzziehung vor Gericht wiederfinden, könnte die Streitigkeit ganz andere Konfliktursachen überlagern, die vielleicht in nachbarschaftlichen Mißhelligkeiten liegen. Es ist unwahrscheinlich, daß eine Störung der sozialen Beziehung der Konfliktparteien im Rahmen einer durchschnittlichen gerichtlichen Vergleichsverhandlung aufgearbeitet werden kann. In solchen Fällen ist das Gericht nicht der richtige Adressat, um die tiefergehende Konfliktproblematik in ihrer Gesamtheit zu erfassen.

Nicht verkannt werden soll an dieser Stelle, daß die Gerichte im Rahmen ihrer richterlichen Vergleichstätigkeit um friedensstiftende Konfliktlösungen redlich bemüht sind. Allerdings dürfte die Last der zahlreichen Verfahren und der damit zusammenhängende Zeitdruck oft dem Versuch entgegenstehen, die Motivationen der Parteien und die Ursachen des Konflikts im einzelnen zu ergründen.

Natürlich lassen sich die meisten Streitigkeiten in der Rechtspraxis nicht so mühelos auflösen wie der Orangenfall. Gleichwohl dürften in vielen Fällen durch die Berücksichtigung der Parteiinteressen innovative Problemlösungen sichtbar werden. Dazu müssen die Parteien ihr zwanghaft positionsorientiertes Denken aufgeben und nach wertschöpfenden, beiden Seiten dienenden Interessenlösungen suchen.

Ob mit der „klassischen“ Streitentscheidung der Gerichte den Interessen der Parteien gedient ist, bleibt deshalb in vielen Fällen fraglich. Der Unterlegene hat neben der Kostenfolge der §§ 91 ff. ZPO und der gegebenenfalls nunmehr durchsetzbaren Klageforderung innerlich die gerichtliche Niederlage zu verkraften. Dies gilt insbesondere für Prozesse, die einen hohen emotionalen Einschlag aufweisen, z.B. die streitige Ehescheidung, ein Schadensersatzprozeß wegen Körperverletzung oder die als unberechtigt empfundene Kündigung des Arbeitsplatzes. Aber auch der Obsiegende der gerichtlichen Auseinandersetzung kann Nachteile erfahren, wenn die Parteien z. B. als Nachbarn oder als Familienangehörige zukünftig weiteren Umgang haben. Sobald also eine längerfristige Beziehung zwischen den Konfliktpartnern besteht, kann eine das zukünftige Verhältnis der Parteien mit berücksichtigende Konfliktbeilegung dem vergangenheitsorientierten Gerichtsverfahren überlegen sein.

Es bleibt zu fragen, warum das Gerichtsverfahren den Interessen der Konfliktpartner oftmals nicht gerecht zu werden vermag. Ein Hauptgrund dürfte darin bestehen, daß die Entscheidungskompetenzen des Gerichts letztlich sehr eng begrenzt sind. So muß es sich gemäß § 308 Abs. 1 ZPO strikt an die Anträge der Parteien halten. Somit verbleibt dem Richter eine binäre Entscheidungsstruktur: entweder ist der erhobene Anspruch des Klägers begründet oder er ist unbegründet; entweder besteht eine den Anspruch zu Fall bringende Einwendung des Beklagten oder sie besteht nicht. Die Folge ist das oft beschriebene „Nullsummenspiel"[75]. Im Zivilprozeß obsiegt der eine Teil in dem Maße, in welchem der andere verliert. Der Gewinn der einen Seite schlägt automatisch als Verlust der anderen Seite zu Buche. „Wertschöpfende" Lösungen, von denen beide Seiten profitieren, sind auf diese Weise kaum zu erzielen. Eine Konfliktbeilegung, bei welcher beide Parteien gleichermaßen mit der gerichtlichen Entscheidung zufrieden sind und eine dauerhafte Befriedung der Konfliktparteien eintritt, ist unter diesen Umständen nicht immer zu erwarten.

Dem steht die hohe Anzahl von Vergleichen im Gerichtsverfahren nicht entgegen. Der Abschluß eines Vergleichs im Zivilprozeß wird oft als eine Form der Konfliktlösung gepriesen, bei der beide Parteien mit der Unterstützung des Gerichts zu einer vernünftigen Lösung gelangen. Vom Vergleich soll eine friedensstiftende Wirkung für die Parteien ausgehen[76]. Zwar sind Vergleiche – insbesondere im Arbeitsgerichtsverfahren[77], aber auch in Zivilsachen – die häufigste Erledigungsart vor Gericht. Damit ist aber die befriedende Wirkung des Vergleichs keineswegs nachgewiesen. Es ist im Gegenteil davon auszugehen, daß Vergleiche nicht zwangsläufig einen wahren Konsens der Parteien beinhalten[78]. So ist der Einigungsdruck auf die Parteien, der von gerichtlichen Vergleichsvorschlägen vielfach ausgeht, nicht zu unterschätzen. Häufig dürfte nämlich die rasche Erledigung der Sache im Vordergrund stehen[79]. Schon der hohe Termin-

---

[75] Vgl. Eidenmüller, S. 40 ff.; Breidenbach, Mediation, S. 71.

[76] Vgl. Baumbach-Hartmann, § 279 Rdnr. 2; Jauernig, § 48.

[77] Vgl. die Übersicht bei Rottleuthner, S. 150.

[78] So Rottleuthner, a. a. O. Kritisch auch Jauernig, § 48 VIII.

[79] Rottleuthner, a. a. O., weist darauf hin, daß dem Richter im Falle eines Vergleichs die mitunter langwierige Abfassung eines Gerichtsurteils erspart bleibt.

druck macht es dem Richter in vielen Fällen unmöglich, den Ursprung des Konflikts, seine Auswirkungen auf die Parteien und die Konsequenzen für eine einvernehmliche Konfliktbeilegung in der Kürze der zur Verfügung stehenden Zeit ausreichend zu thematisieren. Die gerichtlichen Vergleichsverhandlungen haben also nicht unbedingt etwas mit einer parteinahen Vermittlung zu tun, welche die Interessen der Konfliktpartner zum Ausgleich bringt. Der Vergleich hat demnach nicht immer integrierende Kraft.

Nach all dem ist der Nutzen einer einvernehmlichen, die Interessen der Beteiligten berücksichtigenden informellen Streitbeilegung für die Konfliktparteien nicht von der Hand zu weisen. Einvernehmliche Konfliktlösungen bieten eine größere Chance auf Akzeptanz der gefundenen Lösung unter den Konfliktpartnern[80]. Nach Studien aus den Vereinigten Staaten bewirkt die konsensuale Streitbeilegung im allgemeinen ein größeres Maß an Zufriedenheit unter den Streitbeteiligten im Vergleich zu Gerichtsentscheidungen[81]. Für die an einem Konflikt unmittelbar beteiligten Personen stellt somit das Angebot alternativer konsensualer Konfliktbearbeitungssysteme neben der Möglichkeit, den Rechtsweg zu beschreiten, eine Bereicherung der Chancen zur Streitbeilegung dar.

C. Das Interesse an einer Veränderung unserer Streitkultur

Schließlich spricht auch ein Interesse der Allgemeinheit an einer Veränderung unserer Streitkultur für das Beschreiten neuer Wege in der Auflösung von Konflikten. Ein solches Allgemeininteresse besteht insbesondere hinsichtlich der Herstellung des Rechtsfriedens. Gustav Radbruch schrieb vor über siebzig Jahren in seiner „Einführung in die Rechtswissenschaft“[82]:

„Wichtiger als jegliche Reform des Rechtsstreits ist die... Organisation des Rechtsfriedens. Wir haben die Rechtspflege bisher zu sehr nur als Streitentscheidung statt vor allem als Streitverhütung aufgefaßt, zu viel Rechtschirugie und zu wenig Rechtshygiene getrieben. ...angesichts der Verschwendung von Geld, Nerven- und Arbeitskraft in einer erschreckenden Jahresziffer von Prozessen ist uns heute die entgegengesetzte Predigt der Versöhnlichkeit viel mehr vonnöten“.

---

[80] Vgl. Bush, S. 16 ff.; Roehl/Cook, S. 33 ff.; Lüdemann-Ravit, S. 148; Wohlner/Rymers, S. 2161 ff.; Calkins, S. 282 f.; Ponschab/Schweizer, S. 109 ff.

[81] Vgl. Roehl/Cook, S. 34 f.

[82] Radbruch, S. 154.

Schon damals wurde eine Vielzahl von Prozessen beklagt. Radbruchs Überlegungen zu einer neuartigen Streitkultur haben insofern nichts an Aktualität eingebüßt.

Im Laufe der Zeit hat sich die Art und Weise der rechtlichen Konfliktaustragung verändert. Die historische Entwicklung in Deutschland zeigt einen allmählichen Wandel von einer reinen Konfrontationskultur zu einer kooperativeren Form der Auseinandersetzung. Aufbau und Systematik unserer 1877 geschaffenen Zivilprozeßordnung sind von der Vorstellung geprägt, daß im Zivilprozeß letztlich der „Kampf ums Recht" stattfindet. Mit Ausnahme der Vorschriften über das Schiedsverfahren regeln alle Paragraphen der ZPO das *Streit*verfahren. Die gerichtliche Auseinandersetzung um Recht und Unrecht bestimmt - trotz § 279 ZPO, der die gütliche Einigung ins Spiel bringt - als „Kampfmodell" das Rechtsbewußtsein der Beteiligten[83]. Rudolf Ihering sah im „Preisgeben eines verletzten Rechts ... (einen) Akt der Feigheit, der der Person zur Unehre und dem Gemeinwesen zum größten Schaden gereicht..."[84]. Diese aus heutiger Sicht sehr rauhe Sichtweise entsprach der damaligen Vorstellung einer natürlichen Streitkultur.

In der heutigen Zeit fordern viele einen weniger vom „Kampfgedanken" dominierten Zivilprozeß[85]. Es wird zunehmend erkannt, daß das Ziel des andauernden Rechtsfriedens kaum durch ein bedingungsloses Festhalten an der eigenen Position im Wege eines zivilprozessualen „Kampfes" erreicht werden kann[86]. Während bei uns die Entwicklung hin zu konsensualen Konfliktlösungsmodellen allerdings noch am Anfang steht, verfügen andere, insbesondere asiatische Gesellschaften zum Teil über Jahrtausende alte Erfahrungen. In den fernöstlichen Kulturen wird der Gang zum Gericht traditionell als ultima ratio betrachtet. Zuvor wird alles versucht, um einen Konflikt durch gegenseitiges Nachgeben beizulegen. Auch bei harten Kontroversen ist es in den dortigen Gesellschaften üblich, der anderen Seite jederzeit die Möglichkeit zu geben, „ihr Gesicht zu wahren" und den Konflikt außergerichtlich zu beenden[87]. Man kann einer Vorbildfunktion dieser für uns ungewohnten Streitkulturen nicht mit dem Argument begegnen, daß fernöstliche Gesellschaftsformen mit der mitteleuropäischen nicht

---

[83] Vgl. Rosenberg/Schwab/Gottwald, S. 3; Strempel, ZRP 1998, S. 319.
[84] Ihering, Der Kampf ums Recht, Wien 1872, zitiert nach: Strempel, ZRP 1998, S. 319.
[85] Vgl. Greger, S. 1077 ff.; Breidenbach, Mediation, S. 2 f.; Duve, S. 460; Alexander, S. 2 f.
[86] Vgl. Strempel, ZRP 1998, S. 319 f.
[87] Vgl. Krapp, Zivilrechtliche Schlichtung an japanischen Gerichten, S. 77 ff. Siehe auch Krapp, Schlichtung in der Republik China (Taiwan), S. 85 ff.

vergleichbar seien. Die uns in wirtschaftlicher und sozialer Hinsicht vergleichbaren Niederlande haben – wenn auch in abgeschwächter Form – ein ähnliches Modell einer neuartigen Streitkultur etabliert[88]. Ein Netz von zahlreichen vorgerichtlichen Streitbeilegungsmöglichkeiten sorgt bei unseren Nachbarn dafür, daß die Gerichte nur dann eingeschaltet werden, wenn es sich nicht mehr vermeiden läßt. Wie noch zu zeigen sein wird[89], sind auch die USA hinsichtlich strukturierter außergerichtlicher Konfliktbeilegung der deutschen Rechtsordnung weit voraus.

Freilich darf die Gefahr einer Harmonisierung um jeden Preis nicht übersehen werden. Es kann nicht Aufgabe der Rechtsordnung sein, einer zwanghaften Pazifizierung von Konflikten Vorschub zu leisten. Selbstverständlich gehören Dispute und deren zivilisierte Austragung untrennbar zum gesellschaftlichen Zusammenleben. Wenn eine neuartige Streitkultur diskutiert wird, dann im Hinblick auf ein „Weniger an Konfrontation" und ein „Mehr an Kooperation"[90]. Alternative Streitbeilegungsmechanismen können von dieser Warte als Bereicherung des Konfliktlösungspotentials einer Gesellschaft verstanden werden. Konsensuale Lösungen tragen zum Rechtsfrieden in einer Gesellschaft zweifellos wesentlich bei.

D. Ergebnis

Das deutsche Verfahrensrecht ist zu einseitig auf „autoritative" Streitentscheidung ausgerichtet. Neben dem herkömmlichen Zivilprozeß besteht grundsätzlich Bedarf für das Gerichtsverfahren ergänzende Streitbeilegungsmechanismen. Die Notwendigkeit der Entwicklung solch komplementärer Konfliktlösungsmethoden über die wenigen bereits bestehenden hinaus[91] ergibt sich aus den nachteiligen Folgen der stetig steigenden Überbeanspruchung der Justiz, aus dem Interesse der Konfliktparteien an konsensuellen Formen der Streitbewältigung und aus einem Allgemeininteresse an einer Richtungsänderung unserer Streitkultur.

---

[88] Näher Blankenburg, Außergerichtliche Konfliktregelung in den Niederlanden, S. 70 ff.

[89] Siehe unten § 7 ff.

[90] In diesem Sinne kritisch zur amerikanischen Streitkultur Moyer, S. 13 f.

[91] Vgl. dazu unten § 5.

§ 3 Die Alternative zum Gerichtsverfahren als mögliche Bereicherung der Konfliktbearbeitung

Wenn in dieser Arbeit „Alternativen“ zum Zivilprozeß untersucht werden, dann nicht im Sinne von Gegenmodellen zur tradierten Entscheidungsfindung, sondern vielmehr als Ergänzung zum herkömmlichen Gerichtsverfahren. Es geht nicht darum, den Zivilprozeß durch alternative Konfliktregelung zu ersetzen. Informelle Streitbeilegungsangebote können aber eine komplementäre Größe darstellen und die Vielfalt der Konfliktbearbeitungsmöglichkeiten erheblich erweitern.

Denkt man sich mögliche Alternativen demnach als Verbreiterung des Konfliktlösungsspektrums, stellt sich die Frage, in welchem Verhältnis der formelle Zivilprozeß zur außergerichtlichen Konfliktlösung stehen soll. Dies hängt zunächst davon ab, welche Rolle den alternativen Streitbeilegungsformen zugedacht wird. Sieht man in ihnen primär eine Möglichkeit, die Justiz zu entlasten, beeinflussen sich das traditionelle Konfliktregelungssystem und die informelle Alternative wechselseitig. Je zahlreicher effektive außergerichtliche Angebote informeller Konfliktlösung zur Verfügung stehen, desto deutlicher wird ihr reduzierender Einfluß auf den Geschäftsanfall der ordentlichen Gerichtsbarkeit zu bemerken sein. Umgekehrt ist bei steigender Belastung der Gerichte ein breites Angebot an außergerichtlichen Streitbeilegungen von Interesse[92].

Indessen sollte im Potential möglicher Alternativen zum Gerichtsweg mehr als eine bloße Entlastung der Justiz gesehen werden[93]. Schon der Begriff der „Filterwirkung“[94] informeller Systeme ist zu kurz gegriffen. Außergerichtliche Streitbeilegung wird in ihrem Potential verkannt, wenn sie lediglich als Sieb für eine „zu reinigende“ Justiz aufgefaßt wird[95]. Tatsächlich sollte der Blickwinkel sich nicht nur auf eine potentielle Entlastungsfunktion verengen[96]. Alternative Konfliktbearbeitung kann die unterschiedlichsten Zielsetzungen verfolgen[97]. So wird etwa der eigenverantwortlichen Bearbeitung von Konflikten seitens der Streitparteien ein Wert in sich beigemessen[98]. Unter diesem Aspekt gewinnt die

---

[92] Stock, S. 113.

[93] Diesen Ansatz verfolgt Strempel, ZRP 1998, S. 319 ff., der den Nutzen einer neuen Streitkultur betont; ähnlich Sander/Hatlapa, S. 151 ff.

[94] Die Bezeichnung findet sich bei Stock, S. 127 ff.

[95] Ponschab, S. 97.

[96] So aber offenbar Preibisch, S. 31 f., 272.

[97] Vgl. die ausführlichen Darstellungen bei Röhl, Alternativen in der Ziviljustiz, S. 15 ff.; Breidenbach, Mediation, S. 212 ff.; Leeson/Johnston, S. 12 ff.; Sander, S. 2 ff.

[98] Vgl. Breidenbach, Mediation, S. 224 ff.

Selbstbestimmung und Autonomie der Parteien im Rahmen der Auseinandersetzung mit Konflikten Priorität[99]. Insoweit bestehen zwischen dem Gerichtsprozeß und einer alternativen Konfliktlösung qualitative Unterschiede, was die Einbeziehung der Parteien in den Verfahrensablauf und deren Eigenverantwortung für die Bewältigung des Konflikts angeht. Eine aktive Rolle bei der Konfliktbewältigung ist den Parteien in einem informellen Rahmen eher möglich als beim an formelle Regeln gebundenen Gerichtsverfahren. So werden die Konfliktparteien ihre Eigenverantwortung für die Kontroverse im Falle einer außergerichtlichen Streitbeilegung nicht an eine außenstehende Person, den Rechtsanwalt, delegieren, sondern regelmäßig selbst und unmittelbar zur Lösung der Auseinandersetzung beitragen (müssen). Bei Einschaltung eines Prozeßbevollmächtigten schwindet hingegen der Einfluß der Partei auf die Konfliktgestaltung[100]. Daneben dürfte ein informelles Verfahren für den juristischen Laien verständlicher sein als der mit vielen Förmlichkeiten behaftete Gerichtsprozeß. Darüber hinaus darf die „Sprachbarriere" des Bürgers vor Gericht nicht außer acht gelassen werden. Während die juristische Terminologie integraler Bestandteil des Gerichtsverfahrens ist, kommt es auf die Kenntnis der Fachsprache im informellen Rahmen weniger an. Auch dieser Umstand fördert eine aktive Einbeziehung der Betroffenen in das informelle Verfahren.

Eine Alternative zum traditionellen Gerichtsverfahren zur Verfügung zu stellen, bedeutet demnach mehr als nur einen entlastenden Nebenschauplatz zum tradierten Konfliktbearbeitungssystem zu schaffen.

[99] Vgl. Breidenbach, Mediation, S. 224.
[100] Dies stellt Lüdemann-Ravit, S. 148, heraus.

2. Kapitel:

Außergerichtliche Streitbeilegung in Deutschland

Der folgende Teil der Arbeit setzt sich mit den traditionellen Formen der außergerichtlichen Streitschlichtung in Deutschland auseinander. Dem oben festgestellten Bedarf an außergerichtlicher Streitbeilegung[101] steht ein recht begrenztes Angebot gegenüber, selbst wenn man nur einen minimalen Organisationsgrad der Konfliktlösungsformen fordert.

Der nachfolgende Überblick über die herkömmlichen Möglichkeiten organisierter außergerichtlicher Konfliktlösung in Deutschland beschränkt sich auf außergerichtliche und institutionalisierte Konfliktlösungen. Nach einer Abgrenzung zu anderen Formen der Streitbeilegung sollen die wichtigsten Institutionen, die im vorgerichtlichen Bereich bei uns tätig sind, genauer untersucht werden. Zunächst ist auf das Schiedsmannwesen und die Schieds- und Schlichtungsstellen des Handwerks und Dienstleistungsgewerbes einzugehen. Im Anschluß werden weitere vorgerichtliche Einrichtungen wie der Ombudsmann der privaten Banken und die Öffentliche Rechtsauskunft- und Vergleichsstelle in Hamburg behandelt. Ein weiterer Abschnitt beschäftigt sich mit der Mediation als neuartiger Methode einvernehmlicher Konfliktlösung, bevor die derzeitigen Möglichkeiten außergerichtlicher Streitbeilegung abschließend zusammengefaßt werden.

§ 4 Abgrenzung zu gerichtlichen bzw. gerichtsähnlichen Verfahren und zu Formen unorganisierter Konfliktregelung

Eine Beschäftigung mit außergerichtlicher Streitbeilegung erfordert eine Grenzziehung in zwei Richtungen. Auf der einen Seite sind die gerichtlichen und gerichtsähnlichen Verfahren von der informellen Konfliktlösung zu unterscheiden. Andererseits müssen die etablierten Formen der außergerichtlichen Streitbeilegung von der unorganisierten, nicht institutionalisierten Konfliktregelung abgegrenzt werden.

A. Das Begriffsmerkmal „außergerichtlich"

Wenn „außergerichtliche" Konfliktlösungsmethoden untersucht werden sollen, so sind damit informelle Systeme gemeint, die sich vom Gerichtsverfahren in struktureller Hinsicht, also etwa in der Form und im Ablauf des Verfahrens un-

---

[101] Siehe oben § 2 D.

terscheiden. Diese außergerichtlichen Arbeitsweisen erfordern regelmäßig die organisatorische Selbständigkeit gegenüber der ordentlichen Gerichtsbarkeit.

I. Der gerichtliche Güteversuch

Von außergerichtlichen Konfliktbearbeitungssystemen sind Formen der Streitbeilegung innerhalb des gerichtlichen Verfahrens zu unterscheiden. Zu denken ist hier an die richterlichen Einwirkungsmöglichkeiten gemäß § 279 ZPO in zivilrechtlichen Verfahren und gemäß § 54 ArbGG in Verfahren vor dem Arbeitsgericht. Nach § 279 ZPO soll das Gericht in jeder Lage des Verfahrens auf eine gütliche Beilegung des Rechtsstreits bedacht sein. In der Sollvorschrift kommt der Gütegedanke des deutschen Zivilprozesses zum Ausdruck; die Norm bezweckt die Befriedung der Parteien[102]. Die gütliche Einigung der Konfliktparteien durch Vergleich spielt im Gerichtsalltag zwar eine große Rolle[103]. Indessen gehört die richterliche Schlichtung im Rahmen des § 279 ZPO systematisch nicht zu den hier interessierenden Wegen außergerichtlicher Konfliktlösung. Gleiches gilt für die arbeitsgerichtliche Güteverhandlung. Der obligatorische Versuch einer konsensualen Einigung vor jeder streitigen Verhandlung ist in § 54 ArbGG normativ verankert. Daher ist auch der Gütetermin vor dem Arbeitsgericht kein Beispiel für außergerichtliche Streitbearbeitung.

II. Verfahren mit gerichtsähnlichem Charakter

Schwerpunkt dieser Arbeit sind außergerichtliche Verfahrensarten, die sich strukturell vom förmlichen Gerichtsverfahren abheben. Eine Reihe von gerichtsähnlichen Verfahren sind an dieser Stelle auszuscheiden.

Zunächst sollen solche Verfahren unberücksichtigt bleiben, die vor Gremien stattfinden, denen die Qualität eines Gerichts zukommt. Eine mit staatlichen Gerichten vergleichbare Stellung haben solche Gremien insbesondere, wenn ihre Entscheidungen zivilgerichtlich nicht oder nur eingeschränkt überprüfbar sind. Dies gilt vor allem für das neu kodifizierte Schiedsgerichtsverfahren (§§ 1025 ff. ZPO; 101 ff. ArbGG) und das Schiedsgutachterverfahren, aber auch für die Verfahren der Vereins- und Verbandsgerichtsbarkeit[104].

---

[102] Vgl. Baumbach-Hartmann, § 279 Rdnr. 1; Breidenbach, Mediation, S. 9 f. Vgl. oben § 2 B. II.

[103] Grundlegend Gottwald, Streitbeilegung ohne Urteil, 1981. Siehe auch oben § 2 B. II.

[104] Weitere gerichtsähnliche Verfahren in diesem Sinne führt Preibisch, S. 35 ff., auf.

Das neu kodifizierte[105] Schiedsgerichtsverfahren nach den §§ 1025 ff. ZPO tritt an die Stelle der staatlichen Rechtsprechung und beschränkt die Zuständigkeit der Zivilgerichtsbarkeit[106]. Durch den Schiedsvertrag vereinbaren die Parteien, daß der Rechtsstreit, der nach seiner Art der Zuständigkeit der Zivilgerichte unterliegt, durch einen oder mehrere Schiedsrichter entschieden werden soll[107]. Der Schiedsspruch hat unter den Parteien gemäß § 1055 ZPO die Wirkungen eines rechtskräftigen gerichtlichen Urteils. Die Entscheidung des Schiedsgerichts kann nur unter engen Voraussetzungen in einem Zivilgerichtsverfahren überprüft werden. So kommt die Aufhebung des Schiedsvertrags nur bei schweren Verfahrensfehlern unter den Voraussetzungen des § 1041 ZPO in Betracht. Seine weitgehend verbindlichen Entscheidungskompetenzen rücken das Schiedsgericht somit in die Nähe des staatlichen Zivilgerichts. Das Schiedsgerichtsverfahren ist also kein „außergerichtliches" Verfahren im Sinne dieser Untersuchung.

Beim Schiedsgutachterverfahren wird im Gegensatz zum Schiedsverfahren nicht über den ganzen Anspruch, sondern nur über einzelne Streitpunkte verbindlich entschieden. Zwar ist der Gang zu den ordentlichen Gerichten bei dieser Verfahrensart nicht ausgeschlossen, doch ist der Inhalt des Schiedsgutachtens für das Zivilgericht in der Regel bindend, wenn nicht offensichtliche Unrichtigkeiten vorliegen[108]. Auch das Schiedsgutachterverfahren zählt somit nicht zu den außergerichtlichen Verfahren.

Gleiches gilt für die Vereins- und Verbandsgerichtsbarkeit. Auch hier können die Entscheidungen der Spruchkörper in vereins- oder verbandsrechtlichen Streitigkeiten vor den staatlichen Gerichten nicht vollständig überprüft werden[109]. Die Entscheidungskompetenzen der Spruchkörper der genannten Verfahren sind mit denen des Zivilrichters also annähernd vergleichbar. Da eine von den entsprechenden Gremien gefällte Entscheidung der Wirkung eines Gerichtsurteils nahekommt, bleibt das Verfahren nach dem Vereins- und Verbandsrecht im weiteren außer Betracht.

Die Gleichartigkeit der gerichtsähnlichen Verfahrensarten mit dem Gerichtsprozeß läßt sich auch an der äußeren Form der Verfahren festmachen. Hinsichtlich

---

[105] BGBl. 1997 I, 3224.
[106] Vgl. BGHZ 65, 59, 61; Lörcher/Lörcher, S. 477 ff.; Baumbach-Albers, Grundz. vor § 1025 2 A.
[107] Vgl. Baumbach-Albers, § 1025 Rdnr. 1; Lörcher/Lörcher, S. 478 f.
[108] Vgl. Rauscher, S. 74 ff.; Preibisch, S. 42 f.; Baumbach-Albers, Grundz § 1025 Rdnr. 17.
[109] BGHZ 21, 370, 373; 29, 352, 354; Stöber, S. 378 ff. m. w. N.

ihres Ablaufs sind das Schiedsgerichts-, das Schiedsgutachter-, das Vereinsgerichts- und das Verbandsgerichtsverfahren ähnlich wie das Gerichtsverfahren stark formalisiert. All diese Verfahren weisen von ihrer Struktur her gerichtsähnliche Züge auf[110]. Sie sind daher nicht als echte „außergerichtliche" Alternativen zum Gerichtsverfahren anzusehen.

B. Das Erfordernis einer „Institutionalisierung"

Eine weitere Einschränkung der informellen Alternativen ergibt sich aus dem Erfordernis eines gewissen Organisationsgrades der Konfliktbearbeitungsinstanz. Ohne ein Mindestmaß an Organisation ist eine professionelle und planmäßige alternative Konfliktbeilegung kaum denkbar. Es ist also ein Grundrahmen fester Regeln zu fordern, der das Verfahren nicht der Beliebigkeit oder der Willkür überläßt. Gleichartige Konflikte müssen auf gleiche oder gleichwertige Weise gelöst werden. Nur auf dieser Grundlage ist die Verläßlichkeit des Verfahrens zu erreichen und damit das für die Akzeptanz der Konfliktlösung notwendige Vertrauen der Beteiligten.

Die Entlastung der Gerichte sowie schnellere und kostengünstigere Konfliktregelungen können nur gewährleistet werden, wenn ein strukturiertes Angebot außergerichtlicher Streitbeilegungsmechanismen in unserer Rechtsordnung vorhanden ist, welches von der Bevölkerung als Alternative zum Gerichtsverfahren angenommen wird.

I. Der Rechtsanwalt als institutionelle Streitbeilegungsinstanz?

Streitschlichtung und –vermeidung gehören ausdrücklich zum standesrechtlichen Aufgabenkreis der Anwaltschaft. In der Fassung der Berufsordnung für Rechtsanwälte vom 11.03.1997 ist gemäß § 1 Abs. 3 vorgesehen, daß der Anwalt seine Mandanten „rechtsgestaltend, konfliktvermeidend und streitschlichtend zu begleiten" habe. Die konfliktvermeidende und streitschlichtende Aufgabe das Anwaltes wird in § 18 der Berufsordnung noch einmal zum Ausdruck gebracht. Danach unterliegt der Rechtsanwalt den Regeln des Berufsrechts, wenn er „als Vermittler, Schlichter oder Mediator" tätig wird. Insofern könnte man den Anwalt zu den institutionalisierten Kräften der Streitbeilegung zählen.

Trotz dieser Anpassungen des Berufsrechts der Anwaltschaft an die heutigen Bedürfnisse kann in der konfliktvermeidenden Tätigkeit der Anwälte keine or-

---

[110] Preibisch, S. 42 f.

ganisierte und planmäßige Streitverhütung gesehen werden. Ob und mit welchen Mitteln versucht wird, streitschlichtend zwischen den Parteien zu wirken, hängt ausschließlich von den Fähigkeiten des eingeschalteten Rechtsanwalts ab. Verfügt dieser über streitschlichtende Kompetenz[111] und Erfahrung, ist er insbesondere in der Lage, das hinter den Rechtspositionen stehende Einigungspotential der Streitparteien zu erkennen und auszuschöpfen, so ist die Chance einer erfolgreichen Konfliktschlichtung sehr viel größer, als wenn der Rechtsanwalt keine praktische Erfahrung auf dem Gebiet des Schlichtens hat. Ein mit den verhandlungspsychologischen Besonderheiten der Schlichtung[112] nicht vertrauter Anwalt wird sich im Zweifel an das halten, was er am besten kann (und gelernt hat): die forensische Vertretung des Mandanten. Die einseitig forensisch geprägte Ausbildung und das dem Juristen vom Studium an vertraute Denken in Ansprüchen und Rechtspositionen erschwert daher eine planmäßige Konfliktschlichtung durch die Anwaltschaft[113]. Daß Konfliktbeilegungsstrategien in der universitären Ausbildung kaum gelehrt werden, ist zurecht kritisiert worden[114]. Solange die vorgerichtliche Schlichtungskompetenz der Juristen im Studium und im juristischen Vorbereitungsdienst einen derart geringen Stellenwert einnimmt, wird es am Selbstverständnis der Rechtsanwälte als Konfliktschlichter fehlen. Auch die neu gefaßte Berufsordnung für Anwälte wird hieran nichts zu ändern vermögen. Will man die Anwaltschaft als vorgerichtliche Streitbeilegungsinstanz etablieren, so müssen die Schwerpunkte in der Ausbildung verschoben werden. Zur Zeit kann von einer organisierten und planmäßigen, also institutionalisierten Konfliktbeilegung durch Rechtsanwälte nicht die Rede sein.

Hinzu kommt, daß der Rechtsanwalt nicht als potentielle außergerichtliche Konfliktlösungseinrichtung wahrgenommen wird. Die beeindruckende Zahl vorgerichtlicher Schlichtungen durch Anwälte[115] spiegelt nicht das Bild des Rechtsanwaltes in der Öffentlichkeit wider. Daß durch die vorgerichtliche Tätigkeit von Anwälten eine hohe Anzahl von Konflikten beigelegt wird, ist breiten Bevölkerungskreisen nicht bekannt. Der Gang zum Anwalt steht aus der Sicht vieler Bürger eher für eine Verschärfung der Konfrontation, nicht für einen gütli-

---

[111] Nothdurft, Schlichtung – Streit schlichten, S. 18 ff., hebt die Bedeutung von kommunikativen und psychologischen Befähigungen des Schlichters hervor, vgl. auch Klein, S. 56 ff.

[112] Dazu Ponschab/Schweizer, S. 81 ff.

[113] Vgl. Ponschab, S. 100 ff.

[114] Vgl. Strempel, Neuer Ausbildungsinhalt, S. 365, 372 ff.; Böckenförde, S. 63 ff.; Ponschab/Schweizer, S. 23 ff.

[115] Siehe oben § 2 A. 3.

chen Einigungsversuch[116]. Dies erklärt sich aus der Perzeption des Rechtsanwalts in der Öffentlichkeit: Untersuchungen haben bestätigt, daß ein Großteil der Bürger die Haupttätigkeit des Anwalts in der streitigen forensischen Auseinandersetzung sieht[117]. Soweit Anwälte streitschlichtend tätig werden, ist dies nach der Berufsordnung zwar Teil der anwaltlichen Tätigkeit. Die Bevölkerung scheint die standesrechtliche Aufgabenerweiterung der Anwaltschaft allerdings nicht mit dem Berufsbild des Rechtsanwaltes zu verbinden[118].

II. Zwischenergebnis

Es bleibt festzuhalten, daß die Anwaltschaft in Deutschland nicht zu den organisierten informellen Konfliktbeilegungsstellen zu zählen ist.

§ 5 Traditionelle Alternativen zum Gerichtsverfahren

Nachfolgend sollen einige der bekannteren institutionalisierten außergerichtlichen Streitbeilegungsinstanzen in Deutschland behandelt werden[119]. Zunächst wird das Wirken des Schiedsmanns beschrieben, der in den meisten Bundesländern als flächendeckend vorhandene Schlichtungseinrichtung fungiert (A.). Sodann sollen die diversen Schieds- und Schlichtungsstellen thematisiert werden, die in Verbraucherstreitigkeiten angerufen werden können (B.). Es schließt sich eine Betrachtung des Ombudsmanns an, der als Schlichter im privaten Bankwesen in Deutschland bekannt geworden ist (C.). Zuletzt wird mit der Öffentlichen Rechtsauskunft- und Vergleichsstelle Hamburg eine regional tätige Gütestelle erörtert (D.).

Alle genannten Schlichtungseinrichtungen zählen zu den „traditionellen" außergerichtlichen Streitbeilegungsstellen Deutschlands. Teilweise existieren sie seit über 150 Jahren, wie etwa der Schiedsmann. Zum Teil wirken sie erst seit knapp einem Jahrzehnt, wie der Ombudsmann der privaten Bankwirtschaft. Unabhängig vom jeweiligen Alter der Einrichtung haben sich die aufgeführten Gütestellen als fester Bestandteil innerhalb ihrer Branchen und der deutschen Rechtsordnung etabliert. Dies unterscheidet die in diesem Kapitel zu untersuchenden Kon-

---

[116] Vgl. Ponschab, S. 96.

[117] Vgl. Ponschab, a. a. O.

[118] Vgl. Ponschab, a. a. O.; vgl. auch Ponschab/Schweizer, Kooperation statt Konfrontation – Neue Wege anwaltlichen Verhandelns, Köln, 1997.

[119] Eine umfassende Darstellung der im deutschen Recht vorhandenen Einrichtungen zur außergerichtlichen Streitbewältigung findet sich bei Preibisch, S. 51 ff.

fliktlösungsstellen von neuartigen Wegen der Streitbeilegung, die in jüngerer Zeit in Deutschland an Popularität gewinnen. Diese neuen, vorwiegend aus den USA stammenden Formen der außergerichtlichen Streitbeilegung - zu denken ist vor allem an die Mediation - haben sich bislang noch nicht im vergleichbaren Maße in der deutschen Rechtslandschaft konstituiert. Wie zu zeigen sein wird, beginnen sich uns bislang fremde Methoden der Konfliktlösung erst langsam zu entwickeln und zu organisieren. Gleichwohl erfreut sich gerade die Mediation schon heute einer steigenden Beliebtheit. So sind es systematische Gründe, weshalb die Mediation nicht mit den in Deutschland lang etablierten Institutionen der außergerichtlichen Konfliktbewältigung zusammen behandelt wird. Ihr ist ein eigener Abschnitt gewidmet[120].

A. Der Schiedsmann

Der Schiedsmann[121] ist eine staatliche Einrichtung, die im Vorfeld einer drohenden gerichtlichen Auseinandersetzung für eine gütliche Beilegung von Streitigkeiten sorgen soll. Er bietet den Streitenden eine Möglichkeit, ihren Konflikt unter Zuhilfenahme einer schlichtenden und vermittelnden dritten Person einvernehmlich beizulegen. Die Schlichtung durch den Schiedsmann soll den Rechtsfrieden durch konsensuelle Lösungen sichern und darüber hinaus zur Entlastung der Gerichte beitragen[122]. Als „Friedensstifter" hat der Schiedsmann den gesellschaftlichen Auftrag, insbesondere auf eine Aussöhnung der Parteien hinzuwirken[123].

Das Schiedsmannwesen ist in den Bundesländern Berlin, Hessen, Niedersachsen, Nordrhein-Westfalen, Rheinland-Pfalz, dem Saarland und Schleswig-Holstein durch Schiedsmannsordnungen und Schiedsamtsgesetze als Landesrecht institutionalisiert[124]. Nach außen wird das Schiedsmannwesen durch den

---

[120] Siehe § 6.

[121] Trotz Einführung der weiblichen Amtsbezeichnung „Schiedsfrau" im Hessischen Schiedsamtsgesetz (§ 2 Satz 1 HSchAG) und in Schiedsmannsordnungen anderer Bundesländer wird im folgenden der sprachlichen Klarheit halber der Begriff „Schiedsmann" gebraucht, der alle das Schiedsamt ausübenden Personen erfassen soll.

[122] Vgl. Jansen/Schwarz, S. 9.

[123] Vgl. Huttner, S. 11.

[124] In Bayern und Baden-Württemberg wird die Funktion des Schiedsmanns durch die sog. „Vergleichsbehörde" wahrgenommen, die regelmäßig durch den Bürgermeister handelt. In Bremen sind Rechtspfleger als „Sühnebeamte" tätig, und in Hamburg werden diese Aufgaben von der Öffentlichen Rechtsauskunft- und Vergleichsstelle (ÖRA) erfüllt. Siehe zur ÖRA unten § 5 D.

1950 gegründeten Bund Deutscher Schiedsmänner e.V. (BDS) repräsentiert. Der BDS, eine interkommunale Fachvereinigung, nimmt Aufgaben der Öffentlichkeitsarbeit wahr, führt regelmäßig Schulungen für seine Mitglieder durch und bemüht sich um eine Festigung und Ausweitung des Schiedsmannwesens auf Bundes- und Landesebene[125]. Die dem BDS angeschlossenen regionalen Verbände veranstalten regelmäßig Fach- und Arbeitstagungen[126]. Die strukturelle Vernetzung des Schiedsmanns als informelle Streitbeilegungsstelle im deutschen Rechtssystem zeigt sich insbesondere daran, daß der BDS in seiner Arbeit von den staatlichen und kommunalen Behörden unterstützt wird[127].

Die Einrichtung des Schiedsmanns wurde in der Vergangenheit von Interessenvertretern gegen Angriffe mit Vehemenz und Pathos verteidigt:[128]

„Als angesehener Bürger, durch das Vertrauen seiner Mitbürger in sein Amt berufen, waltet der Schiedsmann im engen Kreise seiner Gemeinde Frieden zu stiften, wo zwischen den Mitbürgern Streit entsteht. (...) Wieviel Segen geht doch von dem Wirken des Schiedsmanns aus: Segen für die Beteiligten, denen die gelungene Versöhnung soviel an Leid, Zeitaufwand und Kosten erspart, Segen für die Allgemeinheit, der am friedlichen Zusammenleben ihrer Bürger gelegen ist. Wie schön auch für den Schiedsmann selbst das Bewußtsein, den Parteien durch Ausgleich ihres Streits wirksam geholfen zu haben. (...) Man sollte annehmen, daß gegenüber solch offensichtlicher Bewährung der Schiedsmannseinrichtung über seine Erhaltung Einigkeit bestünde. (...) Reformatoren großen und kleinen Stils versuchen immer wieder, an diesen bewährten Einrichtungen zu rütteln."

Als Bedrohung der Institution Schiedsmann wurden insbesondere Justizreform und „Friedensgerichtsbarkeit" ausgemacht[129]. Bislang konnte das Schiedsmannwesen aber sämtlichen Angriffen von außen trotzen. Der Schiedsmann ist heute als Organ der Rechtspflege[130] fester Bestandteil der vorgerichtlichen Konfliktbearbeitung in der überwiegenden Anzahl der Bundesländer. Die Tätigkeit des

[125] Vgl. dazu Klein, S. 35 f.

[126] Vgl. Schulte, S. 17.

[127] Vgl. § 19 HessAusfVO zu § 47 HSchAG. Im folgenden wird beispielhaft auf das Hessische Schiedsamtsgesetz Bezug genommen.

[128] Hartung (1952), zitiert nach: Klein, S. 36.

[129] Vgl. Hartung, a. a. O.

[130] Anders Schulte, S. 44, der den Schiedsmann nicht als unmittelbares Organ der Rechtspflege, sondern als Organ der Justizverwaltung ansieht.

Schiedsmanns wird ehrenamtlich ausgeübt. Er steht in einem öffentlich-rechtlichen Amtsverhältnis zur Justizverwaltung und ist daher Amtsträger[131].

I. Historische Entwicklung

Das Schiedsmannwesen war von Beginn an als institutionalisierte außergerichtliche Streitbeilegungsinstanz angelegt[132]. Mittlerweile kann die Institution des Schiedsmanns auf eine über 160jährige Tradition zurückblicken. Die Etablierung des Schiedsmanns ist auf Initiative der Stände zu Beginn des 19. Jahrhunderts in die Wege geleitet worden. Die Gutsbesitzer beantragten auf dem Ostpreußischen Generallandtag, der König möge für bestimmte Bezirke Friedensrichter ernennen. Die Stoßrichtung dieser Initiative war nicht uneigennützig, sollten die Friedensrichter doch aus der Klasse der Gutsbesitzer ausgewählt werden. König Friedrich Wilhelm III. beauftragte daraufhin seinen Kanzler im Jahre 1808, im Zuge einer Vereinfachung der Justizverwaltung die Einrichtung von Schiedsleuten als Friedensrichter voranzutreiben. Der endgültige Durchbruch gelang wegen der äußeren politischen Umstände allerdings erst im Jahre 1827, als nach ministerieller Überarbeitung der erste Entwurf einer Schiedsmannsordnung erlassen wurde. Zunächst galt die Schiedsmannsordnung nur in einigen Provinzen des Königreichs Preußen. Im Laufe der Jahrzehnte wurde das Rechtsinstitut allerdings von mehr und mehr Provinzen übernommen, bis das Amt des Schiedsmanns schließlich im Jahre 1879 in ganz Preußen verankert war. Neben einer Vereinfachung der Verwaltung und der Entlastung der Gerichte wird auch eine Demokratisierung der Justiz (die Abkehr von der „Kabinettsjustiz") als Hauptmotiv für die Einrichtung des Schiedsmanns angesehen[133].

Mit der „Emminger-Novelle" von 1924 wurde die Zuständigkeit des Schiedsmanns bei Privatklagedelikten erheblich erweitert. Zur gleichen Zeit wurden Gebühren für die Tätigkeit der Schiedsmänner eingeführt. Erstmals wurde das Ehrenamt finanziell honoriert. Neben der Abschirmung von Bagatellsachen brachte dies auch eine öffentliche Aufwertung des Schiedsmannamtes mit sich[134].

Die dem Schiedsmann entgegengebrachte Anerkennung währte jedoch nicht lange. Mit der Machtübernahme der Nationalsozialisten wurde die Einrichtung

---

[131] Vgl. Schulte, S. 12.

[132] Die nachfolgende Darstellung geht im wesentlichen auf Klein, S. 29 ff.; Jansen/Schwarz, S. 9 f. und Falke, S. 102 ff. zurück.

[133] Vgl. Klein, S. 29 f. m. w. N.

[134] Vgl. Klein, S. 32.

des Schiedsmanns fast aufgelöst. Nach dem Willen der NSDAP sollte das Schiedsmannwesen in „Friedensgerichten" aufgehen, die für bürgerliche Rechtsstreitigkeiten minderer Bedeutung zuständig sein sollten[135]. Letztlich gelang den Nationalsozialisten die völlige Abschaffung der Schiedsmanninstitution aber nicht.

Als nach dem Ende der nationalsozialistischen Herrschaft mehrere Bundesländer die Nachfolge des aufgelösten Preußen übernahmen, galt die preußische Schiedsmannsordnung nicht uneingeschränkt weiter, da nicht alle Gebiete der neu geschaffenen Bundesländer zum damaligen Preußen gehörten. Infolgedessen haben die Länder jeweils eigene Fassungen einer Schiedsmannsordnung entwickelt. Als Richtschnur diente ihnen die Preußische Schiedsmannsordnung von 1879. Daß sich die Schiedsmannsordnungen und Schiedsamtsgesetze der Länder inhaltlich kaum unterscheiden, liegt neben dem gemeinsamen Vorbild an der engen Verzahnung des Schiedsmannrechts mit dem Bundesrecht. Da das Bürgerliche Recht, das Straf- und das Strafprozeßrecht in die Zuständigkeit des Bundes fallen, waren die einzelnen Länder mit Änderungen der Preußischen Schiedsmannsordnung sehr zurückhaltend[136]. Trotz geringfügiger Unterschiede in den landesrechtlichen Regelungen ist es daher gerechtfertigt, von einem einheitlichen Schiedsmannwesen in Deutschland zu sprechen.

II. Aufgabenkreis und Zuständigkeit

Der Tätigkeitsbereich der Schiedsleute ergibt sich aus den Schiedsmannordnungen und Schiedsamtsgesetzen der Länder.

In den ersten Fassungen der einzelnen Schiedsmannsordnungen war der Tätigkeitsbereich der Schiedsleute auf zivilrechtliche Streitigkeiten beschränkt[137]. Bereits 1851 wurde die Anrufung des Schiedsmanns in Fällen von leichten Mißhandlungen und Ehrverletzungen obligatorisch. In der Folgezeit kamen weitere Privatklagedelikte zum Aufgabengebiet des Schiedsmanns hinzu: Hausfriedensbruch, Sachbeschädigung, Bedrohung, leichte vorsätzliche und fahrlässige Körperverletzung und die Verletzung fremder Geheimnisse. Der Schiedsmann ist heute in Strafsachen zuständig, bei denen einer Privatklage ein Güteversuch vorangegangen sein muß; er ist Vergleichsbehörde im Sinne des § 380 Abs. 1 StPO[138]. Der Sinn des Güteversuchs besteht darin, eine Einigung der Parteien zu

[135] Vgl. Klein, S. 32.
[136] Vgl. Klein, S. 33; Jansen/Schwarz, S. 8.
[137] Falke, S. 75.
[138] Jansen/Schwarz, S. 9; vgl. auch § 37 HSchAG.

erreichen, wobei der Geschädigte in irgend einer Form eine Entschädigung für das erlittene Unrecht erhält und dafür auf sein Recht verzichtet, eine Bestrafung des Täters auf dem Privatklageweg herbeizuführen[139]. Mißlingt der Güteversuch, kann der Verletzte die Sache auf dem Privatklageweg weiterverfolgen. Das Güteverfahren vor dem Schiedsmann ist als notwendige Voraussetzung also Bestandteil des Privatklageverfahrens.

Neben seiner Tätigkeit im strafrechtlichen Bereich ist der Schiedsmann nach den Schiedsmannsordnungen auch für bürgerliche Streitigkeiten vermögensrechtlicher Art zuständig[140]. Dazu kommt die Zuständigkeit für Streitigkeiten aus dem Bereich des Nachbarrechts und wegen Verletzungen der persönlichen Ehre gemäß § 13 Abs. 1 Satz 1 HSchAG[141].

Oftmals überschneiden sich die Rechtsgebiete, so daß in strafrechtlichen Verfahren auch über zivilrechtliche Ansprüche, z. B. Schmerzensgeld, zu verhandeln ist (sog. gemischte Verfahren)[142].

Örtlich ist der Schiedsmann zuständig, in dessen Amtsbezirk der Antragsgegner wohnt, vgl. z. B. § 14 Abs. 1 HSchAG.

III. Verfahrensgang

Das Güteverfahren vor dem Schiedsmann kommt nach dem Antragsprinzip in Gang, wenn dem Schiedsmann ein „Güteantrag" einer Partei schriftlich oder mündlich zugeht[143]. Für die formelle Antragstellung gibt es Formulare des BDS, die der Schiedsmann dem Antragsteller regelmäßig zur Verfügung stellt[144]. Der Stellung des Antrags geht zumeist ein Gespräch des Bürgers mit dem Schiedsmann voraus, in dem der Verlauf des Güteverfahrens im einzelnen besprochen wird. Dabei wird häufig der Konflikt selbst auch thematisiert. Schon im Vorfeld des Güteversuchs kann es dazu kommen, daß der Schiedsmann mit dem potentiellen Antragsteller die Sachlage erörtert[145].

---

[139] Vgl. Jansen/Schwarz, a. a. O.
[140] Vgl. § 13 Abs. 1 HSchAG.
[141] Diese Zuständigkeitsregelung findet sich auch in den anderen Schiedsmannsordnungen und -gesetzen.
[142] Vgl. Klein, S. 39.
[143] § 20 HSchAG; vgl. auch Klein, S. 40 ff.
[144] Vgl. die Musterformulare in Gain/Schulte, S. 102 ff.; siehe auch Klein, S. 46.
[145] Näher Klein, S. 40.

In vielen Fällen wird nach der ersten Kontaktaufnahme mit dem Schiedsmann gar kein Antrag mehr gestellt. Dies kann z. B. an einer zwischenzeitlichen Versöhnung der Parteien liegen oder daran, daß der Schiedsmann wegen der unsicheren Sach- und Rechtslage von einem Antrag abrät. Manche Schiedsleute verweisen den Antragsteller prinzipiell auf ihre Sprechstunde, zu der viele Bürger häufig gar nicht mehr erscheinen, weil sich bei ihnen die erste Aufregung gelegt hat[146]. Die im Vorstadium des Güteversuchs vorhandenen Möglichkeiten der Schiedsleute, auf die Antragstellung Einfluß zu nehmen, sind nicht zu unterschätzen[147]. Auch der vom Antragsteller zu tragende Kostenvorschuß kann einen Abschreckungseffekt bewirken. Gebühren und Auslagen summieren sich auf ca. 60,- DM, gegebenenfalls können Fahrtkosten und Entschädigungen von Zeugen und Sachverständigen hinzukommen. Obwohl der Kostenvorschuß recht gering ist, lassen sich hierdurch nach den Erfahrungen der Schiedsleute viele Bürger abhalten, einen Antrag zu stellen[148].

Wird der Antrag gestellt, so lädt der Schiedsmann Antragssteller und Antragsgegner zur Güteverhandlung, wobei im Falle des Ausbleibens einer Partei ein Ordnungsgeld verhängt werden kann (§§ 22, 23 HSchAG)[149]. An der Güteverhandlung können neben den Konfliktbeteiligten auch Beistände und Zeugen teilnehmen. Ort der Güteverhandlung ist entweder die eigene Wohnung des Schiedsmanns oder sein „Amtszimmer“ in einem öffentlichen Gebäude. Findet der Güteversuch in der Wohnung des Schiedsmanns statt, so wird hierdurch in der Regel eine entspanntere Atmosphäre als im Büro der Gemeindeverwaltung geschaffen. Deswegen ziehen manche Schiedsleute die eigene Wohnung für die Güteverhandlung vor[150]. Die Gefahr unfriedlicher Zwischenfälle während des Güteversuchs läßt eine Reihe von Schiedsmännern aber auf den Amtsraum zurückgreifen[151].

Die Güteverhandlung basiert auf dem Prinzip der Mündlichkeit.[152] In einer Aussprache sollen die Parteien nacheinander ihre Sicht des Konflikts darlegen. Die Öffentlichkeit ist bei der Güteverhandlung ausgeschlossen, Rechtsbeistände sind

---

[146] Klein, a. a. O.

[147] Vgl. Drischler, S. 102 ff.

[148] Vgl. Klein, S. 41 f.

[149] Andere formale Sanktionen stehen dem Schiedsmann nicht zur Verfügung. Zu den verhandlungspsychologischen und sprachlichen Einflußmöglichkeiten der Schiedsperson auf die Parteien vgl. Klein, S. 84 ff.

[150] So auch die Empfehlung von Schulte, S. 6.

[151] Vgl. Klein, S. 42 f.

[152] Siehe § 26 HSchAG.

jedoch zugelassen. Der Schiedsmann achtet darauf, daß die äußeren Rahmenbedingungen eingehalten werden, z. B. daß sich die Parteien ausreden lassen. Darüber hinaus unterbreitet er selbst Vergleichsangebote und versucht, die Parteien in ihren Standpunkten anzunähern. Dabei übt der Schiedsmann häufig Druck auf die Parteien aus, um ihre Einigungsbereitschaft zu erhöhen[153]. Liegt ein Machtgefälle zwischen den Parteien vor, so ist die intellektuell schwächere Seite durch die Autorität des Schiedsmanns regelmäßig leichter zu einem Kompromiß zu bewegen als die stärkere Seite. Aber auch auf den Stärkeren kann der Schiedsmann einwirken. Dies ist etwa dann möglich, wenn der Schiedsmann die Rechtslage für die unnachgiebigere Partei im Falle eines etwaigen Gerichtsverfahrens negativ einschätzt. Entsprechende rechtliche Hinweise des Schiedsmanns können zu Zugeständnissen in der Güteverhandlung führen[154].

Ziel der Verhandlung ist es, eine gütliche Einigung der Parteien herbeizuführen[155]. Kommt eine Einigung der Konfliktpartner zustande, wird diese in einem Protokoll festgehalten[156]. Können sich die Beteiligten nicht einigen, wird die erfolglose Güteverhandlung auf Antrag ebenfalls schriftlich dokumentiert[157]. Das Protokoll der gescheiterten Schlichtung ist mit der Privatklage bei Gericht einzureichen, falls der Antragsteller auf einer Bestrafung des Gegners besteht. Bei zivilrechtlichen Streitigkeiten steht den Parteien der Rechtsweg nach dem freiwilligen erfolglosen Sühneversuch offen.

IV. Kritische Würdigung der Institution Schiedsmann

Bei der nachfolgenden Auseinandersetzung mit dem Schiedsmannwesen soll untersucht werden, ob die Einrichtung des Schiedsmanns eine Entlastung der Gerichte und eine Hilfestellung zur konsensuellen Streitbeilegung bewirkt.

Die Anzahl der Verfahren vor dem Schiedsmann geht im Nachkriegsdeutschland ständig zurück. Waren es 1950 noch knapp 3.600 Streitigkeiten bürgerlich-

---

[153] So Klein, S. 42 f., 108 f.

[154] Nach einer Studie von Klein, S. 104 ff., orientiert sich sowohl der Schiedsmann als auch die jeweilige Partei bei ihrem Einigungsversuch sehr oft an der Rechtslage. Die Verhandlungen finden somit häufig im „Schatten des Rechts" statt. Zum unterschiedlichen Selbstverständnis der Schiedsleute hinsichtlich ihrer Rolle bei der Güteverhandlung vgl. Jansen/Schwarz, S. 19 ff. Allgemein zur Einflußnahme Dritter bei der Konfliktlösung vgl. Kressel/Pruitt (Hrsg.), Mediation Research. The Process and Effectiveness of Third-Party Intervention, 1989.

[155] So Klein, S. 43.

[156] § 30 HSchAG.

[157] Vgl. § 43 Abs. 1 HSchAG.

rechtlicher Art, die zur Schlichtung anstanden, so verringerte sich die Zahl bis zum Jahre 1984 auf ca. 1.500 Verfahren[158]. Gemessen an den ca. 2,5 Millionen anhängigen Zivilverfahren pro Jahr[159], fallen die Verfahren vor dem Schiedsmann nicht ins Gewicht. Ähnlich verhält sich die Entwicklung bei den Strafsachen. Auch hier sind über die vergangenen Jahrzehnte deutliche Einbrüche der Verfahrenszahlen zu verzeichnen[160]. Der Schiedsmann kann also zur Entlastung der Justiz nicht beitragen.

Für viele Bürger ist der Schiedsmann, wie aus den genannten Zahlen deutlich wird, in zivilrechtlichen Streitigkeiten[161] offenbar keine ernsthafte Alternative zum Gericht. Es gibt eine Reihe von Faktoren, die eine kritische Betrachtung der Schiedsmanninstitution verlangen. Zunächst ist zu überlegen, woran die spärliche Inanspruchnahme der Institution des Schiedsmanns liegen könnte. Im Anschluß daran werden weitere Problemfelder des Schiedsmannwesens aufgezeigt.

1. Geringe Inanspruchnahme aufgrund fehlender Bekanntheit

Möglicherweise ist die Funktion des Schiedsmanns als außergerichtliche Schlichtungsstelle in der Bevölkerung nicht hinreichend bekannt[162]. Dagegen spricht, daß der Schiedsmann nach der Idealvorstellung in seinem Amtsbezirk fest verwurzelt und damit unter den Mitbürgern in seiner Funktion bekannt sein sollte. In der Tat wurde festgestellt, daß die meisten Schiedspersonen in weiteren ehrenamtlichen Funktionen in ihrer Gemeinde aktiv sind. Die Besetzung des Schiedsamts geschieht häufig auf Vorschlag von karitativen, gewerkschaftlichen oder berufsständigen lokalen Organisationen, so daß die Kandidaten für das Schiedsamt der Gemeinde im allgemeinen vertraut sind[163].

In der Vergangenheit wurden Aufklärungskampagnen seitens der Bundesregierung gestartet, um die Aufgaben des Schiedsmanns einer breiteren Öffentlichkeit bekannt zu machen[164]. Trotz dieser Bemühungen um eine Steigerung des Be-

---

[158] Vgl. Jansen/Schwarz, S. 10.

[159] Siehe oben § 2 A. I.

[160] Vgl. Jansen/Schwarz, a. a. O. Der prozentuale Rückgang ist hier sogar noch deutlicher: Die Zahl ist von über 100.000 Verfahren im Jahre 1950 auf rund 21.000 Verfahren im Jahre 1984 abgesunken.

[161] In Strafsachen ist das Verfahren vor dem Schiedsmann Voraussetzung für das Privatklageverfahren, daher stellt sich in diesem Bereich die Frage einer Alternative zum Gericht nicht.

[162] So die Vermutung von Siegel, S. 55.

[163] Vgl. Schulte, S. 11.

[164] Vgl. Klein, S. 116 Fußnote 44 mit Verweis auf die Broschüre des Presse- und Informationsamtes der Bundesregierung „Schlichten ist besser als Richten“ aus dem Jahre 1983.

kanntheitsgrades des Schiedsmanns muß den Verfahrenszahlen entnommen werden, daß nach wie vor das Gericht die primäre Institution ist, an die sich der Bürger im Konfliktfall wendet. Der Schiedsmann ist im Bewußtsein der Bevölkerung offenbar nicht als streitschlichtende Instanz im vorgerichtlichen Bereich verankert.

Das Schlichtungsverfahren wird von vielen Bürgern im Gegenteil oftmals als Quasi-Gerichtsverfahren mißverstanden. Viele Antragsteller im Güteverfahren sind, wie Untersuchungen gezeigt haben[165], nicht auf Versöhnung mit dem Kontrahenten aus, sondern wollen vor dem Schiedsmann „ihr Recht" bekommen. Dies widerspricht dem Grundgedanken des Güteverfahrens vor dem Schiedsmann - einer einvernehmlichen Beilegung der Streitigkeit und der Aussöhnung der Konfliktpartner. Man kann nicht davon ausgehen, daß der Antragsteller prinzipiell zu einem Kompromiß bereit ist. Rund 25 % kommen mit der dezidierten Absicht in die Güteverhandlung, ihre Forderung durchzusetzen[166]. Zumeist wird das Schlichtungsverfahren gar nicht als solches wahrgenommen. Dann gibt es aber wenig Gründe, warum sich der Antragsteller nicht gleich an das Gericht als Streitentscheidungsinstanz wenden soll.

2. Geringe Inanspruchnahme aufgrund mangelnden Ansehens

Die geringe Inanspruchnahme der Schiedsmanneinrichtung könnte ferner auf mangelndes Ansehen des Schiedsmanns in Zivilsachen zurückzuführen sein. Betrachtet man das Verhältnis von straf- und zivilrechtlichen Verfahren vor dem Schiedsmann, so fällt auf, daß die zivilrechtlichen Streitigkeiten nur einen geringen Prozentsatz der Arbeit des Schiedsmanns ausmachen. Während der Anteil der Strafsachen in den Jahren 1950 – 1985 zwischen 93,5 % (1984) und 97,6 % (1965) schwankt, bewegt sich das zivilrechtliche Fallaufkommen dementsprechend niedrig zwischen 2,4 % und 6,5 %[167]. Der Grund hierfür wird darin gesehen, daß bis zur Schaffung des § 15a EGZPO[168] in zivilrechtlichen Streitigkeiten kein obligatorischer Güteversuch vorgesehen war[169]. Ob der Schiedsmann eingeschaltet wird, hängt in zivilrechtlichen Konflikten also vom Belieben der Parteien ab, wenn man die Neuerung des § 15a EGZPO einmal außer Betracht läßt. Wenn der Schiedsmann aber nicht obligatorisch anzurufen ist, dann muß der Bürger Gründe haben, die ihn bewegen, einen Güteantrag beim Schieds-

---

[165] Vgl. Jansen/Schwarz, S. 194 ff.
[166] Vgl. Jansen/Schwarz, S. 194.
[167] Die Zahlenwerte stammen von Jansen/Schwarz, S. 9 ff.
[168] Vgl. unten § 10 und § 11.
[169] So Siegel, S. 55.

mann zu stellen anstatt das Gerichtsverfahren einzuleiten. Der Bürger wird den Schiedsmann nur kontaktieren, wenn er glaubt, daß er auf diesem Wege Vorteile gegenüber dem Gerichtsverfahren hat, oder wenn er das Güteverfahren vor dem Schiedsmann zumindest nicht als schlechtere Option gegenüber dem Gerichtsverfahren auffaßt. Maßgeblich für die Entscheidung des Bürgers zugunsten des Schlichtungsverfahrens ist wohl, ob der Person und der Arbeitsweise des Schiedsmanns Vertrauen entgegengebracht wird[170]. Die vorgerichtliche Einschaltung des Schiedsmanns ist nur dann wahrscheinlich, wenn der Bürger dem Schiedsmann die gleiche Problemlösungskompetenz zumißt wie dem Richter.

Die sehr niedrigen Fallzahlen bei den zivilrechtlichen Streitigkeiten legen es nahe, daß dem Schiedsmann nicht im gleichen Maße wie dem Richter die Fähigkeit zugesprochen wird, den Konflikt in einer für den Bürger zufriedenstellenden Weise zu bearbeiten. Wenn viele Bürger das Schlichtungsverfahren mit dem Gerichtsverfahren gleichsetzen und dem Schiedsmann eine Richterfunktion zuweisen, dann wird der Institution Gericht offenbar mehr Vertrauen entgegengebracht als dem Schiedsmann. Der Richter stellt in der Öffentlichkeit im Gegensatz zum Schiedsmann eine anerkannte staatliche Autorität dar, während der Schiedsmann als „Laienrichter“ nicht annähernd über die gleiche Sanktionsgewalt verfügt. Insofern sieht sich das Schiedsmannwesen dem Verdacht einer Konfliktregelung zweiter Klasse ausgesetzt. Das höhere Ansehen der Justiz gegenüber der Streitbearbeitungsstelle Schiedsmann dürfte zur geringen Inanspruchnahme der Schlichtungsverfahren beitragen.

Vor allem fehlt den meisten Schiedsleuten eine rechtliche Vorbildung, was viele Bürger davon abhalten könnte, ihren Zivilstreit vor diese Schlichtungsinstanz zu bringen[171]. Die umfassend gestaltete Zuständigkeit macht den Schiedsmann zum Generalisten, der für die verschiedenartigsten Konflikttypen auf unterschiedlichen Rechtsgebieten angerufen werden kann. Die Allzuständigkeit in vermögensrechtlichen Streitigkeiten wird in der Öffentlichkeit nicht mit Schlichtungskompetenz in Verbindung gebracht. Ein Vertrauen der Bevölkerung gegenüber der Einrichtung hat sich in den vielen Jahren ihres Bestehens nicht entwickelt. Es ist vielmehr gerade das Fehlen von Detailwissen in einzelnen Bereichen, die den Schiedsmann als wenig attraktiv im Verhältnis zu spezialisierteren Schlichtungseinrichtungen erscheinen lassen.

---

[170] Vgl. Jansen/Schwarz, S. 10.
[171] Preibisch, S. 245.

3. Die Problematik der unzureichenden Qualifikation des Schiedsmanns

Das Amt des Schiedsmanns erfordert rhetorisch-kommunikative Fähigkeiten, psychologisches Einfühlungsvermögen, Kenntnisse über Konfliktverlauf und -eskalation sowie ein juristisches Grundwissen. Daß ein Schiedsmann alle Anforderungen beherrscht, die an seine vermittelnde Rolle zu stellen sind, dürfte der Ausnahmefall sein. Eine Ausbildung zum Schiedsmann gibt es nicht. Die Aufsichtsbehörde ist lediglich gehalten, den neu berufenen Schiedsmann in sein Aufgabengebiet „einzuführen". Eine Dienstbesprechung findet nur alle zwei Jahre statt[172]. Trotz des Angebots an Schulungen seitens des BDS ist die Qualifikation des Schiedsmanns als Schlichter fragwürdig. Schlichtungskompetenz erwächst nicht kraft Amt.

In der älteren Fachliteratur wird am klassischen Bild des Schiedsmanns als (traditioneller) „natürlicher" Autorität festgehalten. Der Schiedsmann sei „kraft seines Herzens" zur Schlichtung imstande. Dem erfolgreichen Schiedsmann sei „die Gottesgabe, ausgleichend zu wirken, gewissermaßen angeboren (...)"[173]. Die Fähigkeit zum Schlichten wird als besondere Veranlagung aufgefaßt und mit der Aura des Außergewöhnlichen umgeben.

Nun ist sicherlich nicht jedermann geeignet, als Schlichter zu fungieren. Andererseits ist es aber nicht nur eine Frage des angeborenen Talents, einen Konflikt aufzulösen und die Parteien zu versöhnen. Es bedarf weiterer, überwiegend zu erlernender Qualifikationen für eine erfolgreiche Tätigkeit als Konfliktschlichter. Hierzu gehören insbesondere die oben angesprochenen Kenntnisse und Fertigkeiten auf den Gebieten der Kommunikation, der Psychologie und auch des Rechts.

In einigen Schiedsmannsordnungen findet sich ein allgemein gehaltenes Anforderungsprofil. Nach § 4 Abs. 1 SchO RhPf muß der Bewerber für das Schiedsamt „nach seiner Persönlichkeit und seinen Fähigkeiten geeignet" sein. Die schwammige Formulierung hilft bei der Auswahl der Schiedsperson wenig weiter. Oft wird ein guter Leumund und ein ausreichender Bildungsgrad als Voraussetzung für die Auswahl genannt[174]. Ein guter Leumund besagt jedoch nichts über die Schlichtungskompetenz einer Person. Auch ein hoher Bildungsgrad besagt nicht zwingend, daß die Person die Fähigkeit hat, zwischen zwei Konfliktparteien zu vermitteln.

---

[172] Vgl. Klein, S. 83.
[173] Hartung, zitiert nach: Klein, S. 83.
[174] Vgl. Schulte, S. 11, 24.

Die Schlichtungskompetenz der Schiedsleute kann nach dem vorhergesagten zwar nicht generell in Frage gestellt werden[175]. Unter den vielen Schiedspersonen gibt es sicher zahlreiche kompetente Schlichter. Dies ist aber nicht gewährleistet – erwartet werden kann allenfalls, daß eine Person das Amt ausübt, die sich in der Gemeinde engagiert und dort einen „guten Ruf“ erworben hat. Ob diese Person die zu einer erfolgreichen Schlichtung erforderlichen Qualifikationen besitzt, bleibt letztlich offen.

4. Einseitiger Ablauf des Schlichtungsverfahrens

Ein weiterer Kritikpunkt betrifft den Ablauf des Schlichtungsverfahrens. Verschiedene Umstände legen den Eindruck nahe, daß das Güteverfahren vor dem Schiedsmann infolge seiner Struktur unausgewogen ist und den Antragsteller einseitig bevorzugt. Der konkrete Verfahrensablauf verstärkt in vielen Güteverhandlungen den Eindruck einer Art „Anklage“. Dies gilt speziell für die Schlichtungsverfahren, die nicht in der Wohnung des Schiedsmanns, sondern in öffentlichen Gebäuden stattfinden. Der Amtsraum des Schiedsmanns, die Sitzordnung und die zumeist stark formalisierte Verhandlungsführung des Schiedsmanns erinnern an das Gerichtsverfahren. Zeugen werden fast immer nur vom Antragsteller benannt. Die Personalien werden zur Legitimationsüberprüfung wie im Gerichtsprozeß zu Beginn festgestellt[176]. Eine zur Versöhnung der Parteien anregende Atmosphäre wird in diesen Fällen nur selten entstehen.
Besonders problematisch ist, daß sich der Antragsgegner von Anfang an wie vor Gericht in einer Verteidigungsposition befindet. Im Gegensatz zum Antragsteller ist er oft nur unzureichend über den Verfahrensablauf informiert. Daher liegt eine abschottende, negative Haltung des Antragsgegners gegenüber dem Schlichtungsversuch nahe[177].

Eine wichtige Voraussetzung für eine erfolgreiche Versöhnung der Parteien ist die Unparteilichkeit des Mittlers. In vielen Fällen ist der Schiedsmann mit der Version des Antragstellers bereits vertraut. Der Antragsgegner bekommt im Rahmen des Gütetermins das erste Mal die Möglichkeit einer Stellungnahme zu den Vorwürfen. Ausgangspunkt der Schlichtungsverhandlungen ist also eine einseitige Version des Konfliktgeschehens. Untersuchungen haben gezeigt, daß

---

[175] Die Schiedsleute sind verpflichtet, eine Jahresübersicht zu fertigen, in der alle Schlichtungsversuche aufzuführen sind. Nach Klein, S. 60, liegt die Annahme nicht fern, daß manche Schiedsleute den Anreiz verspüren, in ihrer eigenen Erfolgsstatistik besonders gut abzuschneiden.

[176] Vgl. Klein, S. 43, 49.

[177] Vgl. Klein, S. 52 f.

der Schiedsmann sich die Version des Antragstellers häufig zu eigen macht und bei Eröffnung der Schlichtungsverhandlung die Behauptungen des Antragstellers einfach als wahr unterstellt[178]. Der einseitige vorherige Kontakt mit dem Antragsteller stellt also die Neutralität des Schlichters in Frage[179]. So besteht die Gefahr, daß der Schiedsmann die Position eines neutralen Dritten verläßt und den Schlichtungserfolg dadurch gefährdet.

Es läßt sich festhalten, daß die den Antragsgegner benachteiligende Verhandlungssituation vor dem Schiedsmann für das Zustandekommen einer einvernehmlichen Einigung in der Regel nicht förderlich ist. Im schlimmsten Fall bedingt die Struktur des Schlichtungsverfahrens die Voreingenommenheit des Schiedsmanns und verhindert so einen Vermittlungserfolg. Die Eigenart des Verfahrens vor dem Schiedsmann steht also in einem inneren Widerspruch zum Ziel einer die Interessen der Parteien ausgleichenden Konfliktbearbeitung.

V. Zusammenfassung

Der Schiedsmann hat als historisch gewachsene Einrichtung seinen festen Platz innerhalb der vorgerichtlichen Konfliktlösungsinstitutionen in Deutschland. Seine Bedeutung für die alternative Konfliktregelung von zivilrechtlichen Streitigkeiten ist allerdings marginal. Das Schiedsmannwesen führt nach den Verfahrenszahlen ein Schattendasein neben der Justiz.

Aufbau und Struktur der Schlichtung durch den Schiedsmann zeigen Schwächen, die dem Ziel des Ausgleichs und der Versöhnung der Parteien im Wege stehen. Insbesondere haben Antragsteller und Antragsgegner im Güteverfahren regelmäßig nicht die gleiche Ausgangsposition: Der Ablauf der typischen Schlichtungsverhandlung benachteiligt einseitig den Antragsgegner; zumindest wird dieser Eindruck erweckt.

Darüber hinaus ist eine ausreichende Qualifikation des schlichtenden Schiedsmanns nicht gesichert. Schlichtungskompetenz wird dem Schiedsmann bei der Berufung für das Ehrenamt nicht abverlangt. Für die Auswahl der Schiedsperson sind mediative Fähigkeiten nicht in erster Linie entscheidend; vielmehr gibt häufig die Geltung des Kandidaten in der Gemeinde den Ausschlag. Damit werden sachfremde Eignungskriterien herangezogen.

---

[178] Vgl. Klein, S. 59 f., der die Voreingenommenheit von Schiedsleuten anhand von Gesprächsprotokollen dokumentiert.

[179] Vgl. Schulte, S. 55.

Insgesamt erfüllt das Schiedsmannwesen nicht die Erwartungen an eine effiziente, die Parteien wirklich befriedende außergerichtliche Konfliktlösungsinstanz.

B. Die Schieds- und Schlichtungsstellen für Verbraucherstreitigkeiten

Die zahlreichen Schieds- und Schlichtungsstellen, die im Zusammenhang mit Verbraucherstreitigkeiten eingeschaltet werden können, unterscheiden sich grundlegend von der Einrichtung des Schiedsmanns. Im Unterschied zum Schiedsmann sind diese Einrichtungen nicht im Bereich der staatlichen vorgerichtlichen Rechtspflege angesiedelt[180]. Sie sind vielmehr Schöpfungen der Handwerkskammern und Innungen, der Industrie- und Handelskammern, der Kammern der freien Berufe sowie einzelner Verbände des Dienstleistungsgewerbes. Gemeinsam ist ihnen die Verbindung zum gemeinhin als „Verbraucher" auftretenden Bürger, der in vielen Konflikten mit Handwerkern, freiberuflich Tätigen und Dienstleistungsfirmen die Möglichkeit erhält, eine Gütestelle der betreffenden Branche statt des Gerichts anzurufen. Solche Konfliktlösungsstellen gibt es vor allem in den Bereichen Handwerk, Bauen und Wohnen, Landwirtschaft und Forsten, im Öffentlichen Dienst-, Arbeits- und Hochschulrecht sowie im Bereich der freien Berufe[181].

Vielfältige Konflikte sollen durch die Schieds- und Schlichtungsstellen bereits im Vorfeld eines drohenden Gerichtsverfahrens beigelegt werden: Schlechte Arbeitsleistungen, mangelhafte Produkte, überhöhte Rechnungen, Terminverzögerungen und Zahlungsrückstände bilden die häufigsten Beschwerdeanlässe in Handwerk, Handel und Gewerbe[182]. Übergreifende Ursache der Streitigkeiten sind häufig kommunikative Schwierigkeiten der Parteien, die infolgedessen nicht in der Lage sind, ihren Konflikt selbst beizulegen[183].

Die primäre Funktion der Schieds- und Schlichtungseinrichtungen deckt sich mit den bereits dargestellten Zielsetzungen außergerichtlicher Streitbeilegung. Den Beteiligten soll eine einvernehmliche Beilegung ihres Konflikts ermöglicht

---

[180] Vgl. Morasch/Blankenburg, S. 218.
[181] Die Schiedsstellen sind überwiegend im Bereich des Kleingewerbes und den dienstleistenden Professionen angesiedelt, vgl. Morasch/Blankenburg, S. 218; Preibisch, S. 57 f.
[182] Vgl. Reitemeier, S. 276 ff.
[183] So Reitemeier, S. 279.

und eine gegenüber dem Gerichtsverfahren schnellere und flexiblere Alternative der Streitbeilegung geboten werden[184].

Neben der raschen und unbürokratischen Klärung von Konflikten wurde mit der Konstituierung dieser Schlichtungseinrichtungen auch die Schaffung einer Kontrollinstanz für die jeweiligen Gewerbe- bzw. Dienstleistungsbereiche angestrebt. Güteverfahren haben aus der Sicht der Anbieter von Dienst- und Werkleistungen also auch das Ziel, Schaden für das Ansehen der gesamten Branche abzuwenden[185]. Da zahlreiche Schiedsstellen von den Handwerkskammern und Innungen getragen werden, müssen die zugehörigen Betriebe bei fortwährenden Beanstandungen ihrer Dienstleistungen mit bracheninternen Konsequenzen rechnen[186].

Die Anzahl der Schieds- und Schlichtungsstellen ist aufgrund der zahlreichen Branchen beträchtlich[187]. So finden sich z. B. 87 Schiedsstellen des Kraftfahrzeug-Handwerks allein in den westdeutschen Bundesländern[188]. Ähnlich viele Schiedsstellen existieren im Bereich des Gebrauchtwagenhandels und der Textilreinigung[189]. Im Bereich des Arztrechts haben sich seit mehr als zwanzig Jahren bei allen Landesärztekammern Gutachterkommissionen und Schlichtungsstellen konstituiert, die Streitigkeiten zwischen Ärzten und Patienten gütlich regeln sollen[190]. Auch in den anderen oben aufgeführten Branchen haben sich

---

184 Vgl. Stix, S. 123 f.

185 Siehe Reitemeier, S. 281. Inbesondere Branchen mit überwiegend kleingewerblicher Organisation haben ein Interesse an einheitlichen Qualitätsstandards der gesamten Branche. Dies wird z. B. bei Warenhäusern anders sein: schlechte Dienstleistung verdirbt hier nur den Ruf des Anbieters und nicht der Branche. „Schwarze Schafe" auf diesem Sektor sind eher Anlaß, den eigenen Service herauszustellen als Ausdruck der Notwendigkeit einer übergeordneten Schlichtungsinstanz, hierzu Morasch/Blankenburg, S. 218.

186 Mögliche Konsequenz ist etwa der Widerruf des Rechts zur Benutzung des offiziellen Emblems, z. B. des Gebrauchtwagen-Vertrauenssiegels oder des Zeichens „Meisterbetrieb der Kfz-Innung". Gemäß § 10 der Satzung für das Verbandszeichen des Kfz-Handwerks kann diese Maßnahme ergriffen werden, wenn „dem Ansehen des Berufsstandes in schwerwiegender und beharrlicher Weise" Schaden zugefügt worden ist.

187 Vgl. die Übersicht in „Warum denn gleich vor Gericht gehen?", Außergerichtliche Schieds- und Schlichtungsstellen für Hessen (Hrsg. vom Minister der Justiz/Hessen, 1987). Dazu auch Stix, S. 123 ff; Morasch/Blankenburg, S. 222.

188 Vgl. Stix, Anlage I, S. 237 f.

189 Vgl. Stix, Anlagen III und IV, S. 240 f.

190 Vgl. Deutsch/Matthies, Arzthaftungsrecht: Grundlagen, Rechtsprechung, Gutachter- und Schlichtungsstellen, S. 100 ff. m. w. N.

mittlerweile eine Vielzahl von schlichtenden Schieds- und Gutachterstellen in Deutschland etabliert[191].

Im folgenden wird zunächst die Entstehung der Schieds- und Schlichtungsstellen kurz skizziert. Hier sind insbesondere die Gründe für die Entwicklung der vorgerichtlichen Konfliktlösungseinrichtungen zu benennen. Danach soll der Ablauf des Schlichtungsverfahrens vor einer Schiedsstelle exemplarisch beschrieben werden. Trotz einzelner branchenbedingter Unterschiede in der Verfahrensstruktur wird der Versuch unternommen, ein einheitliches Bild der Schlichtungssituation vor den unterschiedlichen Schiedsstellenträgern zu zeichnen. Dies erscheint angesichts des in den wesentlichen Punkten übereinstimmenden Verfahrensablaufs vor den verschiedenen Schiedseinrichtungen der Handwerksbranche und des Dienstleistungsgewerbes gerechtfertigt[192].

Im Anschluß an die Darstellung des formellen Verfahrens wird das Schlichtungspotential der Schiedsstellen und ihre Bedeutung für die außergerichtliche Konfliktlösung bewertet.

I. Die Entstehung der Schieds- und Schlichtungsstellen

Die Entstehung der überwiegenden Zahl von Schieds- und Schlichtungsstellen ist im Zusammenhang mit der in den letzten Jahrzehnten deutlich gestiegenen Unzufriedenheit der Verbraucher aufgrund unzureichender Leistungen des Handwerks und Dienstleistungsgewerbes zu sehen. Mangelhafte Produkte und schlechte Dienstleistungen wurden im Laufe der 60er Jahre immer seltener vom Kunden hingenommen. Das Wissen des Verbrauchers um seine Rechte wuchs mit der Bereitschaft, für die eigene Position zu streiten. Immer mehr unzufriedene Kunden waren daher für Handwerk und Dienstleistungsgewerbe, aber auch für die freiberuflich Tätigen Ansporn, Streitfälle über die versprochenen Leistungen und deren Bezahlung gütlich zu regeln[193].

---

[191] Vgl. den umfangreichen Überblick über Schieds- und Schlichtungseinrichtungen in Hessen in: „Warum denn gleich vor Gericht gehen?“, Außergerichtliche Schieds- und Schlichtungsstellen für Hessen. Zur Frage, warum es in anderen Branchen keine vergleichbaren Schiedseinrichtungen gibt, vgl. Morasch/Blankenburg, S. 217 f.

[192] Anders Morasch/Blankenburg, a. a. O., die eine einheitliche Darstellung des Verfahrens nicht für möglich halten, da die Arbeitsweise der einzelnen Schlichtungsstellen zu verschieden sei.

[193] Vgl. Stix, S. 125 f.

Frustrierten Kunden entgegenzukommen war jedoch nicht der einzige Beweggrund für die Einrichtung der Schiedsstellen von Handwerk und Gewerbe. Um es gar nicht erst zu geschäftsschädigenden Ansehensverlusten kommen zu lassen, bot sich die Entwicklung außergerichtlicher Konfliktlösungsinstrumentarien an. Ein weiteres Motiv dürfte daher in der gestiegenen Sensibilisierung von Handwerkern, Firmen und Angehörigen freier Berufe hinsichtlich ihres Ansehens in der Öffentlichkeit liegen. Die Anbieter von Dienstleistungen haben im Laufe der vergangenen Jahre immer deutlicher erkannt, daß ständige gerichtliche Auseinandersetzungen mit Kunden wegen etwaiger Schlechtleistung oder angeblich falscher Rechnungsstellung in höchstem Maße imageschädigend sind. Es braucht nicht besonders betont zu werden, daß die Möglichkeit, enttäuschte Verbraucher in ein Schlichtungsverfahren einzubeziehen und nach angemessener Konfliktbereinigung als zufriedene Kunden zurückzugewinnen, für Handwerker und Dienstleistungsanbieter in Zeiten eines härter werdenden Wettbewerbes immer wichtiger wird. Die Hinwendung zu einvernehmlichen Konfliktlösungsstrategien lag also auch im Interesse der Handwerker und Unternehmer. Trotzdem bedurfte es eines immer stärker werdenden Drängens der Nachfrageseite, bis die ersten Schlichtungsstellen des Handwerks ihre Arbeit aufnahmen.

Unter dem Einfluß von Verbraucherverbänden, konsumentenfreundlichen Lobbyisten[194] und der Politik[195] entstanden im Mai 1970 die ersten Schiedsstellen auf dem Gebiet des Kraftfahrzeug-Handwerks[196]. Gründer der Schlichtungseinrichtung waren die Kfz-Innung und der ADAC[197]. Auch in der Branche des Kraftfahrzeughandels führten anhaltende Verbraucherkritik an unlauteren Geschäftsmethoden und damit einher gehende Prestigeverluste im Jahre 1972 zur Entwicklung von Schieds- und Schlichtungsstellen[198]. Mittlerweile existieren 34 Schlichtungseinrichtungen des Kraftfahrzeughandels, die im Jahre 1989 ein Fallaufkommen von insgesamt 4.181 Anträgen zu bewältigen hatten[199]. Das textile Reinigungsgewerbe, das Dachdecker-, Fliesenleger- und Malerhandwerk

---

[194] Beispielsweise ist hinsichtlich aller Streitigkeiten rund um das Kraftfahrzeug der Allgemeine Deutsche Automobilclub (ADAC) als Organisation zu nennen, die sich für die Belange der Verbrauchergruppe Autofahrer einsetzt.

[195] BT-Drucks. 6/2724. Die damalige Bundesregierung hielt die Lösung von Konsumentenstreitigkeiten vor den Schiedsstellen in ihrem „Bericht zur Verbraucherpolitik" für zweckmäßig und kündigte an, Bemühungen um die Einrichtung der Gütestellen zu unterstützen.

[196] Vgl. Stix, S. 125 f.; Preibisch, S. 57.

[197] Vgl. Lohmann, S. 127.

[198] Dazu näher Stix, S. 140.

[199] Siehe Stix, S. 146.

und andere Handwerks- und Dienstleistungszweige bildeten ebenfalls zu Beginn der 70er Jahre Schiedsstellen, die alle auftretenden Streitfälle vorgerichtlich auf gütlichem Wege beilegen sollen[200]. Daß nicht in allen Dienstleistungsbereichen Schiedsstellen entwickelt wurden, hängt mit dem Bestehen von betriebsinternen Beschwerdemöglichkeiten des Konsumenten und einer relativ großen Kulanzbereitschaft in manchen Branchen zusammen[201].

Einige Schiedseinrichtungen basieren demgegenüber auf einem gesetzlichen Auftrag. Gemäß § 91 Abs.1 Nr. 10 der Handwerksordnung obliegt es den Handwerkskammern, Vermittlungsstellen zur Beilegung von Streitigkeiten zwischen Handwerkern und ihren Auftraggebern einzurichten[202]. Die Handwerkskammern folgen also mit der Einrichtung von Schieds- und Schlichtungsstellen ihrer gesetzlichen Verpflichtung, wenngleich auch der eigene Nutzen bei der Schaffung eine Rolle spielte[203].

Ist der Träger der Schlichtungseinrichtung ein Berufsverband, eine Innung oder eine Industrie- und Handelskammer, handelt es sich bei der Form der Schlichtungsstelle um einen „Zunfttyp". Diese Schiedsstellen wurden von den Dienstleistungsanbietern nicht aufgrund gesetzlicher Vorgaben entwickelt, sondern in erster Linie aus brancheneigenem Interesse[204]. Vergleichbare Schiedseinrichtungen der Verbraucherverbände sind dagegen – mit wenigen Ausnahmen[205] – nicht bekannt.

Zusammenfassend läßt sich festhalten, daß die Entstehung der Schieds- und Schlichtungsstellen auf eine gewachsene Konsumentenorientierung des Handwerks und des Dienstleistungsgewerbes zurückzuführen ist. Die Entwicklung

---

[200] Die Aufzählung ist bei weitem nicht abschließend. Weitere Interessenvertretungen, die Schiedsstellen eingeführt haben, werden bei Stix, S. 161 f., aufgelistet. Vgl. auch die Übersichten bei Morasch/Blankenburg, S. 217 ff.

[201] Morasch/Blankenburg, S. 217.

[202] Dementsprechend existieren manche von den Handwerkskammern eingerichtete Gütestellen bereits wesentlich länger als die Schiedseinrichtungen der Berufsverbände und Innungen, vgl. Reitemeier, S. 273 f.

[203] Vgl. Morasch/Blankenburg, S. 219, die die Schlichtungsstellen der Handwerkskammern als „Mandatstyp" kennzeichnen.

[204] So Morasch/Blankenburg, S. 219 f.

b[205] Von einer Konsumentenorganisation wird z. B. die Verbraucherzentrale Hessen e. V. getragen, deren Aufgabenbereich u. a. die Vermittlung und Beratung bei Mängeln von Produkten und handwerklichen Leistungen umfaßt, vgl. „Warum denn gleich vor Gericht gehen?", Ziff. II.4.

der letzten Jahre hat den Konkurrenzdruck für die Gewerbetreibenden weiter erhöht. Die Firmen und Handwerker müssen nicht nur neue Kunden gewinnen. Es gilt in Zeiten des härter werdenden Wettbewerbs zunehmend, die Stammkundschaft zu erhalten. Unter diesen Voraussetzungen zählen Imagepflege und Kundenbindung zu den wichtigen Aufgaben der Kleingewerbetreibenden und des Mittelstandes. Durch die Einschaltung der Schlichtungseinrichtungen wird der finanzielle Vorteil, nicht prozessieren zu müssen, mit dem Interesse an einvernehmlicher Streitbeilegung verbunden. Insbesondere letzteres dürfte wesentlichen Anteil an der Entwicklung der Schieds- und Schlichtungsstellen haben[206]. In der Schaffung der Schlichtungsinstanzen kommt so die Erkenntnis zum Ausdruck, daß öffentliche Auseinandersetzungen vor Gericht auf Ansehen und wirtschaftliche Entwicklung eines Betriebes oder gar einer ganzen Branche nachteilig Einfluß nehmen können.

II. Zuständigkeit und Besetzung der Schlichtungsgremien

Die Schiedsstellen haben keine allumfassende Zuständigkeit. Die Streitigkeiten, die vor den Schiedsgremien zur Schlichtung kommen können, sind zumeist von den Schiedsstellenträgern vorab branchenspezifisch geregelt. Der Aufgabenkreis und die Zuständigkeit der Schieds- und Schlichtungsstellen ergibt sich im einzelnen aus den Geschäfts- und Verfahrensordnungen der Gutachterkommissionen[207] sowie der Gewerbe- und Handwerksverbände. Aufgrund ihrer Entstehungsgeschichte befassen sich die Schieds- und Schlichtungsstellen ausschließlich mit Verbraucherproblemen[208].

Im folgenden soll die Problematik der uneinheitlichen Zuständigkeit der Schiedsstellen beispielhaft aus dem Bereich des Kfz-Gewerbes beschrieben werden. Der Zentralverband des Kfz-Gewerbes (ZDK) hat eine „Muster-Geschäfts- und Verfahrensordnung" erlassen, nach der die Schiedsstelle bei „Streitigkeiten zwischen Kunden und den der Innung angeschlossenen Werkstätten aus Werkstattaufträgen" schlichtend tätig werden soll[209]. Nach der Mustervorlage ist der Aufgabenkreis der Schiedsstelle im Kfz-Gewerbe weit gezogen. Schwierigkeiten in der praktischen Handhabung dieser Muster-Zuständigkeitsbestimmung sind nicht zu erwarten. Probleme ergeben sich aber

---

[206] Differenzierend Morasch/Blankenburg, S. 218.

[207] So z. B. die ärztlichen Gutachterkommissionen und Schlichtungsstellen, vgl. Deutsch/Matthies, S. 100 ff.

[208] Vgl. Morasch/Blankenburg, S. 217.

[209] Vgl. § 1 Abs. 2 Muster-Geschäfts- und Verfahrensordnung des Zentralverbandes des Kfz-Gewerbes.

häufig aus differierenden Nebenbestimmungen der einzelnen Verfahrensordnungen der Schiedsstellenträger, insbesondere hinsichtlich der Fristenregelungen.

Die jeweiligen Trägerorganisationen der Schieds- und Schlichtungsstellen[210] sind nicht an die Muster-Geschäfts- und Verfahrensordnung des ZDK gebunden; sie haben vielfach eigene Geschäftsordnungen herausgegeben. So können sich je nach Schiedsstelle Unterschiede bei der Anrufungsfrist ergeben: Nach § 2 Abs. 3 der Muster-Geschäfts- und Verfahrensordnung muß die Anrufung der Schiedsstelle unverzüglich nach Kenntnis des Streitpunktes erfolgen. In anderen Geschäftsordnungen ist die Schiedsstelle innerhalb von sechs Wochen nach Zugang der angezweifelten Rechnung anzurufen[211]. Je nach Zeitpunkt der Antragsstellung ist die eine Schiedsstelle für eine Streitigkeit zuständig, während die andere den Antrag wegen Fristversäumnis abweisen wird.

Eine einheitliche Fristenregelung, die eine Gleichbehandlung aller Schlichtungsfälle im Bereich des Kfz-Gewerbes garantieren könnte, ist wegen der verschiedenartigen, voneinander unabhängigen Trägerinstitutionen bislang nicht geschaffen worden. Auch in den anderen Branchen differieren teilweise die Zuständigkeits- und Fristenvorschriften der einzelnen Schiedsstellen[212].

Im Unterschied zu den Fristbestimmungen sind die Regeln über die Zusammensetzung der Schlichtungskommission in den einzelnen Bereichen nahezu identisch. Die Schiedsstellenkommission wird - wiederum abhängig von Geschäftsordnung und Branche - aus einem Vorsitzenden und zwei oder mehr Sachverständigen gebildet. In der Regel sind die Schiedsstellen des Kfz-Handwerks paritätisch besetzt. Neben dem Vorsitzenden, häufig ein Volljurist der jeweiligen Trägerinstitution, gehören in der Kfz-Branche ein Kfz-Meister der Innung, Kfz-Sachverständige des TÜV und der Deutschen Automobil-Treuhand-GmbH und ein Verbrauchervertreter (meist ein Vertreter des ADAC) der Schiedskommission an[213]. Auch die Schieds- und Schlichtungseinrichtungen der anderen Bran-

---

[210] Die Trägerorganisation der Schiedsstelle im Bereich des Kfz-Handwerks kann eine Kreishandwerkerschaft, eine Handwerkskammer oder eine Verbraucherorganisation (z. B. der ADAC) sein, siehe Stix, S. 127 f.

[211] Vgl. Stix, S. 128, unter Verweis auf § 2 Abs. 4 der Geschäfts- und Verfahrensordnung der Schiedsstelle Nürnberg.

[212] Vgl. für den Bereich der ärztlichen Schlichtungsstellen Ratajczak, S. 14 ff.

[213] Vgl. Stix, S. 130 f. Zur Zusammensetzung der ärztlichen Gutachterkommissionen vgl. Ratajczak, S. 14 ff.

chen sind meist mit Vertretern des jeweiligen Handwerks- bzw. Dienstleistungszweiges und der Verbraucherseite besetzt. Auf diese Weise soll der Anschein einer parteiischen Entscheidung der Schiedskommission vermieden werden. Die Unparteilichkeit der ärztlichen Gutachterkommissionen soll dagegen erreicht werden, indem die Kommissionsmitglieder von der Landesärztekammer bestellt werden. Repräsentanten der Ärzte- oder der Patientenschaft sind grundsätzlich nicht in dem Schlichtungsgremium vertreten[214].

III. Verfahrensgang

Die Schiedsstellen werden regelmäßig nach Einreichung eines schriftlichen Antrages bei der jeweiligen Geschäftsstelle der Trägerorganisation tätig. In einem Vorverfahren prüft die Geschäftsstelle zunächst die Vollständigkeit des Antrages, die Fristeinhaltung und die örtliche und sachliche Zuständigkeit der Schiedsstelle[215]. Häufig wird seitens der Schiedsstelle schon in diesem Stadium versucht, den Konflikt nach Rücksprache mit den Parteien beizulegen. Nach Auskunft des ZDK werden im Bereich des Kfz-Handwerks noch vor der eigentlichen Schlichtungsverhandlung deutlich über 50 % der Streitigkeiten einvernehmlich gelöst. Die hohe Erledigungsquote ist dem ZDK zufolge auf die unbürokratische Art der Problemlösung, auf die Aufklärung des Kunden und auf die Kulanz der Kfz-Betriebe zurückzuführen[216]. Hinzu kommt, daß der Kunde im ersten Gespräch seinen oft aufgestauten Ärger über das ihm vermeintlich widerfahrende Unrecht loswerden kann. Häufig wird eine weitere Streitbeilegung entbehrlich sein, wenn dem Verbraucher die Möglichkeit gegeben wurde, erst einmal seinem Ärger Ausdruck zu verleihen.

Kommt es im Vorverfahren nicht zur Beilegung des Konfliktes, so werden die Parteien schriftlich aufgefordert, sich per Einverständniserklärung dem Schiedsverfahren zu unterwerfen[217]. Danach erfolgt die schriftliche Ladung der Konfliktbeteiligten zur Schlichtungsverhandlung vor der Schiedsstelle[218]. Wie die

---

[214] Vgl. Deutsch/Matthies, S. 102.

[215] Vgl. Stix, S. 132 f. Morasch/Blankenburg, S. 220 f., weisen darauf hin, daß bis zu zwei Drittel der an die Beschwerdestelle herangetragenen Konflikte wegen „Unzuständigkeit" abgewiesen werden. Hieran zeigt sich die eingeschränkte Zuständigkeit nach den Geschäftsordnungen der Schiedsstellen, siehe auch unten § 5 B. IV. 3.

[216] Vgl. Das Kraftfahrzeug-Gewerbe: Mitteilungsblatt, S. 15; Morasch/Blankenburg, S. 219.

[217] Regelmäßig wird nur eine Unterwerfungserklärung des Kunden erforderlich sein, da in den Innungssatzungen häufig eine Unterwerfung des Mitgliedsbetriebes festgeschrieben ist, vgl. § 3 Abs. 4 der Muster-Geschäfts- und Verfahrensordnung.

[218] Nachfolgend wird exemplarisch die Schlichtungsverhandlung im Bereich des Kfz-Reparaturgewerbes beschrieben. Die Schlichtungsverfahren in den anderen Branchen sind

Zuständigkeitsvorschriften variieren auch die Verfahrensregeln je nach Geschäfts- und Verfahrensordnung der einzelnen Schlichtungsstelle. Gleichwohl ist der typische Ablauf der Verhandlungen vor den verschiedenen Schiedsstellenkommissionen im wesentlichen vergleichbar. Sie sind förmlich und erkennbar an den Zivilprozeß angelehnt. So gilt entsprechend den zivilprozessualen Grundsätzen das Mündlichkeitsprinzip, das nur in Ausnahmefällen durchbrochen werden kann[219]. Ein Mitglied der Schiedskommission schildert ähnlich dem Berichterstatter einer Zivilkammer zu Beginn der Verhandlung den Sachverhalt. Die Beteiligten erhalten anschließend Gelegenheit, dazu Stellung zu nehmen und Beweismittel vorzubringen. Nach der Erörterung des Streitfalles unterbreitet die Kommission den Konfliktparteien einen gütlichen Einigungsvorschlag. Können sich die Beteiligten auf einen einvernehmlichen Lösungsvorschlag verständigen, wird dieser protokolliert und von beiden Parteien unterzeichnet.

Manche Schlichtungsstellen, insbesondere die des Kfz-Handwerks, besitzen eigene Entscheidungskompetenzen, während andere nur unverbindliche Empfehlungen für ein nachfolgendes Gerichtsverfahren aussprechen können[220]. Hier liegt der wohl wichtigste Unterschied zur Schlichtungsverhandlung vor dem Schiedsmann. Während der Schiedsmann in bürgerlich-rechtlichen Streitigkeiten keinerlei Entscheidungsbefugnis innehat, können einige Schiedsstellenkommissionen einen Konflikt verbindlich regeln. Kann die Schlichtungseinrichtung einen verbindlichen Schiedsspruch fällen, so entscheidet sie über den Streitfall aufgrund eigener Sachkunde, wenn eine gütliche Einigung der Parteien im Laufe der Schiedsstellenverhandlung nicht möglich ist[221]. Die Entscheidung ergeht entweder mündlich (so vor allem im Kfz-Bereich und bei Mietschlichtungen) oder schriftlich (im Arzthaftungsfall[222]). Vielfach sind für den Streitentscheid Materialprüfungen notwendig, die von der Kommission selbst oder durch herangezogene Gutachter durchgeführt werden[223]. Für den Schiedsspruch, der auf Antrag einer Partei schriftlich zu begründen ist, reicht regelmäßig die einfache Stimmenmehrheit innerhalb des Schlichtungsgremiums aus.

ähnlich strukturiert. Vgl. hierzu beispielhaft Stix, S. 143 ff. (Kfz-Handel) und S. 149 ff. (Textiles Reinigungsgewerbe). Zu den Besonderheiten der Schlichtungsverhandlung vor der ärztlichen Gutachterkommission vgl. Deutsch/Matthies, S. 101 ff.

[219] Dazu Stix, S. 135.

[220] Vgl. Morasch/Blankenburg, S. 219.

[221] Gleiches gilt, wenn eine geladene Partei zur Schlichtungsverhandlung nicht erscheint. Die Kommission entscheidet nach Aktenlage und dem Vorbringen der erschienenen Seite.

[222] Die ärztlichen Gutachterstellen übergeben dem Patienten ein Gutachten.

[223] So bei der Textilreinigung, vgl. Morasch/Blankenburg, S. 218.

Ist ein Schlichtungsverfahren durch Schiedsspruch beendet worden, ist ein erneutes Schiedsverfahren in derselben Sache ausgeschlossen. Allerdings besteht die Möglichkeit, den Streit nochmals durch ein ordentliches Gericht klären zu lassen. Das Gericht ist dabei aber an die Tatsachenfeststellungen der Schiedsstellenkommission gebunden[224]. Die bindende Wirkung wird aus einer entsprechenden Anwendung der §§ 317 ff. BGB hergeleitet[225].

IV. Kritische Würdigung der Schieds- und Schlichtungsstellen

Die nachfolgende Bewertung der streitschlichtenden Arbeit der unterschiedlichen Schiedsstellen von Handwerk und Gewerbe orientiert sich im wesentlichen an den oben dargelegten Kernfunktionen der außergerichtlichen Streitbeilegung. Danach hängt eine Beurteilung der Tätigkeit der Schieds- und Schlichtungsstellen einerseits vom Grad der Entlastung der Justiz ab, den diese Einrichtungen zu bewirken vermögen (1). Zum anderen stellt sich die Frage, ob die Schieds- und Schlichtungsstellen einen Beitrag zur konsensualen Konfliktbearbeitung, also zur Befriedung beider Konfliktparteien leisten können (2). Schließlich sind Form und Ausgestaltung des typischen Schlichtungsverfahrens näher zu analysieren (3).

1. Das quantitative Entlastungspotential der Schiedseinrichtungen

Zunächst ist zu überprüfen, ob die zahlreichen Schieds- und Gutachterstellen zur Entlastung der Gerichte beitragen. Die Vielfalt der in vielen Branchen des Handwerks und Dienstleistungsgewerbes vertretenen Konfliktlösungsstellen läßt dies zunächst vermuten[226]. Bei genauerer Betrachtung ist jedoch festzustellen, daß die quantitative Relevanz des Geschäftsaufkommens der Schlichtungsstellen gering ist. Die durchschnittliche Jahreszahl der Schlichtungsanträge liegt - je nach Branche und einzelner Schlichtungskommission - zwischen 30 und 560[227]. Zählt man alle bei sämtlichen Schiedsstellen innerhalb eines Jahres eingereichten Anträge zusammen und vergleicht die Zahl mit den „einschlägigen" Verbraucherstreitigkeiten, die jährlich erstinstanzlich bei den Amts- und Landgerichten anhängig gemacht werden, so machen die Schlichtungsverfahren weniger als 5 % des gerichtlichen Geschäftsanfalls aus[228]. Allein in quantitativer Hin-

---

[224] Vgl. § 7 Abs. 3 der Muster-Geschäfts- und Verfahrensordnung.
[225] Vgl. Stix, S. 136 f.
[226] Siehe oben § 5 B.
[227] Vgl. die Übersicht von Morasch/Blankenburg, S. 222.
[228] Morasch/Blankenburg, S. 222. Das Ausmaß der Vermittlungstätigkeit der Schiedsstellen in den einzelnen Branchen unterstreicht diese These. Manche Handwerkskammern verbringen

sicht können die Schieds- und Schlichtungsstellen also kaum zur Entlastung der Justiz beitragen. Der weit überwiegende Anteil aller Konflikte zwischen Verbraucher und Handwerker bzw. Dienstleistungsanbieter gelangt offenbar nicht zu den eigens vorgesehenen Schlichtungseinrichtungen.

Als Grund für die unzureichende „Filterwirkung" der Vermittlungsverfahren kommt die mangelnde Kenntnis der Verbraucher von der Existenz der Schlichtungseinrichtungen in Betracht. Wie der Schiedsmann wirken auch die Schieds- und Schlichtungsstellen eher im Stillen[229]. Daß sie weithin unbekannt sind, liegt nicht zuletzt an unzureichender Öffentlichkeitsarbeit. Zurecht wurde darauf hingewiesen, daß die Veröffentlichung einer allgemeinen Broschüre des Presse- und Informationsamtes der Bundesregierung[230] dem Rat suchenden Konsumenten vor Ort nur bedingt weiterhilft[231]. Hier kann langfristig wohl nur eine Sammlung der Verbraucherinteressen in Form von aufklärenden Konsumentenvereinigungen Abhilfe schaffen[232].

2. Der qualitative Beitrag der Schiedsstellen zur konsensualen Konfliktregelung

Die Tätigkeit der Schieds- und Schlichtungsstellen in den einzelnen Branchen hat dazu geführt, eine gesteigerte außerprozessuale Vergleichsbereitschaft in Handwerk und Gewerbe zu etablieren. Sowohl Anbieter als auch Abnehmer von Dienst- bzw. Werkleistungen profitieren von einvernehmlicher Streitbeilegung.

Das Schiedsverfahren wird - wie beschrieben - von seiten der Handwerker und Dienstleistungsanbieter zunehmend als Möglichkeit genutzt, das berufliche Ansehen zu wahren. Neben dem Vertrauensgewinn und der erwünschten Bindungswirkung des Konsumenten an die im Verband angeschlossenen Betriebe führt das Schiedsverfahren zur Disziplinierung der Mitgliedsbetriebe. All dies wirkt sich prinzipiell förderlich auf die angestrebte einvernehmliche Beilegung des Konflikts zwischen Handwerker und Kunden aus[233].

---

nicht mehr als *eine* Wochenstunde mit schlichtender Vermittlungsarbeit, vgl. Morasch/Blankenburg, a. a. O.

[229] Vgl. Morasch/Blankenburg, S. 218, 220.

[230] „Schlichten ist besser als Richten", hrsg. vom Presse- und Informationsamt der Bundesregierung, November 1983.

[231] Vgl. Morasch/Blankenburg, S. 222.

[232] So z. B. in den Niederlanden, vgl. den Verweis von Morasch/Blankenburg, S. 222, Fußnote 12.

[233] Vgl. Nothdurft, ...und wie ist es mit Kulanz?, S. 368 ff.

Der Verbraucher seinerseits kann ebenfalls aus dem Schlichtungsverfahren in mehrerlei Hinsicht profitieren. Neben der Zeit- und Kostenersparnis erhält er insbesondere die Chance, seinen Unmut über vermeintlich schlechte Leistungen oder überhöhte Rechnungen vor seinem Vertragspartner und der Schiedskommission kund zu tun. Wenn der Konsument im Rahmen des Verfahrens emotional reagiert und seine persönliche Betroffenheit zum Gegenstand der Verhandlung macht, so ist dies für das Zustandekommen einer gütlichen Einigung nicht unbedingt abträglich[234]. Gerade die Möglichkeit, im Rahmen des Schlichtungsgespräches alles vorbringen zu können, was dem Betroffenen wichtig erscheint (z. B. persönliche Kränkungen), eröffnet dem Konfliktpartner neue Perspektiven und ermöglicht u. U. erst eine Annäherung der Parteien[235]. Insofern ist das Schlichtungsverfahren vor der Schiedsstelle „ein Kommunikationsereignis..., das zwischen Streitbeilegung und Streitaustragung oszilliert“[236].

Abgesehen von Ausnahmefällen, in denen rein konfrontative Elemente die gesamte Schlichtungsverhandlung prägen, wird eine einvernehmliche Konfliktlösung regelmäßig im Interesse beider Konfliktpartner liegen. Das Verfahren vor den Schiedsstellen bietet grundsätzlich einen erfolgversprechenden Ansatz für eine effektive Befriedung beider Konfliktparteien.

3. Probleme des Verfahrensablaufs

Die Ausgestaltung des Schlichtungsverfahrens vor den Schiedsstellen birgt Gefahren, insbesondere im Hinblick auf die Verfahrensgerechtigkeit.

Eine Schwierigkeit resultiert aus der spezifischen Parteienkonstellation. Regelmäßig steht vor der Schiedskommission ein Fachbetrieb, ein Fachgewerbe oder ein sonstiger Spezialist (z. B. ein Arzt) einem Laien gegenüber[237]. Im Verfahren geht es regelmäßig um Berufshaftung. Daher besteht die Notwendigkeit, das Schlichtungsverfahren so zu gestalten, daß der überlegene Sachverstand des Dienstleistungsanbieters und die Laiensphäre des Konsumenten zum Ausgleich gebracht werden. Die Forderung nach „Waffengleichheit“ wird im Zivilgerichtsverfahren durch mannigfaltige Regelungen gewährleistet. Was tun die

---

[234] Reitemeier, S. 356 f.

[235] Für Näheres zum ambivalenten Charakter von Schlichtungsgesprächen sei auf die ausführlichen gesprächsanalytischen Untersuchungen von Nothdurft, S. 384 ff. und Reitemeier, S. 291 ff. verwiesen.

[236] Reitemeier, S. 355.

[237] Hier unterscheidet sich das Verfahren vor den Schieds- und Schlichtungsstellen des Handwerks und freien Gewerbes vom Verfahren vor dem Schiedsmann.

Schiedsstellen im vorgerichtlichen Bereich, um eine „Waffengleichheit" der Konfliktparteien zu gewährleisten?

Zunächst ist das Schiedsstellenverfahren weit weniger formbedürftig als der Zivilprozeß. Es wird also - ganz im Sinne der außergerichtlichen Konfliktlösung - mehr Bürgern der Zugang zur (informellen) Streitbelegung eröffnet. Die Anforderungen an die „Schlüssigkeit" des Beschwerdeantrags werden regelmäßig auf ein Minimum reduziert. Der Antrag muß insbesondere den Beschwerdegrund enthalten. Obwohl zumeist ein formloses Schreiben genügt, bieten viele Schiedsstellen dem Konsumenten bei der Antragstellung ihre Hilfe an. Der Verbraucher soll durch die Herabsetzung der Anforderungen bei der Antragstellung ermutigt werden, einen Konflikt vor die Schiedsstelle zu tragen[238].

Gleichwohl wird in einigen Bereichen ein hoher Prozentsatz der Schlichtungsanträge von den Schiedsstellen wegen „Unzuständigkeit" nicht angenommen. Im Kfz-Handel betrifft dies nahezu ¾ aller Anträge, bei den ärztlichen Gutachterkommissionen sind es immerhin zwischen 40 und 45 %[239]. Die hohen Werte im Kfz-Handel sind wohl darauf zurückzuführen, daß in dieser Branche sehr viele Betriebe nicht im Zentralverband des Kfz-Gewerbes organisiert sind und daher nicht dem Schlichtungszwang des Dachverbandes unterworfen sind. Die teilweise strengen Verfahrensvoraussetzungen tragen ebenfalls zu den hohen Ablehnungsquoten bei[240]. Zurecht wurde darauf hingewiesen, daß solch beträchtliche Abweisungszahlen die Beliebtheit von Schiedsstellen kaum steigern werden[241].

Die Schwierigkeiten einer gerechten außergerichtlichen Streitbeilegung liegen weniger im Zugang als im Verfahren selbst. Im Schiedsstellenverfahren erheben die Schlichtungsstellen oft „Beweise", sammeln Unterlagen und tragen Dokumente zusammen. Gerade in diffizilen Bereichen wie z. B. der Arzthaftung besteht so die Gefahr, daß die Stelle nicht über alle relevanten ärztlichen Daten seitens des Arztes oder Krankenhausträgers im freiwilligen Verfahren unterrichtet wird[242]. Weniger gewichtig scheint der Vorbehalt, daß im Bereich des Kfz-Handwerks und anderen Branchen eine Parteilichkeit der Kommission zuungunsten des Verbrauchers nicht gänzlich ausgeschlossen werden kann. Viele

---

238 Vgl. Reitemeier, S. 285 f.

239 Vgl. Morasch/Blankenburg, S. 223.

240 Vgl. Morasch/Blankenburg, S. 220.

241 Vgl. Morasch/Blankenburg, S. 223.

242 Nach Ansicht von Deutsch/Matthies, S. 125, liegt hier „eine der Grenzen der auf Freiwilligkeit fußenden Konzeption der Stellen."

Schiedsstellenträger wie etwa die Handwerkskammern fungieren, wie erörtert, als Dachorganisation für die im Verband zusammengeschlossenen Mitgliedsbetriebe[243]. Die Verfahrensgerechtigkeit gerät zwar in Zweifel, wenn das Schlichtungsgremium einseitig von der Interessenvertretung der Dienstleistungsanbieter bestellt wird. Nach empirischen Beobachtungen läßt sich der Verdacht der mangelnden Neutralität der Schiedskommission jedoch nicht erhärten[244]. Vielmehr haben die Handwerker gerade ein Interesse an einer bracheninternen Selektion der „schwarzen Schafe".

Eines der Hauptprobleme des Verfahrens vor den Schiedsstellen besteht in der Vielfalt der Geschäfts- und Verfahrensordnungen in ein und derselben Branche. Die Vielgestaltigkeit der Regelungen erschwert die Vergleichbarkeit außergerichtlicher Konfliktlösung. Das Beispiel der unterschiedlichen Anrufungsfristen der Kfz-Schiedsstellen wurde bereits erwähnt[245]. Als ein weiteres Exempel für uneinheitliche Vorgaben seien die Statuten der bei den Landesärztekammern eingerichteten ärztlichen Gutachterkommissionen und Schlichtungsstellen genannt[246]. Von der Besetzung der Schiedskommission, der Einleitung des Verfahrens über Verfahrenshindernisse und -grundsätze bis zur Entscheidung der Gutachterkommission unterscheiden sich die Verfahrensordnungen teilweise erheblich voneinander. Gleiches gilt für die meisten anderen Dienstleistungsbranchen[247]. Dieser unbefriedigende Zustand kann nur durch eine Vereinheitlichung der verschiedenen Verfahrensordnungen beseitigt werden. Eine Angleichung ist derzeit jedoch nicht in Sicht[248].

V. Zusammenfassung

Die Schieds- und Schlichtungsstellen des Handwerks und Dienstleistungsgewerbes nehmen einen wichtigen Platz im Spektrum der außergerichtlichen Konfliktlösungsinstanzen ein. Ihr Einwirkungsbereich ist jedoch begrenzt. Vor den Schiedseinrichtungen werden lediglich Verbraucherstreitigkeiten aus der jeweiligen Branche geschlichtet.

---

[243] Siehe oben § 5 B. I.
[244] Vgl. Reitemeier, S. 357.
[245] Siehe oben § 5 B. II.
[246] Vgl. die synoptische Gegenüberstellung der Statuten bei Ratajczak, S. 13 ff.
[247] Stix, S. 127 ff.
[248] In diesem Sinne kritisch zu den Schlichtungsstellen der Landesärztekammern Eberhardt, S. 64 ff.; Deutsch/Matthies, S. 125 f.

Dennoch bieten die verschiedenartigen Schiedsstellen dem Konsumenten eine hilfreiche und sinnvolle Alternative zur Möglichkeit, sich wegen eines Konflikts an die Justiz zu wenden. Die Schiedsstellen arbeiten regelmäßig schneller und kostengünstiger als die Gerichte. Vorteilhaft ist insbesondere der Sachverstand des Schlichtungsgremiums, dem in der Regel Fachleute aus dem entsprechenden Gebiet angehören. Aber auch die Handwerker und Fachbetriebe profitieren durch die ihnen zugute kommende Imagepflege der Branche.

Trotz dieser Vorzüge läßt die Akzeptanz der Schiedsstellen zu wünschen übrig. Der Geschäftsanfall ist je nach Branche und Schiedsstellenträger vielerorts sehr gering. Negativ fällt weiterhin die mangelnde Abstimmung der einzelnen Geschäfts- und Verfahrensordnungen in den unterschiedlichen Bereichen auf. Der Eindruck einer zersplitterten Konfliktlösungsinstanz festigt sich, wenn man die selektive Einrichtung der Schiedsstellen und deren uneinheitlichen Grad des Schlichtungsaufwandes betrachtet.

Gleichwohl verkörpern die diversen Schiedseinrichtungen der verschiedenen Branchen für den Verbraucher und seinen Vertragspartner eine bedenkenswerte Alternative zur Zivilgerichtsjustiz.

C. Der Ombudsmann der privaten Banken

Neben den Schiedsleuten und den Schieds- und Schlichtungsstellen des Handels und Dienstleistungsgewerbes gibt es mit dem Ombudsmann des privaten Bankgewerbes[249] eine weitere institutionalisierte Einrichtung in Deutschland, die außergerichtliche Streitbeilegung betreibt[250]. Systematisch ließe sich der Ombudsmann der privaten Banken zu den vorgenannten Schieds- und Schlichtungseinrichtungen zählen, die für die Beilegung von Konsumentenstreitigkeiten entwickelt wurden[251]. Trotz dieser Verwandtschaft soll das Ombudsmannwesen eigenständig behandelt werden. Der erst in jüngerer Zeit eingerichteten zentralen Stelle kommt innerhalb der verbraucherorientierten außergerichtlichen Konfliktbewältigung eine besondere Bedeutung zu, ist diese relativ neue Einrichtung doch richtungweisend für andere Branchen. So hat der Gesamtverband der Deutschen Versicherungswirtschaft die Einrichtung eines Ombudsmanns für das

[249] In der Literatur findet sich bisweilen die Schreibweise „Ombudsman". Nachfolgend wird die deutsche Diktion verwendet.

[250] Grundlegend Franke, Ein Ombudsmann für Deutschland?, 1999; Gude, Der Ombudsmann der privaten Banken in Deutschland, Großbritannien und der Schweiz, 1998.

[251] Siehe oben § 5 B.

Versicherungswesen jüngst beschlossen[252]. Der Ombudsmann soll als neutraler Schiedsrichter zukünftig Streitigkeiten zwischen Versicherten und Versicherungsunternehmen beilegen helfen[253].

Die Einrichtung des Ombudsmanns geht auf eine alte schwedische Verfassungsinstitution zurück, die als ein weitgehend selbständiges Hilfsorgan des Parlaments zum Schutz der Grundrechte die Organe der Exekutive kontrollierte[254]. Ursprünglich war der „Justitie-Ombudsmann" in Skandinavien ein Mittler zwischen Bürger und Verwaltung[255]. Mittlerweile hat sich die Einrichtung des Ombudsmanns vor allem im kontinental-europäischen und anglo-amerikanischen Rechtskreis ausgebreitet[256]. Der Ombudsmann ist dabei zum Synonym für die unparteiische Interessenwahrung von Bürgern und Verbrauchern gegenüber einzelnen Zweigen der Privatwirtschaft geworden. In Deutschland ist die Einrichtung heute insbesondere im privaten Bankwesen verbreitet[257].

Der Bundesverband deutscher Banken (BdB) hat im Jahre 1992 ein Schlichtungsverfahren zur Bereinigung von Streitigkeiten zwischen privaten Banken und deren Kunden eingeführt. Dem Verbraucher steht seither die Möglichkeit offen, seine Beschwerden im Rahmen der Geschäftsbeziehung an eine zentrale, weisungsunabhängige Instanz – eben den Ombudsmann – zu richten. Im privaten Bankgewerbe kann der Kundenstamm auf diese Weise Streitigkeiten mit den Banken ohne Einschaltung der Gerichte aus dem Weg räumen[258]. Im öffentlichen Sektor des Bankwesens existieren ebenfalls Beschwerdestellen. Die Sparkassen verfügen über zwölf eigene Schlichtungsstellen, bei den Volks- und Raiffeisenbanken sind die Regionalverbände für die Kundenbeschwerden zuständig[259].

Der Ombudsmann muß nach der „Verfahrensordnung für die Schlichtung von Kundenbeschwerden im deutschen Bankgewerbe" die Befähigung zum Richter-

---

[252] Nach Müller, S. 4, stand der Ombudsmann des Bankgewerbes „Pate" für die geplante Einrichtung der Versicherer.
[253] Die folgenden Ausführungen stützen sich ausschließlich auf die vorhandenen Erfahrungen mit dem Ombudsmann im Bankwesen.
[254] Vgl. zum Ursprung der Einrichtung Franke, S. 19 f.
[255] Franke, S. 28 ff.
[256] Vgl. Kempf, S. 130 ff.; Taylor, S. 168 ff.; Chandler, S. 180 ff.; Sherman, S. 48 ff.
[257] Vgl. Heinsius, S. 478; Gude, S. 3 ff.
[258] Vgl. Zawal-Pfeil, Die Bank 7/1997, S. 446 f.
[259] Vgl. Gude, S. 62 f.

amt haben[260]. Hierdurch soll das Vertrauen der Bankkunden in die sachliche Richtigkeit der getroffenen Entscheidungen gewährleistet werden. Auch soll der Ombudsmann in der Lage sein, etwaige irrige Annahmen der Beschwerdeführer über die Rechtslage zu korrigieren[261]. Der Bundesverband deutscher Banken hat zwei namhafte Experten des Bankrechts als Ombudsmänner gewinnen können, die sich den Arbeitsanfall des Schlichtungsamts aufteilen[262].

Ein Vergleich mit anderen Schlichtungseinrichtungen zeigt die Verwandtschaft des Ombudsmanns mit den zahlreichen Schieds- und Schlichtungsstellen anderer Branchen. Wie die Vermittlungsgremien des Handwerks und Dienstleistungsgewerbes bringt auch der Ombudsmann Fachwissen in das Schlichtungsverfahren ein. Hierauf beruht der Grundgedanke beider Schiedseinrichtungen. Das Sachverständigenwissen dient der Förderung der Streitbeilegung. Es soll die Akzeptanz des Schlichtungsergebnisses bei den Streitparteien erhöhen. Eine weitere Parallele besteht in der Stellung des Schiedsorgans zu den Streitparteien. Im Unterschied zum Schiedsmann, der aus der Mitte der Bevölkerung berufen wird und daraus seine Neutralität ableitet, werden sowohl der Ombudsmann als auch die Schieds- und Schlichtungsstellen als Verbandseinrichtungen einer Streitpartei tätig[263].

Ein deutlicher Gegensatz zwischen der Ombudsmann-Einrichtung und den Schieds- und Schlichtungsstellen besteht jedoch hinsichtlich der Bandbreite der zulässigen Beschwerdegegenstände. Anders als bei den meist eingeschränkten Zuständigkeiten der Schlichtungseinrichtungen der Kammern und Innungen ist der Gang zur Beschwerdestelle der Banken in fast allen denkbaren Konfliktsituationen zwischen Bank und Privatkunden zulässig.

---

[260] Vgl. Nr. 1 (2) der Verfahrensordnung.

[261] Gude, S. 51.

[262] Als Ombudsmann fungiert seit 1995 Karl-Dietrich Bundschuh, ehemals Vorsitzender Richter am Bundesgerichtshof in dem für das gesamte Bankrecht zuständigen elften Zivilsenat. Der zweite Ombudsmann, Leo Parsch, zuletzt Präsident des Bayerischen Verfassungsgerichtshofes und des Oberlandesgerichts München, ist im Frühjahr 2000 verstorben. Als langjähriger Vorsitzender der Insider-Prüfungskommission bei der bayerischen Börse prägte er das Amt als erster Ombudsmann seit 1992 in besonderer Weise, vgl. Gude, S. 45 f.

[263] Zur Problematik der Neutralität der Schlichtungseinrichtung siehe unten § 5 C. III. 2.; vgl. auch Gude, S. 186 f.

Die Rechtsbeziehung des Ombudsmanns und dem BdB ist durch ein Dienstverhältnis im Sinne der §§ 611 ff. BGB gekennzeichnet. Ein Vertrag des Ombudsmanns mit den Verfahrensparteien kommt dagegen nicht zustande[264].

I. Der Ablauf des Schlichtungsverfahrens

Es ist nicht nur die äußere Struktur der Vermittlungseinrichtung, die den Ombudsmann mit den Schieds- und Schlichtungsstellen verbindet[265]. Gemeinsamkeiten zeigen sich auch beim Ablauf des Schlichtungsverfahrens, das im folgenden in seinen Grundzügen skizziert werden soll[266].

Das sogenannte Vorprüfungsverfahren[267] kommt durch eine schriftliche Beschwerde des Kunden in Gang. Der Sachverhalt ist vom Kunden in einem kurzen Schreiben zu schildern und mit Kopien der streitgegenständlichen Unterlagen der Bank vorzulegen. Die Unterlagen werden von der Kundenbeschwerdestelle des Bundesverbandes deutscher Banken geprüft; der Kunde wird gegebenenfalls zur Ergänzung aufgefordert[268].

Sodann wird der Vorgang einem der beiden Ombudsmänner vorgelegt. Dieser prüft zunächst die Zulässigkeit des Verfahrens. Im Grundsatz kann sich der Privatkunde mit allen Problemen, zu denen es im Rahmen der Geschäftsbeziehung zu seiner Bank kommen kann, an den Ombudsmann wenden. In der Verfahrensordnung sind jedoch eine Reihe von Gründen enthalten, bei deren Vorliegen eine Schlichtung nicht stattfindet. So wird der Ombudsmann nicht tätig, wenn sich bereits ein Gericht mit dem Vorgang beschäftigt, der Beschwerdeführer die Staatsanwaltschaft eingeschaltet hat oder der Anspruch verjährt ist und die Bank sich auf Verjährung berufen hat[269].

Ist die Beschwerde zulässig, wird sie an die betroffene Bank weitergeleitet. Diese hat binnen Monatsfrist, die in sachlich begründeten Fällen um einen weiteren Monat verlängert werden kann, Stellung zu nehmen[270]. Nach den bisherigen Erfahrungen wird die Monatsfrist kaum je überschritten. Zu nennenswerten Verzögerungen kommt es allenfalls, wenn umfangreichere Recherchen zu einem

---

[264] Vgl. Gude, S. 47 ff.
[265] Siehe oben § 5 B. II.
[266] Zu den Einzelheiten vgl. Gude, S. 26 ff.; Bundschuh, S. 2 ff.
[267] Vgl. Nr. 3 Abs. 1 und 2 der Verfahrensordnung.
[268] Vgl. Bundschuh, S. 3.
[269] Vgl. Nr. 2 i.V.m. Nr. 4 Abs. 1 der Verfahrensordnung.
[270] Vgl. Nr. 4 Abs. 2 der Verfahrensordnung.

Vorgang durchgeführt werden müssen[271]. Oftmals wird bereits zu diesem Zeitpunkt des Verfahrens eine Streitbeilegung dadurch erzielt, daß die Bank offensichtliche Fehler und Mängel zugesteht und den Vorgang im Sinne des Beschwerdeführers abschließt. Es liegt in der Verfahrenstendenz, in solch klaren Fällen nicht erst den Schlichtungsspruch abzuwarten, sondern den Bankkunden zum frühestmöglichen Zeitpunkt „klaglos zu stellen“[272]. Bereinigt die Bank den Vorgang nicht, wird die Streitigkeit einem der beiden Ombudsmänner des Zentralverbandes zur Schlichtung vorgelegt.

Der Ombudsmann entscheidet über die Beschwerde – gegebenenfalls nach weiteren Rücksprachen mit dem Kunden und der Bank – grundsätzlich im schriftlichen Verfahren. Dieses dauert im Durchschnitt vier bis sechs Monate[273]. Wenn es ihm erforderlich erscheint, kann er die Parteien auch mündlich anhören. Eine förmliche Beweisaufnahme findet nicht statt, es sei denn, der Beweis kann durch Urkunden angetreten werden[274]. Einigen sich die Parteien nicht im Laufe des Verfahrens, entscheidet der Ombudsmann durch einen Schlichtungsspruch, der aus Gründen der Akzeptanz in der Regel schriftlich begründet wird[275]. Der Schlichtungsspruch ist nach der Verfahrensordnung „auf der Grundlage der gesetzlichen Bestimmungen unter Berücksichtigung von Billigkeitserwägungen“ zu erlassen[276].

Der Schlichtungsspruch ist bis zu einem Streitwert von zur Zeit 10.000 DM[277] für die Bank bindend, nicht jedoch für den Kunden[278]. Ihm bleibt der Rechtsweg offen, wenn er mit der Entscheidung des Ombudsmanns nicht einverstanden ist. Bislang ist kein Fall aufgetreten, in dem die betroffene Bank die Bindungswirkung nicht anerkannt hat[279]. Ungewiß ist hingegen, inwieweit die Banken sich an Schlichtungssprüche halten, an die sie aufgrund eines höheren Streitwerts nicht gebunden sind. Da es nicht zuletzt aus Prestigegründen im Interesse der Banken liegt, das Verhältnis zu ihren Kunden möglichst störungsfrei zu halten und Differenzen beizulegen, dürften die Entscheidungen des Ombudsmanns auch bei

---

[271] Vgl. Bundschuh, S. 3.
[272] Parsch, WM 1997, S. 1229.
[273] Vgl. Bundschuh, S. 6.
[274] Vgl. Nr. 4 Abs. 4 i.V.m. Nr. 2 Abs. 2e der Verfahrensordnung.
[275] Bundschuh, S. 3.
[276] Vgl. Nr. 4 Abs. 4 Satz 4 der Verfahrensordnung.
[277] Die Höhe bestimmt sich nach dem gemäß GVG maßgeblichen Höchstbetrag für vermögensrechtliche Klagen vor dem Amtsgericht, Nr. 4 Abs. 5 Satz 1 der Verfahrensordnung.
[278] Vgl. Nr. 4 Abs. 5 und 6 der Verfahrensordnung.
[279] Vgl. Bundschuh, S. 3 f.

höheren Streitwerten in der Regel angenommen werden. Nach Einschätzung der Ombudsmänner und der Kundenbeschwerdestelle akzeptieren die Banken in aller Regel auch die Schlichtungssprüche in diesen Fällen[280].

Das Schlichtungsverfahren vor dem Ombudsmann ist ausschließlich für Privatkunden gedacht. Betrifft die Beschwerde jedoch einen grenzüberschreitenden Zahlungsauftrag, steht es auch Firmen und Selbständigen offen[281]. Das Verfahren ist für den Kunden gebührenfrei. Er hat nur seine eigenen Kosten einschließlich der Kosten seines Vertreters zu tragen. Die Kosten des Schlichtungsverfahrens trägt der Bundesverband deutscher Banken[282].

Für die Dauer des Schlichtungsverfahrens gilt die Verjährung für die Ansprüche des Beschwerdeführers als gehemmt[283].

II. Inanspruchnahme des Ombudsmann

Die Anzahl der Eingaben im Bereich des Bundesverbands deutscher Banken steigt seit Schaffung der Schlichtungsverfahrens kontinuierlich an[284].

Im Jahre 1998 ging die zehntausendste Beschwerde beim Bundesverband deutscher Banken ein. Bis zum 30. Juni 1999 wurden insgesamt 11.304 Reklamationen eingereicht[285]. Weitere 2.350 Anfragen mußten die Ombudsmänner aus formalen Gründen ablehnen. So tritt beispielsweise das Verfahren nicht in Kraft, wenn eine reine Rechtsberatung vom Kunden gewünscht wird. Dasselbe gilt für den Fall, daß Zeugen gehört werden müssen, um den Sachverhalt zu ermitteln. Zudem waren unter den Beschwerdeführern auch viele Firmenkunden, für die dieser Schlichtungsweg nicht offensteht[286]. 497 Beschwerden wurden - meist nach einer Einigung - zurückgezogen. Von den 3.641 in den vergangenen sieben Jahren entschiedenen Verfahren wurde knapp die Hälfte zugunsten der Bank-

---

[280] So Bundschuh, S. 3 f., der freilich auch von zwei Fällen berichtet, in denen die Banken dem Schlichtungsspruch nicht Folge leisteten.

[281] Vgl. Nr. 2 Abs. 1b der Verfahrensordnung.

[282] Vgl. Nr. 5 Abs. 2 der Verfahrensordnung.

[283] Vgl. Nr. 5 Abs. 1 der Verfahrensordnung.

[284] Zu den Beschwerde-Statistiken siehe Zawal-Pfeil, Die Bank 7/1997, S. 446 f. und Gude, S. 178 ff.

[285] Telefonische Auskunft der Kundenbeschwerdestelle beim Bundesverband deutscher Banken, Postfach 04 03 07, 10062 Berlin.

[286] Zur Ausnahme siehe oben Fußnote 180.

kunden entschieden (1.661), oder es konnte ein Vergleich angeregt werden (146). Die Banken erhielten hingegen in 1.834 Fällen recht (50,4 %)[287].

Die Beschwerden beziehen sich auf fast alle Bereiche des Bankgeschäfts. Einen Schwerpunkt bilden das Wertpapier- und Kreditgeschäft[288]. Insbesondere halten die Beschwerdeführer ihren Banken oft die Verletzung von Aufklärungspflichten im Zusammenhang mit dem Erwerb von Risikopapieren oder bei der Aufnahme eines Konsumentenkredites vor[289]. Auch wird häufig über die Angemessenheit von Zinssätzen oder die Mithaftung bzw. Verbürgung für Kredite des Partners nach Auflösung der Ehe oder Lebensgemeinschaft gestritten. Zunehmend sind auch sonstige im Zahlungs- und Sparverkehr auftretende Probleme Gegenstand des Verfahrens vor dem Ombudsmann. Falschbuchungen, fehlerhaft ausgeführte Überweisungen oder zu spät ausgeführte Gutschriften geben häufig Anlaß zu Beschwerden[290]. Meinungsverschiedenheiten können ferner bei der Frage auftauchen, ob eine SCHUFA-Eintragung des Bankkunden rechtmäßig erfolgt ist. Schließlich steht der - oftmals leichtsinnige - Umgang der Kunden mit ec-Karte, Kreditkarte und eurocheque-Vordrucken wiederholt im Mittelpunkt des Schlichtungsverfahrens[291].

III. Kritische Würdigung der Einrichtung des Ombudsmann

Die Einrichtung des Ombudsmann im Bankgewerbe ist ein sinnvolles Angebot an den Bankkunden, eine aus der Geschäftsbeziehung resultierende Streitigkeit außergerichtlich beizulegen. Das Schlichtungsverfahren stellt eine freiwillige, kostenlose und für den Bankkunden risikofreie Serviceleistung des Bundesverbandes deutscher Banken dar. Als Zeichen guten Willens und der Offenheit gegenüber Kundenbeschwerden vom privaten Bankgewerbe eingeführt, bietet das Verfahren vor dem Ombudsmann dem Verbraucher eine konstruktive Gelegenheit, fast alle denkbaren Konflikte mit seiner Bank informell zu bereinigen.

Insbesondere die gegenüber den Mitgliedsbanken bindende Wirkung des Schlichtungsspruchs im Streitwertbereich bis zur Höhe von zur Zeit 10.000 DM muß als kundenfreundliche Konzilianz angesehen werden. Diese selbst aufer-

---

287 Alle Daten beruhen auf Auskünften der Kundenbeschwerdestelle beim Bundesverband deutscher Banken, Postfach 04 03 07, 10062 Berlin.

288 Zawal-Pfeil, Die Bank 7/1997, S. 446; Bundschuh, S. 5 f.

289 Bundschuh, S. 5.

290 Vgl. Bundschuh, a. a. O.

291 Weitere Beispiele aus der Praxis der Ombudsmänner geben Heinsius, S. 478; Parsch, WM 1997, S. 1228, 1229 f.; Bundschuh, S. 5 f.; Zawal-Pfeil, Die Bank 7/1997, S. 446.

legte Bindungswirkung des Schlichtungsergebnisses stellt einen gewissen Ausgleich im Verhältnis zwischen den Kunden und den oft als übermächtig charakterisierten privaten Banken her. Die bisherige Erfahrung hat gezeigt, daß sich die privaten Banken an die Schlichtungssprüche auch im für sie nicht bindenden Streitwertbereich ganz überwiegend halten[292]. Es liegt letztlich in ihrem eigenen Interesse, nicht den Eindruck aufkommen zu lassen, nur bei den unbedeutenderen Fällen den Schlichtungsspruch des Ombudsmanns ernst zu nehmen.

Aber auch die Banken profitieren von dem Schlichtungsverfahren. Sie haben mit dem Ombudsmann eine Einrichtung geschaffen, die das Image der Banken in der öffentlichen Meinung verbessert und unzufriedene Kunden wieder an das private Bankgewerbe bindet[293]. Auch die Nichtöffentlichkeit des Verfahrens bietet den Kreditinstituten natürlich Vorteile gegenüber den medienwirksamen Gerichtsverfahren, in denen einzelne Mißstände mitunter dazu genutzt werden, die ganze Branche in Verruf zu bringen[294]. Schließlich wird allein durch das Bestehen der Ombudsmann-Einrichtung eine Qualitätsverbesserung der Dienstleistungen der Banken für möglich gehalten[295]. Keine Bank läßt sich gerne begangene Fehler im Rahmen eines Schlichtungsverfahrens durch den Ombudsmann im nachhinein attestieren. Insoweit erscheint eine gewisse, freilich ökonomisch nicht quantifizierbare Sensibilisierung der Mitarbeiter der Banken gegenüber Kundenbeschwerden plausibel. Diese mag zu einem verstärkten Bemühen der Bank um frühzeitige Konfliktlösung und einer hierdurch bedingten erhöhten Kundenzufriedenheit führen[296].

Trotz der geschilderten Vorzüge kann die Anzahl der tatsächlich durchgeführten Schlichtungsverfahren nicht befriedigen. Obwohl die Konfliktzuständigkeit des Ombudsmanns umfassend geregelt worden ist, wurden seit 1992 nur etwa 11.500 Verfahren vor den Ombudsmann gebracht. Dies entspricht einem jährlichen durchschnittlichen Fallaufkommen von ca. 1.400 Verfahren.

Vergegenwärtigt man sich demgegenüber die beträchtliche Anzahl der Geschäftsbeziehungen und der daraus resultierenden potentiellen Streitfälle zwischen den Privatbanken und ihren Kunden, so stellt sich die Frage, warum der Ombudsmann nicht häufiger in Anspruch genommen wird. Im Jahre 1989 be-

---

[292] Siehe oben § 5 C. I.
[293] Vgl. Gude, S. 23 f.
[294] Vgl. Gude, a. a. O.
[295] Vgl. Zawal-Pfeil, Die Bank 10/1993, S. 620 f.; Gude, S. 24.
[296] In diesem Sinne Parsch, WM 1993, S. 238; vgl. auch Gude, a. a. O.

trug die Zahl der Konten im deutschen Privatkundengeschäft 50 Millionen. Hinzuzurechnen sind ca. 12 Millionen Depots. Die Gesamtsumme der jährlichen Geschäftsvorfälle im Zahlungsverkehr belief sich schon 1989 auf rund 6,9 Milliarden[297]. Heute dürften die Zahlen deutlich zugelegt haben. Die Anzahl der potentiellen Streitigkeiten, die als zulässige Beschwerden vor den Ombudsmann gebracht werden könnten, dürfte ein Vielfaches der wirklich durchgeführten Schlichtungsverfahren ausmachen. Zieht man noch in Betracht, daß beinahe alle denkbaren Konflikte zwischen dem Privatkunden und seiner Bank für das Schlichtungsverfahren geeignet sind, erscheint das tatsächliche Fallaufkommen der Ombudsleute vor diesem Hintergrund nahezu bedeutungslos.

Zwar ist, wie Erhebungen nahe legen, die überwiegende Mehrheit der Bankkunden mit den Dienstleistungen ihrer Kreditinstitute zufrieden. Nach einer Umfrage der Universität Mannheim äußerten zwischen 70 – 80 % der Kunden die Meinung, die Banken würden ihren Aufgaben im Kredit- und Anlagegeschäft gerecht[298]. Dies kann indes nicht darüber hinweg täuschen, daß die übrigen 20 – 30 % der Kunden ihren Kreditinstituten offenbar schlechtere Noten erteilen, ohne daß es sich hier um Konflikte handeln muß, die im Schlichtungsverfahren oder vor Gericht geklärt werden müßten. Geringere Zufriedenheit oder gar Konflikte spiegeln sich somit nicht in den Verfahrenszahlen vor dem Ombudsmann wider[299].

Untersucht man die Gründe für die mangelnde Inanspruchnahme der Einrichtung Ombudsmann, so treten Ursachen zutage, die schon bei den Schieds- und Schlichtungsstellen der Handswerks- und Dienstleistungsprofessionen festzustellen waren.

1. Fehlende Kenntnis vom Bestehen der Einrichtung

Der Hauptgrund für die mäßige Beanspruchung ist in der weit verbreiteten Unkenntnis der Verbraucher von der Ombudsmanneinrichtung zu sehen.

Hier wirkt sich zum einen die noch nicht lange zurückliegende Institutionalisierung der Ombudsleute im Jahre 1992 aus. Als relativ junge Schlichtungseinrichtung ist der Ombudsmann bislang offenbar nicht hinreichend im Bewußtsein

[297] Vgl. zur Statistik Hellner, S. 666. Die Zahlen beziehen sich allesamt auf das Jahr 1989.
[298] Zitiert nach Gude, S. 182; vgl. auch Hellner, S. 666 f.
[299] So auch Gude, S. 183.

der Bankkunden verankert[300]. Allerdings sind mit Blick auf die jahrzehntelange Tradition des ebenfalls kaum in Anspruch genommenen Schiedsmanns Zweifel angebracht, ob sich allein durch Zeitablauf an der Anzahl der Schlichtungsverfahren vor dem Ombudsmann etwas ändern wird.

Als weitere Ursache niedriger Verfahrenszahlen wird zum anderen die mangelnde Bereitschaft mancher Privatbanken genannt, den Kunden auf die Schlichtungsmöglichkeit vor dem Ombudsmann hinzuweisen[301]. Gude verweist auf neuerdings eingerichtete hausinterne Beschwerdestellen mancher Kreditinstitute, die schneller und flexibler auf Beschwerden der Kundschaft reagieren sollen. Solche Qualitätsmanagementabteilungen würden auch deshalb betrieben, um sich einen Wettbewerbsvorsprung gegenüber Konkurrenten zu verschaffen. Dieser Vorteil ginge den Banken verloren, wenn die Beschwerdegegenstände über die zentrale Einrichtung des Ombudsmanns auch anderen Instituten zur Kenntnis gebracht würden[302].

2. Mangelndes Vertrauen der Bankkunden in den Ombudsmann

Ein weiterer Grund könnte fehlendes Vertrauen der Konsumenten in die Einrichtung sein. Aufgrund der organisatorischen Verflechtung des Ombudsmanns mit dem Bundesverband deutscher Banken ist die Vermutung der mangelnden Objektivität der Beschwerdestelle nicht fernliegend.

Der BdB hat bei der Ernennung der bisherigen Ombudsmänner auf deren Unabhängigkeit geachtet. Die Akzeptanz des von den Banken geschaffenen Selbstregulierungsverfahrens hängt schließlich davon ab, daß die Ombudsmänner in der Öffentlichkeit nicht als verlängerter Arm der Bankwirtschaft betrachtet werden. Die bislang in diesem Ehrenamt tätigen Personen sind hochrangige Richter, denen man eine Einseitigkeit in ihren Entscheidungen zugunsten der Banken nicht unterstellen kann. Das zeigen bereits die Ergebnisse der Schlichtungsverfahren. Die Statistik der Schlichtungsergebnisse widerspricht dem Verdacht der mangelnden Neutralität. Wenn der Bankkunde in ungefähr der Hälfte aller entschiedenen Verfahren mit seiner Beschwerde obsiegt[303], kann von einem einseitigen Schlichtungsverfahren zugunsten der Banken nicht die Rede sein.

---

[300] Gude führt den mangelnden Bekanntheitsgrad primär auf fehlende Marketingmaßnahmen der Bankwirtschaft zurück, vgl. S. 183 f.

[301] Vgl. Gude, S. 184, m. w. N.

[302] So Gude, S. 185.

[303] Siehe oben § 5 C. II.

Es ist jedoch nicht auszuschließen, daß Bankkunden dennoch die Neutralität der Ombudsleute in Frage stellen. Die Eingliederung der Beschwerdestelle in die Verbandsstruktur der privaten Banken kann manche Kunden davon abhalten, ihre Beschwerden gegenüber der Schlichtungseinrichtung zu artikulieren. Nicht alle Verbraucher werden die unabhängige Stellung der Ombudsleute zum BdB zutreffend einschätzen.

3. Sonstige Gründe der geringen Inanspruchnahme

Eine Reihe von Ursachen mag im übrigen eine Rolle spielen. So ist vorstellbar, daß nicht wenige Verbraucher vor dem Erfordernis der schriftlichen Abfassung der Beschwerde zurückschrecken[304]. Häufig werden Bankkunden ihre Beschwerde dem ihnen vertrauten Bankmitarbeiter lieber mündlich mitteilen. Manche Kunden werden auf eine schriftliche Eingabe verzichten, wenn im persönlichen Kontakt keine Konfliktlösung erzielt werden konnte. Der Verzicht kann z. B. auf Scheu vor der Anrufung einer höheren Instanz wegen vermeintlicher Lappalien beruhen oder auf die Sorge zurückzuführen sein, die ohnehin belastete Beziehung zur Bank nicht weiter zu verschlechtern. Oftmals dürfte der nicht abhelfenden Entscheidung der Bank auch deshalb keine Reaktion folgen, weil der Kunde die Sachkompetenz des Instituts im komplexen Bankrecht höher einstuft als die eigene.

IV. Zusammenfassung

Der Ombudsmann erfüllt auf dem Banksektor die Aufgaben einer weisungsunabhängigen Beschwerdeinstanz. Ähnlichkeiten zeigen sich mit den Schieds- und Schlichtungsstellen der Kammern und Innungen bezüglich der Schlichterkompetenz und der Struktur des Verfahrensablaufs.

Das Ombudsmannverfahren bietet gerade bei niedrigen Streitwerten aufgrund der Bindungswirkung des Schlichtungsspruchs eine für den Kunden vorteilhafte Möglichkeit, Streitigkeiten mit seiner Bank außergerichtlich beizulegen.

Trotz relativ kundenfreundlicher Ausgestaltung des Schlichtungsverfahrens wird die Einrichtung bislang nicht im wünschenswerten Maße in Anspruch genommen, obwohl der Zuständigkeitsbereich des Ombudsmanns weit gefaßt worden ist. So wirkt der Ombudsmann an der Verfestigung der außergerichtlichen Konfliktlösung in der Bankwirtschaft mit, ohne freilich in nennenswertem Umfang Schlichtungsverfahren durchzuführen. Gemessen an der Zahl der Transaktionen

---

[304] Gude, S. 187 f.

im Bankverkehr und des daraus abzuleitenden potentiellen Konfliktstoffs fällt die Inanspruchnahme der Einrichtung marginal aus.

Ursache ist vor allem die fehlende Kenntnis der Verbraucher von der Beschwerdestelle. Daneben trägt mangelndes Vertrauen der Bankkunden in die Neutralität der Verbandseinrichtung zur geringen Anrufung des Ombudsmanns bei. Weitere Gründe liegen in verschiedenartigen Hemmschwellen vieler Kunden, das Ombudsmannverfahren tatsächlich einzuleiten.

D. Die Öffentliche Rechtsauskunft- und Vergleichsstelle (ÖRA) in Hamburg

Zu den traditionellen außergerichtlichen Streitbeilegungsstellen kann schließlich die Öffentliche Rechtsauskunft- und Vergleichsstelle (ÖRA) gerechnet werden. Hierbei handelt es sich um eine öffentlich-rechtlich organisierte Schlichtungseinrichtung der hamburgischen Arbeits- und Sozialbehörde, bei der sie ein besonderes Amt bildet[305]. Die Finanzierung der Einrichtung wird über öffentliche Mittel der Hansestadt gewährleistet. Nach dem Haushaltsplan 1997 betrugen die Ausgaben der ÖRA 1.739.000 DM, die Gebühreneinnahmen rund 500.000 DM. Der Zuschußbedarf lag demnach bei etwa 1.239.000 DM[306].

Die ÖRA besteht aus einer Hauptstelle, die im Gerichtsgebäude der Hansestadt untergebracht ist, und 23 über das gesamte Stadtgebiet verteilten Außenstellen. Das hauptamtliche Personal der ÖRA von 12 Fachkräften wird durch rund 300 ehrenamtliche Mitarbeiter ergänzt[307]. Von den ehrenamtlichen Mitarbeitern kommen ca. 170 aus den Kreisen der hamburgischen Richterschaft und der Rechtsanwälte; im übrigen arbeiten auf die Bezirksstellen verteilt rund 130 Bürokräfte für die ÖRA[308].

Aufgrund ihrer lokalen Begrenzung erreicht die ÖRA nicht das Einzugsgebiet anderer landes- bzw. bundesweit tätiger Streitbeilegungsstellen. Der Wirkungsgrad ist auf das Stadtgebiet Hamburgs und die unmittelbare Umgebung beschränkt. Dennoch lohnt eine Betrachtung dieser regionalen Konfliktbeilegungsstelle, handelt es sich doch um ein in dieser Form einmaliges Projekt mit langer Tradition im Bereich der Schlichtung zivilrechtlicher Streitigkeiten.

---

[305] Hennings, S. 37; Preibisch, S. 63 f.

[306] Vgl. Hennings, S. 39; Brinkmann, S. 44.

[307] Vgl. Brinkmann, S. 41 f.

[308] Vgl. Brinkmann, a. a. O.

I. Zur Entwicklungsgeschichte

Die hamburgische Streitbeilegungsstelle kann auf eine langjährige Tradition im Bereich der vorgerichtlichen Konfliktregelung zurückblicken. Von Beginn an stand bei der Schaffung der Einrichtung der Gedanke im Vordergrund, sozial schwachen Personen den Zugang zum Recht zu erleichtern[309].

Die Gründungsphase der ÖRA geht zurück bis an das Ende des 19. Jahrhunderts[310]. Zeitgleich mit der Schaffung des BGB im Jahre 1900 und im Zusammenhang mit der Abfassung der ZPO, die auch damals schon Regelungen zum Armenrecht enthielt, wurde in weiten Kreisen der Justizöffentlichkeit die Thematik der außergerichtlichen gütlichen Einigung diskutiert. Neben einer Reihe von anderen Einrichtungen, die auf lokaler Ebene tätig wurden, konstituierte sich die „Öffentliche Rechtsauskunft und Gütestelle" im Jahre 1922 in Hamburg. Zu den Initiatoren zählten neben Teilen der Hamburger Justiz auch Vertreter der hamburgischen Arbeiterschaft und der Frauenbewegung.

Beweggrund der Schaffung dieser außergerichtlichen Streitbeilegungsstelle war nicht so sehr die Kostenersparnis als der Gedanke des gleichen Zugangs zum Recht für alle Bevölkerungsschichten. Mit der Eröffnung des Hamburgischen Wohlfahrtsamtes – vergleichbar der heutigen Sozialbehörde – 1920, das die Rechtsfürsorge für Unbemittelte als wesentlich für die gesamte Wohlfahrtspflege ansah, wurde die Grundlage für die heutige Arbeit der ÖRA gelegt.

Nach den Wirren des Zweiten Weltkrieges wurde die ÖRA dann im Februar 1946, noch unter britischer Oberhoheit und noch vor Verabschiedung des Grundgesetzes, wieder eröffnet. Neben den Aufgaben der Rechtsauskunft und Gütestelle kam als drittes Element die Tätigkeit als Vergleichsbehörde im Sinne des § 380 StPO hinzu. Zunächst untergebracht im Ziviljustizgebäude, zog die ÖRA bald um in Räumlichkeiten, die der regen Nachfrage der Einrichtung entsprachen.

Die Tätigkeit der ÖRA stand kurzzeitig zur Disposition, als sich der Gesetzgeber 1980 mit der Verabschiedung des Rechtsberatungshilfegesetzes grundsätzlich für die Angliederung der Beratungshilfe an die Anwaltschaft entschieden hatte.

---

[309] Auch heute können verschiedene Dienstleistungen der ÖRA, etwa die Beratung und Hilfe in Rechtsangelegenheiten, nur von einkommensschwachen Personen in Anspruch genommen werden, vgl. hierzu Hennings, S. 35.

[310] Der folgende Abriß der Historie basiert auf der Darstellung bei Rendler, S. 386 ff.

Für die Länder Berlin, Bremen und Hamburg wurden jedoch Ausnahmeregelungen geschaffen, die unter anderem das Fortbestehen der ÖRA sicherten.

Heute widmen sich ehrenamtliche Juristen, Verwaltungs- und Schreibkräfte der Rechtsrat suchenden Bevölkerung sowie den Parteien im Güte- und Sühneverfahren. Die ÖRA kooperiert mit zahlreichen anderen Verbänden und Institutionen, die sich gleichfalls der Rechtshilfe für mittellose Bürger verschrieben haben. Die Einrichtung hat sich im Laufe der Jahre ihres Bestehens einen festen Platz im System der Rechtsberatung und außergerichtlichen Streitschlichtung in Hamburg geschaffen.

II. Die Tätigkeitsfelder

Der Aufgabenkreis der ÖRA geht über die Schlichtungstätigkeit in zivilrechtlichen Streitigkeiten hinaus. Die Arbeit der ÖRA basiert im wesentlichen auf drei Säulen. Einkommensschwache Bürger haben die Möglichkeit, im Beratungsgespräch Rechtsauskünfte zu erhalten (1). Die ÖRA fungiert außerdem als Güte- und Vergleichsstelle in zivil- und strafrechtlichen Angelegenheiten (2) und unterhält eine Vertrauensstelle für Verlobte und Eheleute (3)[311]. Diesen Funktionen, die sich in Teilbereichen überschneiden, folgt die nachstehende Darstellung.

1. Rechtsauskunftsstelle

Das Beratungsangebot in Rechtsfragen, das sich abgesehen von Fragen des Sozialrechts ausschließlich an mittellose Personen richtet[312], verkörpert ein Grundprinzip der ÖRA: die praktische Hilfestellung für sozial Schwache. So können sich alle Personen, die in Hamburg leben oder arbeiten und nur über ein geringes Einkommen verfügen, an die Rechtsberatung wenden[313]. Besser verdienende Bürger, die nach ihren sozialen Verhältnissen einen Anwalt zu Rate ziehen können, werden grundsätzlich an die Anwaltschaft verwiesen. Eine Ausnahme gilt für Beratungen auf dem Gebiet des Sozialrechts. Wegen der Spezialität des Rechtsgebietes werden in diesem Bereich keine Unterschiede nach dem Einkommen der Betroffenen gemacht[314].

Für die Beratungsgespräche stehen mit Richtern, Staatsanwälten, Rechtsanwälten und Verwaltungsbeamten rechtskundige Ratgeber und Helfer zur Verfügung.

---

[311] Zu den Funktionen im einzelnen vgl. Brinkmann, S. 42 ff; Hennings, S. 35 ff.

[312] § 1 Abs. 2 der Geschäftsordnung für die ÖRA.

[313] Vgl. Hennings, S. 35.

[314] Vgl. Brinkmann, S. 43.

Sie werden vom Präsidenten des Oberlandesgerichts Hamburg im Einvernehmen mit dem Senat zum in der ÖRA ehrenamtlich tätigen „Vorsitzer" ernannt[315]. Nach Möglichkeit sollten die Berufenen Erfahrung auf den Gebieten der Fürsorge und des Wirtschaftslebens besitzen[316].

In der Regel werden die Ratsuchenden nach der Sachverhaltsschilderung durch den Vorsitzer über die Rechtslage informiert. Schwerpunkt der Beratungstätigkeit ist das Aufzeigen von Wegen, wie in der konkreten Streitigkeit sinnvoll verfahren werden sollte. Zu den Rechtsgebieten, die am häufigsten Gegenstand der Beratung sind, zählen das Familienrecht, das Arbeitsrecht und Konflikte im Zusammenhang mit Miet- und Pachtverhältnissen. Die Anzahl der Beratungen hat gegenüber 1971 deutlich nachgelassen. Während Anfang der siebziger Jahre annähernd 60.000 Beratungsvorgänge registriert wurden, ist die Zahl im Jahre 1996 auf fast die Hälfte (35.044) abgesunken. In den letzten Jahren ist zwar ein leichter Anstieg der Beratungen zu verzeichnen, der jedoch nicht über die absinkende Tendenz in der Gesamtschau täuschen kann[317].

Die Rechtsauskunft umfaßt nicht nur mündliche Beratung. Vielmehr stehen die Mitarbeiter der ÖRA den Ratsuchenden auch für praktische Hilfe zur Verfügung. Nach einem ersten Informationsgespräch nehmen die mit der Angelegenheit betrauten Berater oftmals telefonisch Kontakt mit der Gegenseite, einer Behörde oder sonstigen Beteiligten auf oder fertigen Schreiben unter dem Briefkopf der ÖRA[318]. Dabei nimmt die ÖRA nie die Stellung eines einseitigen Parteivertreters ein. Die Mitarbeiter achten strikt darauf, eine möglichst neutrale Vermittlerrolle zwischen den Parteien einzunehmen. Stets wird auf Ausgleich der widerstreitenden Interessen hingewirkt, gerade auch im Rahmen der Kontaktaufnahme zur anderen Seite. Die Grenze zum ebenfalls von der ÖRA angebotenen Güteverfahren sind insoweit fließend. Eine Parteivertretung der ratsuchenden Bürger vor Gericht ist den obigen Grundsätzen entsprechend nicht möglich[319]. Daneben zählt auch die Abfassung von Verträgen oder Testamenten zu den praktischen Hilfestellungen, die von der ÖRA geleistet werden.

---

[315] § 7 Abs. 1 Satz 1 der Geschäftsordnung für die ÖRA.

[316] § 7 Abs. 1 Satz 2 der Geschäftsordnung für die ÖRA.

[317] Vgl. die Beratungsstatistiken der ÖRA bei Hennings, S. 36 und Brinkmann, S. 43, der von einer „kontinuierlichen" Steigerung der Gesamtzahl der Beratungen ausgeht, dabei jedoch nur den Zeitraum von 1991 bis 1996 berücksichtigt.

[318] Vgl. Hennings, S. 35.

[319] Vgl. Hennings, a. a. O.

Die Höhe der Gebührensätze für Rechtsauskünfte ist dem Einkommen der Ratsuchenden angepaßt. So ist die Gebühr nach der Gebührenordnung der ÖRA auf höchstens 20,- DM beschränkt; in Härtefällen kann sie reduziert oder ganz erlassen werden[320].

2. Güte- und Vergleichsstelle

Der zweite Wirkungsbereich der ÖRA ist die Arbeit als Güte- und Vergleichsstelle. In zivilrechtlichen Streitigkeiten handelt die ÖRA mit den Befugnissen einer Gütestelle im Sinne der §§ 794 Abs. 1, 797a ZPO. Zugleich ist sie Vergleichsbehörde gemäß § 380 Abs. 1 StPO.

Die außergerichtliche Beilegung zivilrechtlicher Konflikte im Güteverfahren stellt einen der wichtigsten Arbeitsbereiche der ÖRA dar. Nach der Geschäftsordnung für die ÖRA hat die Einrichtung die Aufgabe, im außergerichtlichen Güteverfahren Rechtsstreitigkeiten zu schlichten[321]. Das freiwillige Güteverfahren bietet den Konfliktparteien die Möglichkeit, ihre Streitigkeit einvernehmlich durch Vergleich zu beenden. Die vor der ÖRA abgeschlossenen Vergleiche sind Vollstreckungstitel im Sinne des § 794 Abs. 1 ZPO[322]. Insoweit bietet der Abschluß des Güteverfahrens Rechtssicherheit und ein für die Parteien durchsetzbares Ergebnis[323]. Die ÖRA schlichtet grundsätzlich in allen zivilrechtlichen Rechtskonflikten, unabhängig vom jeweiligen Streitwert. Eine Begrenzung der örtlichen Zuständigkeit existiert nicht. Die Bandbreite der vor die ÖRA getragenen Streitigkeiten erfaßt annähernd das gesamte Spektrum des Privatrechts. Die meisten Güteverfahren haben arbeits-, miet- und nachbarrechtliche Konflikte zum Inhalt. Aber auch von Sachverständigen geprägte Bereiche wie das Arzthaftungsrecht sind in der Vergangenheit zum Gegenstand der Schlichtung gemacht worden. Keineswegs ist das Güteverfahren auf die Regulierung geringwertiger Streitigkeiten begrenzt. So wurden bereits handelsrechtliche Auseinandersetzungen über Millionenwerte vor der ÖRA geschlichtet[324]. In neuerer Zeit bilden Verbraucher-Insolvenzverfahren einen Schwerpunkt der Gütestellenarbeit. Das sozialpolitische Kernstück der am 1.1.1999 in Kraft getretenen Insolvenzordnung ist das Verfahren der Restschuldbefreiung für den Verbraucher, die dem Betroffenen einen Neuanfang ermöglicht. Hier beteiligt sich die

---

[320] Näheres bei Brinkmann, S. 44.
[321] § 1 Abs. 1 der Geschäftsordnung für die ÖRA.
[322] Vgl. Preibisch, S. 64.
[323] Hennings, S. 36.
[324] Vgl. Bursch, S. 29; Brinkmann, S. 42.

Gütestelle der ÖRA an den außergerichtlichen Verhandlungen zwischen Schuldner und Gläubiger[325].

Das Güteverfahren ist im Gegensatz zur Rechtsberatung nicht auf sozial schwache Personen beschränkt. Die meisten der vor der Gütestelle abgeschlossenen Vergleiche entwickeln sich aus einer vorangegangenen Beratungstätigkeit durch die ÖRA[326]. Für die Tätigkeit des Vorsitzenden der Güteverhandlung stehen wie im Beratungsbereich ehrenamtlich tätige Richter und Anwälte zur Verfügung.

Rechtsgrundlage für den Ablauf des Schlichtungsverfahrens ist die Geschäftsordnung der ÖRA[327]. Der Ablauf des Verfahrens ist dem Ermessen des jeweiligen Vorsitzers überlassen. Die Geschäftsordnung für die ÖRA sieht kein Rahmengerüst des Schlichtungsverfahrens vor[328]. Gleichwohl hat sich ein bestimmter wiederkehrender Ablauf des Verfahrens bewährt[329]. Danach sollen die von den Parteien eingebrachten Sach- und Rechtsargumente in der Schlichtung gewürdigt und die Angelegenheit auch unter Abwägung von Prozeß- und Folgekosten mit den Parteien umfassend erörtert werden. Im Rahmen der Schlichtungsgespräche kann es erforderlich werden, mit einer der Parteien alleine zu sprechen. Dies wird als zulässig erachtet, soweit es der Schlichter als vergleichsfördernd ansieht. Die Parteien sind nach der Geschäftsordnung auf ihre Rechte und Rechtsberatungsmöglichkeiten hinzuweisen. Dies gilt insbesondere für die Parteien, die nicht anwaltlich vertreten sind. Auf der Grundlage der Schlichtungsverhandlung, die möglichst in einem Termin durchgeführt werden soll, hat der Schlichter einen Vergleichsvorschlag zu formulieren. Insgesamt ähnelt der Verfahrensablauf strukturell dem Verfahren vor dem Schiedsmann[330].

Die Anzahl der Güteverfahren bewegt sich in einer Größenordnung zwischen 1.100 und 1.400 pro Jahr[331]. Den Statistiken zufolge liegt die durchschnittliche Erfolgsquote der Güteverfahren bei 69 %[332]. Bei diesem Wert sind allerdings nicht nur die tatsächlich abgeschlossenen Vergleiche berücksichtigt, welche rund ein Drittel der Verfahren einvernehmlich beenden. In ungefähr einem wei-

---

325 Bursch, a. a. O.
326 Vgl. Hennings, S. 36.
327 Siehe die geänderte Fassung in GVBl. Hamburg 1974, S. 381.
328 § 9 Abs. 1 Satz 1 der Geschäftsordnung für die ÖRA bestimmt lediglich, daß der Vorsitzer die Güteverhandlung „abhält".
329 Vgl. im folgenden hierzu Brinkmann, S. 42 f.
330 Siehe zum Verfahrensgang vor dem Schiedsmann oben § 5 A. III.
331 Vgl. die Verfahrenszahlen bei Brinkmann, S. 42.
332 Vgl. Brinkmann, a. a. O., siehe auch Hennings, S. 36.

teren Drittel aller Fälle endet das Güteverfahren damit, daß der Güteantrag zurückgenommen oder das Verfahren auf andere Weise für erledigt erklärt wird. In diesen Fällen soll es in der Regel ebenfalls nicht zu einem anschließenden Gerichtsverfahren kommen[333].

Die Kosten des Güteverfahrens vor der ÖRA gliedern sich in die Antragsgebühr von 30,- DM und die Verfahrensgebühr, deren Höhe vom Gegenstandswert abhängig ist und mit der terminvorbereitenden Verfügung des Vorsitzenden fällig wird. Die konkrete Höhe der Verfahrensgebühr bestimmt sich nach einer moderat gehaltenen Gebührentabelle[334]. Je nach Streitwerthöhe beträgt die zu entrichtende Verfahrensgebühr zwischen 3,- DM bis zu 500,- DM. Die Gebühren können je nach Einkommens- und Vermögenssituation der Parteien ermäßigt oder erlassen werden.

Der Vollständigkeit halber sei die Arbeit der ÖRA als Vergleichsstelle in strafrechtlichen Vorfällen erwähnt. Relevant wird dieser Aufgabenkreis im Rahmen der Privatklagedelikte im Sinne des § 374 StPO. Wegen bestimmter Delikte kann Privatklage gemäß § 380 StPO erst nach Durchführung eines erfolglosen Sühneversuchs erhoben werden. In diesen Fällen ist die ÖRA obligatorische Sühnestelle im Sinne des § 380 StPO und trägt zur Wiedergutmachung des Schadens bei. Die Zuständigkeit der ÖRA ist vor dem Privatklage-Verfahren jedoch nur gegeben, wenn die antragsgegnerische Partei in Hamburg wohnt[335].

3. Vertrauensstelle

Schließlich soll der dritte Tätigkeitsschwerpunkt der ÖRA kurz umrissen werden. Hierbei handelt es sich um die Arbeit im Zusammenhang mit Konflikten zwischen Verlobten, Eheleuten oder innerhalb von Familien. Nicht notwendigerweise steht das Recht im Mittelpunkt der Beratung. Die Vertrauensstelle berät und hilft in allen Fragen der partnerschaftlichen und familiären zwischenmenschlichen Beziehungen[336]. Die Mitarbeiter dieser speziellen Einrichtung innerhalb der ÖRA sind besonders geschulte Juristen, Mediziner, Psychologen, Theologen und Sozialarbeiter.

---

[333] So Hennings, S. 36, ohne diese Vermutung allerdings näher zu belegen.

[334] Abgedruckt bei Hennings, S. 39.

[335] Zu der Arbeit der ÖRA als Sühnestelle näher Hennings, S. 37; Brinkmann, S. 42.

[336] Vgl. Hennings, S. 37.

Zu den Neuerungen der Vertrauensstelle gehört die Anwendung der Mediation als besonderer Form der Konfliktbehandlung[337]. Wie noch zu zeigen sein wird, ist die Mediation aufgrund ihres neuartigen Ansatzes der Streitbehandlung gerade bei familienrechtlichen Konflikten eine erfolgversprechende Methode. Im Jahre 1996 wurden etwa 40 Mediationsverfahren vor der Vertrauensstelle durchgeführt[338].

III. Kritische Würdigung der Institution ÖRA

Die ÖRA verfügt über eine jahrzehntelange Tradition unter anderem als Schlichtungsstelle für zivilrechtliche Streitigkeiten. Hierdurch und mit dem Angebot einer umfassenden rechtlichen Beratung für mittellose Bevölkerungskreise und der Tätigkeit als Sühnestelle nimmt die ÖRA nicht gering zu schätzende Aufgaben im außergerichtlichen und sozialen Bereich wahr. Es verwundert, daß nur wenige Kommunen dem Vorbild Hamburgs gefolgt sind[339]. Teilweise wird dies mit dem Bestehen der Einrichtung des Schiedsmanns in den meisten norddeutschen Ländern begründet[340], was jedoch nicht zu überzeugen vermag. Das Schiedsmannwesen erfüllt nicht die sozial-karitativen Aufgaben, die von der ÖRA wahrgenommen werden. Die Tätigkeit der ÖRA kann insoweit nicht mit der des Schiedsmanns verglichen werden[341].

Der Bedarf an Beratungsdienstleistungen mit praktischem Einschlag, wie sie die ÖRA bietet, dürfte in Zeiten zunehmender sozialer Spannungen weiter steigen. Die ansteigenden Zahlen der arbeitsrechtlichen Beratungen[342] lassen Rückschlüsse auf die Situation am Arbeitsmarkt zu. Auch die stetig wachsende Inanspruchnahme der Rechtsauskunft durch ausländische Ratsuchende, deren Rechtsprobleme oft mit sprachlichen Verständigungsschwierigkeiten zusammenhängen, verdeutlicht das Erfordernis einer sozial geprägten Beratungstätigkeit[343]. Die Schaffung weiterer Konfliktlösungszentren, die einkommensschwachen Personen den Zugang zum Recht ermöglichen, zugleich aber auch einkommensunabhängig außergerichtliche Schlichtungsverfahren in zivilrechtli-

---

[337] Zu den Besonderheiten der Mediationstechnik siehe unten § 6 B. und C.

[338] Vgl. Brinkmann, S. 41.

[339] Neben Hamburg existieren in Berlin und Lübeck vergleichbare Einrichtungen, vgl. Preibisch, S. 64.

[340] Vgl. Preibisch, a. a. O.

[341] So aber Preibisch, a. a. O.

[342] Hierzu Brinkmann, S. 43.

[343] Bereits heute beträgt der Anteil der ausländischen Ratsuchenden ca. 25 %, vgl. Brinkmann, S. 43.

chen Streitigkeiten durchführen, ist sowohl rechts- als auch sozialpolitisch wünschenswert.

Die selbst auferlegte Beschränkung des Beratungsangebots auf sozial Schwache bringt freilich auch Konsequenzen in Bezug auf die Inanspruchnahme anderer Dienste der Einrichtung mit sich. So ist nicht auszuschließen, daß die grundsätzlich allen Personen offenstehende Schlichtungstätigkeit der ÖRA nicht in Anspruch genommen wird, weil die ÖRA in bestimmten Bevölkerungsschichten als „Haus für Arme“ gelten könnte. Die sozialpolitische Zielsetzung der Einrichtung schreckt möglicherweise manch besser gestellten Bürger ab, seinen Konflikt mit Hilfe der Gütestelle der ÖRA zu schlichten. Natürlich läßt sich die Häufigkeit dieser Form des Vermeidungsdenkens mancher Kreise nicht quantifizieren. Die über die Jahre stagnierende Anzahl der Güteverfahren vor der ÖRA lassen Vorbehalte einzelner Bevölkerungskreise indes vermuten.

Bei Betrachtung der absinkenden bzw. gleichbleibenden Verfahrenszahlen in den Beratungen und Güteverfahren sind freilich zwei Faktoren zu berücksichtigen. Zum einen ist das Einzugsgebiet der ÖRA auf Hamburg und die nähere Umgebung begrenzt. Es ist unter normalen Umständen nicht zu erwarten, daß weiter entfernt wohnende Personen die Dienstleistungen der ÖRA beanspruchen. Infolgedessen ist die Gruppe der Rat- und Hilfesuchenden von vornherein limitiert. Zum anderen dürfte für die ÖRA hinsichtlich des Bekanntheitsgrades nichts anderes gelten als für den Schiedsmann, die Schieds- und Schlichtungsstellen der Wirtschaft und den Ombudsmann der privaten Banken. Wie die anderen vorgerichtlichen Institutionen hat auch die ÖRA trotz Werbemaßnahmen wie der Präsenz im Internet mit dem Umstand zu kämpfen, daß viele Bürger von der Einrichtung und ihren Angeboten schlichtweg nichts wissen.

Trotz der langen Existenz der Einrichtung drohen darüber hinaus Gefahren für die Aufrechterhaltung des umfangreichen Angebots. In den heutigen Zeiten des raschen gesellschaftlichen Wandels stellt sich die Realität der Dienstleistung auf dem Gebiet des Rechts naturgemäß anders dar als noch vor 20 Jahren. Eine bedarfsdeckende und umfassende Rechtsberatung und Schlichtungstätigkeit, wie sie die ÖRA auf so vielen Rechtsgebieten anbietet, ist heute schwerer denn je zu leisten. Hierzu trägt vor allem der Umfang des Beratungsangebots bei, welches von allen zivilrechtlichen Gebieten über das Sozial- und das öffentliche Recht bis hin zum Straf- und Strafprozeßrecht reicht. Berücksichtigt man nun die Tatsache, daß die Anzahl der Rechtsberatungen gegenüber 1970 zwar abgenommen hat, seit Anfang der neunziger Jahre jedoch wieder im Steigen begriffen ist[344], so zeichnen sich zukünftige Personalnöte der Einrichtung ab. Bislang ist die Kernarbeit der ÖRA von über 300 ehrenamtlichen Mitarbeitern erledigt worden. Inwieweit der Einsatz der ehrenamtlichen Kräfte dem offenbar ansteigenden Beratungsbedarf gerecht zu werden vermag, bleibt abzuwarten. Eine wünschenswerte Ausweitung des hauptamtlichen Personals wird an die Grenzen der Finanzierbarkeit stoßen. Der zukünftige Erfolg der ÖRA hängt nicht zuletzt davon ab, ob der Umfang der Beratungs- und Schlichtungsdienstleistung in der bisherigen Weise aufrecht erhalten werden kann.

IV. Zusammenfassung

Die ÖRA erfüllt in Hamburg eine wichtige sozialpolitische Aufgabe im Bereich der außergerichtlichen Streitbeilegung. Zu den hier interessierenden Tätigkeitsbereichen gehört die Arbeit der ÖRA als Gütestelle in zivilrechtlichen Streitigkeiten, die sich an sozial schwächere Personen wendet. Die Beschränkung des Beratungsangebots auf unbemittelte Bürger und der begrenzte Einzugsbereich zeigt die Spezialisierung der Einrichtung, gleichzeitig aber auch die nur regionale Bedeutung der ÖRA als Institution informeller Konfliktbereinigung.

E. Die traditionellen Schlichtungseinrichtungen im Vergleich – Ein Resümee

Der Blick auf die ausgewählten traditionellen außergerichtlichen Streitbeilegungsstellen in Deutschland hat gezeigt, daß diese mit sehr unterschiedlichem Erfolg tätig sind.

Betrachtet man das Wirken des Schiedsmanns, so fällt die geringe Inanspruchnahme in zivilrechtlichen Konflikten bei dieser Stelle besonders ins Gewicht. Wie dargestellt[345], trägt die Arbeit der Schiedsleute kaum zur Entlastung der Gerichte bei. Obwohl die Einrichtung seit vielen Jahren in der deutschen Rechtslandschaft verwurzelt ist, trauen die Bürger den Schiedsleuten offenbar keine effektive Schlichtungsarbeit in Zivilstreitigkeiten zu.

Vorteilhafter stellt sich die Inanspruchnahme der Schieds- und Schlichtungsstellen für Konsumentenbeschwerden und des Bankenombudsmann dar[346]. Diese

---

[344] Von 28.522 Beratungen im Jahr 1991 ist die Anzahl auf 35.044 im Jahr 1996 gestiegen, das entspricht einer Steigerung von fast 23 %, vgl. Brinkmann, S. 43.

[345] Siehe oben § 5 A. V.

[346] Siehe oben § 5 B. und C.

Einrichtungen verzeichnen in der Tendenz - im Unterschied zum Schiedsmann – leicht steigende Fallzahlen. Eine Erklärung hierfür kann in der differenzierten Konfliktzuständigkeit der Verbraucher-Schlichtungsstellen und der damit assoziierten höheren Schlichtungskompetenz liegen. Je spezieller die Zuständigkeit für bestimmte Konfliktarten geregelt ist, desto höher scheint die Schlichtungskompetenz der Gütestelle bewertet zu werden, was sich wiederum auf die Nachfrage seitens der Bürger auswirkt. So ist zu begründen, daß der Schiedsmann trotz seines weit gefaßten Aufgabenbereichs in zivilrechtlichen Streitigkeiten überwiegend ohne Arbeit bleibt. Demgegenüber werden die für besonders schwierige Sachgebiete eingerichteten branchengebundenen Schieds- und Schlichtungseinrichtungen für Verbraucherstreitigkeiten - wozu auch der Ombudsmann der privaten Banken zu zählen ist - häufiger in Anspruch genommen. Typisch für diese Streitbeilegungsinstanzen ist die Beilegung des Konflikts mit Hilfe von Sachverständigenwissen. Der Streitregelung unter Zuziehung von Sachverständigen vertrauen die Bürger offenbar mehr als dem Schiedsmann, der in der Regel über keine streitrelevanten Spezialkenntnisse verfügt.

Die leicht ansteigende Inanspruchnahme der Verbraucher-Schlichtungseinrichtungen ändert indes nichts an den festgestellten Defiziten dieser Konfliktbeilegungsstellen. Auch wenn das Vertrauen der Bürger in die diversen Schieds- und Schlichtungsstellen für Verbraucherkonflikte höher sein mag als in das Schiedsmannwesen, so bleibt die Inanspruchnahme derselben dennoch gering. Deutlich wird dies vor allem beim Ombudsmann der privaten Banken. Die unzähligen Transaktionen und Geschäftsvorgänge im täglichen privaten Bankverkehr läßt eine höheres Konfliktpotential zwischen den privaten Banken und ihren Kunden erwarten, als sich in der Inanspruchnahme des Ombudsmanns widerspiegelt. Es wäre unrealistisch, anzunehmen, daß sich das tatsächlich existierende Streitpotential in der faktischen Beanspruchung der Gütestellen abzeichnet. Vor diesem Hintergrund nimmt sich die reale Inanspruchnahme der Einrichtung bescheiden aus. Gleiches gilt im wesentlichen auch für die anderen Schlichtungsstellen für Konsumentenstreitigkeiten. Die Vielzahl der Streitigkeiten zwischen Verbrauchern und Handel bzw. Dienstleistungsgewerbe schlägt sich nicht in den Zahlen der außergerichtlichen brancheninternen Beschwerdestellen nieder.

Hauptgrund der unbefriedigenden Inanspruchnahme aller außergerichtlichen Streitbeilegungsinstitutionen ist neben dem mangelndem Vertrauen in die Schlichtungsstellen die weit verbreitete Unkenntnis über das Bestehen der Einrichtungen. Das Bewußtsein, daß Rechtskonflikte von anderen Stellen als den

Gerichten häufig schneller und kostengünstiger beigelegt werden können, scheint in Deutschland bislang nicht sonderlich ausgeprägt zu sein. Aufklärungskampagnen und Werbemaßnahmen haben hieran bisher nicht allzuviel zu ändern vermocht[347]. Hinzu kommt die mangelhafte Unterrichtung mancher Bürger über die eigenen Rechte. Wer seine eigenen Rechte nicht kennt, vermag diese natürlich weder vor Gericht noch außergerichtlich wahrzunehmen. Aber auch dem insoweit aufgeklärten Teil der Bevölkerung ist das bestehende Alternativenangebot zum Gerichtsprozeß vielfach nicht gegenwärtig.

Schließlich ist ein Phänomen im Zusammenhang mit der geringen Nachfrage zu berücksichtigen, das mit dem Begriff der „Schwellenangst" umschrieben werden kann. Insbesondere bei der für sozial Schwache geschaffenen Rechtsauskunft- und Vergleichsstelle in Hamburg[348] ist anzunehmen, daß ein Teil der Klientel aus Scheu, Scham oder irgendwelchen Fehlvorstellungen von der Anrufung der Beratungs- und Schiedseinrichtung absieht. Aber auch der Schiedsmann und die zahlreichen anderen Schieds- und Schlichtungsstellen sind trotz der informellen Verfahrensweise von dieser Erscheinung betroffen[349].

Insgesamt ist festzuhalten, daß die traditionellen außergerichtlichen Konfliktlösungsstellen mangels erheblicher Inanspruchnahme nicht entscheidend zur Entlastung der Gerichte beitragen. Sie werden von den Bürgern nur beschränkt als lohnende Alternative zum Gerichtsverfahren wahrgenommen. In erster Linie tragen fehlende Akzeptanz der außergerichtlichen Institutionen bei den Rechtssuchenden und ein relativ niedriger Bekanntheitsgrad in der Bevölkerung hierzu bei.

§ 6 Mediation – ein neuartiges Konzept informeller Konfliktlösung im deutschen Recht

Der Mangel an effektiven Alternativen zum herkömmlichen Gerichtsverfahren ist seit langem Gegenstand der rechtspolitischen Diskussion[350]. Dennoch ist die Entwicklung außergerichtlicher Streitbeilegungsmöglichkeiten in Deutschland

347 Preibisch, S. 244.
348 Siehe oben § 5 D.
349 Preibisch, S. 244 f.
350 Vgl. etwa Prütting, S. 58 f.; Schmidt, S. 6 ff.; Puttfarken, S. 493 ff. Vgl. auch die Vorträge im Rahmen des 49. Deutschen Anwaltstages in Frankfurt am Main, AnwBl. 10/1997, S. 520 ff.

bislang recht zurückhaltend verlaufen. Die konservative deutsche Rechtsordnung tut sich mit Alternativen zur Ziviljustiz offenbar schwer[351]. Erst in jüngster Zeit ist das recht starre deutsche Konfliktlösungsspektrum durch eine neuartige Form der Streitbeilegung etwas in Bewegung geraten. So wird seit einigen Jahren eine neuartige Konfliktbehandlungsmethode in Deutschland propagiert und in wachsendem Umfange auch bereits angewandt, die in Fachkreisen und der Öffentlichkeit unter der Bezeichnung „Mediation" bekannt geworden ist. Hierbei handelt es sich um eine aus den USA stammende besondere Verfahrensmethode der Streitbewältigung[352].

Dieses Kapitel beschäftigt sich im ersten Teil mit den Strukturprinzipien der Mediation. Hierbei sollen die tragenden Elemente dieser Streitbeilegungsform und der Verfahrensablauf im Vordergrund stehen (A./B.). In einem weiteren Abschnitt sind die Chancen und Gefahren der Mediationsmethode zu analysieren (C.). Sodann sollen die Ausprägungen der Mediation aufgezeigt werden, die sich bereits in der deutschen Rechtspraxis herausgebildet haben. Hierzu ist exemplarisch auf das Wirken der privaten Mediationsinstitute und –verbände in Deutschland einzugehen (D.).

A. Begriff und Konzept der Mediation

Die Vokabel „Mediation" entzieht sich einer klaren Begriffsbestimmung. In dem Wort findet sich das lateinische „medius", was „in der Mitte befindlich" bedeutet[353]. Eine Übersetzung mit „Schlichtung" oder „Vermittlung" trifft den Kern dessen, was Mediation ausmacht, nicht genau[354]. In der deutschsprachigen Literatur hat man sich nicht um eine Übertragung des Ausdrucks bemüht. Da „Mediation" seit jeher in der anglo-amerikanischen Fachsprache als eigenständiger

---

351 Erst durch die zum 01.01.2000 in Kraft getretene bundesrechtliche Regelung des § 15a EGZPO hat der Gesetzgeber einen Schritt in Richtung alternativer Streitbeilegung unternommen, siehe dazu unten §§ 10 und 11.

352 Zur dortigen Entstehung von alternativen Streitbeilegungstechniken wie der Mediation siehe unten § 7.

353 Vgl. Georges, Ausführliches lateinisch-deutsches Handwörterbuch, 2. Band, 1959.

354 So bestehen Verwechslungsgefahren: Das Schlichtungsverfahren wird in Deutschland hauptsächlich im Bereich des kollektiven Arbeitsrechts und im Rahmen der Schieds- und Schlichtungsstellen genutzt. Zudem obliegt dem Schlichter beim typischen Schlichtungsverfahren die Entscheidung über den Ausgang der Streitigkeit, wenn sich die Parteien nicht gütlich einigen, vgl. Breidenbach, Mediation, S. 4 f. Die „Schlichtung" unterscheidet sich somit in einem zentralen Punkt von der Mediation, die durch fehlende Entscheidungskompetenz des Mediators gekennzeichnet ist. Dazu näher Duve, Mediation, S. 264 f.

Begriff für die hier zu beschreibende Konfliktlösungsmethode verwendet wird, hat sich der Terminus auch im deutschen Sprachraum durchgesetzt[355].

Unabhängig von der terminologischen Problematik besteht inhaltliche Übereinstimmung über den Kerngehalt des Mediationsverfahrens. Die Mediation bezeichnet ein strukturiertes außergerichtliches Verfahren, in dem ein neutraler, nicht entscheidungsbefugter Dritter (Mediator) die Parteien bei ihrer Suche nach tragfähigen Konfliktlösungen für ihre Streitigkeit unterstützt[356]. Der Mediator ist Verhandlungsgehilfe, der die Parteien zu einer sachorientierten Kommunikation veranlassen und ihnen bei der Eigenbewältigung ihres Konflikts helfen soll[357].

Der grundlegende Unterschied des Mediationsverfahrens zum Gerichtsprozeß - und ein wesentliches Strukturmerkmal der Mediation - liegt in der fehlenden Entscheidungskompetenz des Mediators. Während im gerichtlichen Verfahren die Vergleichsförderung durch den Richter untrennbar mit der Möglichkeit der bindenden Entscheidung verbunden ist, beschränkt sich die Funktion des Mediators ausschließlich auf die Vermittlung zwischen den Konfliktpartnern[358]. Unmittelbaren Einfluß auf den Ausgang des Verfahrens hat der Mediator nicht. Seine Aufgabe besteht vielmehr darin, das nicht förmliche Mediationsverfahren zu strukturieren und gemeinsam mit den Parteien Einigungsmodelle zu erarbeiten. Der Mediator ist also in erster Linie für die Überwachung und Kontrolle des Verfahrensablaufs verantwortlich[359].

Ein weiterer elementarer Unterschied zum gerichtlichen Verfahren ergibt sich aus der Natur der Mediation als Konsensverfahren. Im Zivilprozeß kommt es typischerweise zu einer Konfrontation der Parteien, die durch ihren Sachvortrag konträre Positionen einnehmen. Beide Seiten versuchen regelmäßig, das Gericht von ihrer Darstellung der Sach- und Rechtslage zu überzeugen. Hieraus resultie-

---

[355] Breidenbach, Mediation, S. 4 ff.; Gottwald, WM 1998, S. 1257, 1260.

[356] Ähnliche Definitionen finden sich bei Alexander, S. 31 ff.; v. Hoyningen-Huene, S. 352, Risse, NJW 2000, 1615; Breidenbach, Mediation, S. 4. Siehe auch die anglo-amerikanischen Begriffsbestimmungen bei Kovach, S. 16 ff. und Goldberg/Green/Sander, S. 91 ff.

[357] In Kalifornien ist die Mediation legaldefiniert: „Mediation... means a process in which a neutral person facilitates communication between the disputants to assist them in reaching a reconciliation, settlement, or other understanding.“, vgl. Cal. Code tit. 16, s 3602 (2) (1994).

[358] Umstritten ist allerdings, in welchem Umfang der Mediator Einfluß auf die Entscheidungsbildung der Parteien nehmen soll. Vgl. hierzu eingehend Riskin, Understanding mediator's orientations, strategies, and techniques, S. 7 ff.; Kovach/Love, S. 71 ff.; Stulberg, S. 985 ff.; Kauffman/Davis, S. 8 ff.

[359] Zu den erforderlichen persönlichen Fertigkeiten des Mediators vgl. Kovach, S. 29 f.

ren gegensätzliche Zielvorstellungen der Konfliktpartner, die sich in den Kategorien „Sieg" bzw. „Niederlage" bewegen. Die Mediation versucht, das dem Gerichtsprozeß immanente Gegeneinander aufzuheben und Reibungsverluste zu minimieren, die durch das gegenteilige Streben der Parteien entstehen können. So ist das Mediationsverfahren zunächst darauf angelegt, die durch den Konflikt häufig unterbrochene direkte Kommunikation der Parteien wiederherzustellen. Erfahrungen zeigen, daß die Einschaltung eines neutralen Dritten die Wiederaufnahme der Gesprächsbereitschaft zwischen im Streit befindlichen Personen erheblich fördern kann[360].

Die Mediation zielt auf Streitbehandlung anstatt auf die gerichtstypische Streitentscheidung[361]. In der Mediationsverhandlung werden kooperative Problemlösungen angestrebt. Das Ziel ist, eine Konfliktregelung zu finden, die für beide Seiten möglichst vorteilhaft ist. Hinter dieser scheinbar banalen Absicht verbirgt sich der Grundgedanke des Mediationsverfahrens: die Suche nach „win-win-Lösungen"[362]. Hierbei stehen die hinter dem Konflikt stehenden Interessen der Parteien im Vordergrund[363]. Es obliegt dem Mediator, die Interessen, die in manchen Fällen den Beteiligten selbst nicht in voller Klarheit bewußt sind, zunächst festzustellen und gegebenenfalls sichtbar zu machen. Dies kann etwa in Einzelgesprächen mit den Parteien geschehen, in denen sie nicht befürchten müssen, der jeweiligen Gegenseite vertrauliche Informationen zu verraten. Sodann vermag der Mediator das Einigungspotential des Konflikts einzuschätzen. Auf dieser Grundlage können weitere Gespräche der Parteien stattfinden, die auch ein Eingehen auf die Ursachen des Konflikts erlauben. Je nach Konflikttyp kann dies zur Beilegung der Streitigkeit beitragen, etwa wenn Emotionen die Verhandlungen überlagern oder eine enge, fortdauernde Bindung der Parteien besteht.

Als Stärke der Mediation wird immer wieder die Vielgestaltigkeit der Problemlösungsoptionen betont[364]. Bei der Aushandlung der Streitlösung können die Beteiligten von ihrer Privatautonomie umfassend Gebrauch machen. Während

---

[360] Duve, Mediation, S. 85 f.; Kressel/Pruitt, S. 12 ff.

[361] Diese eingängige Unterscheidung betont Breidenbach, Komplementäre Konfliktbehandlung, S. 10 f.

[362] Die theoretische Grundlage der Mediation beruht auf dem sog. Harvard-Konzept, vgl. hierzu Fisher/Ury/Patton, Getting to Yes, 1991.

[363] Zur Unterscheidung zwischen der nach außen eingenommenen Position einer Partei und ihrem Interesse sei auf das bereits erwähnte Orangenbeispiel verwiesen, siehe oben § 2 B. II.

[364] Duve, Mediation, S. 89.

das Gericht bei seiner Streitentscheidung an die Vorgaben des Gesetzgebers gebunden ist, steht das Recht den Parteien im Mediationsverfahren als „Schatzkammer“[365] zur Verfügung, ohne daß es den alleinigen Bezugspunkt darstellt[366]. Die Parteien können also Wertungen des dispositiven Rechts für ihre individuelle Streitbeilegung zum Vorbild nehmen, sie sind hierauf aber nicht beschränkt. Interessenerforschung und gemeinsame Ideensammlung mögen Konfliktlösungen nahelegen, für die im Gerichtsverfahren kein Raum gewesen wäre[367]. Die Erweiterung der Streitbeilegungsmöglichkeiten wird auch dadurch erleichtert, daß die Parteien – im Gegensatz zum Gericht – nicht ausschließlich über einen in der Vergangenheit liegenden Sachverhalt zu urteilen haben. Vielmehr ist Ziel des Verfahrens die Herstellung einer zukunftsorientierten Konfliktregelung. In der Mediation soll das künftige Verhältnis der Parteien berücksichtigt werden. Das Konfliktregelungsverfahren ist daher insbesondere in Fällen geeignet, in denen die Parteien in einer dauerhaften Verbindung stehen und nach Beendigung der Streitigkeit weiter miteinander auskommen wollen oder müssen.

Über die hinter dem Mediationsverfahren stehenden Zielvorstellungen gibt es unterschiedliche Auffassungen[368]. Teilweise wird in der Mediation primär eine schnelle und effiziente Möglichkeit zur Beilegung eines einzelnen Konflikts gesehen. Andere befürworten diese Konfliktlösungsform, da schwächeren Parteien der Zugang zu ihrem Recht verschafft werden kann[369]. Eine weitere Richtung stellt den selbstbestimmten Umgang mit Konflikten in der Mediation und die Vermittlung persönlicher Fähigkeiten für zukünftige Konfliktsituationen in den Vordergrund. Schließlich gibt es Anhänger der Mediation, die das Ziel der Streitbeilegung durch Mediation insbesondere in der Versöhnung der Parteien und in der Herbeiführung einer veränderten Streitkultur der Gesellschaft sehen[370].

Unabhängig vom jeweiligen konflikttheoretischen Ansatz ist das Hauptanliegen jedes Mediationsverfahrens natürlich die Erreichung einer einvernehmlichen

---

365 So Mähler/Mähler, S. 200, 202.

366 Nach einem berühmt gewordenen Satz finden die Vergleichsgespräche in der Mediation „im Schatten des Rechts“ statt, vgl. Mnookin/Kornhauser, S. 950.

367 Duve, Mediation, S. 87.

368 In den Einzelstaaten der USA existieren teilweise deutlich voneinander abweichende Vorstellungen von Theorie und Praxis der Mediation, vgl. z. B. Hix/Negussie/Scully/Maas, S. 256 ff.; siehe auch Scully, S. 261; Breidenbach, Mediation, S. 4 ff.; Alexander, S. 32 ff.

369 Die Mediation baut durch ihre Informalität und die direkte Beteiligung der Parteien an der Konfliktregelung - anders als das Gerichtsverfahren - keine allzu großen Zugangshürden auf.

370 Eingehend zu den verschiedenen Ausrichtungen Breidenbach, Mediation, S. 119 ff.

Konfliktregelung. Selbst im Falle einer Nichteinigung kann die Mediation jedoch Nutzen bringen. Dies ist z. B. der Fall, wenn sich durch den Verlauf der Mediationsverhandlung die Beziehungen der Parteien verbessert haben, der Streitgegenstand eingegrenzt werden konnte oder Teillösungen des Konflikts erzielt wurden[371].

B. Leitlinien des Mediationsmodells

Die Grundlinien der Mediation, insbesondere die Verfahrensgrundsätze, die auch in der bisherigen Praxis angewandt werden, sind bereits in der deutschen Literatur aufgegriffen und ausführlich behandelt worden[372]. Daher sollen die Prinzipien in dieser Arbeit nicht in aller Breite dargestellt werden. Gleichwohl wird des besseren Verständnisses wegen auf die wichtigsten Grundlagen der Mediation nachfolgend kurz eingegangen.

I. Freiwilligkeit der Teilnahme

Die Parteien und der Mediator müssen sich grundsätzlich freiwillig für das Mediationsverfahren entscheiden[373]. Es muß für jede Seite die Möglichkeit offenstehen, das Mediationsverfahren jederzeit abzubrechen und sich gegebenenfalls für die Einleitung eines Gerichtsverfahrens zu entscheiden. Dahinter steht die Überzeugung, daß eine einvernehmliche Interessenlösung, die in der Mediation angestrebt wird, nicht durch Zwang erreicht werden kann. Nur bei freiwilliger Teilnahme an der Mediation ist gewährleistet, daß die Parteien eine an ihren jeweiligen Interessen orientierte Schlußvereinbarung treffen, die von den Beteiligten als gerecht empfunden und eingehalten wird.

II. Neutralität des Mediators

Das Erfordernis der Neutralität folgt aus der Aufgabenstellung des Mediators, den Konfliktpartnern unparteiisch gegenüberzutreten und bei der Suche nach eigenverantwortlichen Lösungen zu helfen. Der Mediator darf weder die eine noch die andere Partei in einer Weise beraten, daß der Verdacht der Parteilichkeit aufkommt. Die Neutralität des Mediators ist von entscheidender Bedeutung, insbesondere im Hinblick auf das notwendige Vertrauen der Parteien, die ihre persönlichen Interessen, ihre Ansichten und Vorstellungen über den Konflikt

---

[371] Duve, Mediation, S. 82 f.

[372] Vgl. grundlegend Breidenbach, Mediation, Köln 1995; Duve, Mediation, S. 80 ff.

[373] Ausnahme ist die *mandatory mediation*, die teils durch einige US-Gerichte, teils durch US-Gesetze in bestimmten Rechtsstreitigkeiten (obligatorisch) angeordnet wird, siehe unten § 7 A.

und den Gegner gegenüber dem Mediator offenbaren sollen. Nur ein unabhängiger und neutraler Mediator vermag das notwendige Vertrauen in seine Fähigkeiten als Vermittler zu wecken.

III. Informiertheit der Parteien

Eigenverantwortliche und gerechte Konfliktlösungen sind nur auf der Basis eines umfassenden sachlichen Informationsstandes der Konfliktpartner möglich. Beide Parteien werden im Mediationsverfahren ermutigt, alle Informationen und Vorstellungen gegenüber dem Mediator und gegebenenfalls auch gegenüber der anderen Seite zu artikulieren, soweit die Informationen eine Erweiterung der Konfliktlösungsmöglichkeiten bedeuten. Nur vollständig informierte Streitparteien können eigenverantwortliche Konfliktregelungen treffen. Insofern ist die Informiertheit der am Konflikt Beteiligten mit der Integrität des Mediationsverfahrens verknüpft.
Mit der Preisgabe von Informationen sind allerdings erhebliche Risiken für die offenlegende Partei verbunden. Die Mediation könnte von einer Seite zum Zwecke der Informationsgewinnung für den späteren Gerichtsprozeß mißbraucht werden. Hierauf ist im Rahmen der Abwägung von Chancen und Risiken der Mediationsmethode näher einzugehen[374].

IV. Eigenverantwortlichkeit der Parteien

Ein Konsensverfahren wie die Mediation setzt voraus, daß die Beteiligten selbständig und unabhängig ihre eigenen Interessen wahrzunehmen imstande sind.

Schwierigkeiten mit der Eigenverantwortlichkeit ergeben sich insbesondere in Fällen eines größeren Macht- und Verhandlungsungleichgewichts zwischen den Parteien. Ein solches besteht häufig in den Bereichen sozialer Schutzrechte, z. B. im Mietrecht oder im Verbraucherrecht. Die Grenze der Privatautonomie wird überschritten, wenn ein Teil ein solch starkes Übergewicht hat, daß faktisch einseitig vertragliche Regelungen bestimmt werden können. Viele betrachten eine Mediation ohne schützende Umgestaltung in solchen Konstellationen als nicht durchführbar[375].

V. Vertraulichkeit des Mediationsverfahrens

Das Mediationsverfahren bliebe weitgehend wirkungslos, wenn die Teilnehmer nicht sicher sein könnten, daß die von ihnen eingebrachten Informationen ver-

---

[374] Siehe unten § 6 D. II. 2. a.; siehe auch unten § 6 B. V. (Vertraulichkeit des Mediationsverfahrens).
[375] Vgl. Breidenbach, Mediation, S. 252 ff. m. w. N.

traulich behandelt werden. Das Erfordernis der Vertraulichkeit soll gewährleisten, daß die Gespräche mit der Gegenseite und dem Mediator dritten Personen oder später eingeschalteten Gerichten gegenüber nicht offengelegt werden. Das Mediationsverfahren zeichnet sich durch einen besonders hohen Informationsfluß aus. Nur durch die beiderseitige Bekanntgabe der eigenen Interessen und Ansichten gegenüber dem Mediator kann dieser das Einigungspotential einschätzen; nur so kann die ganze Bandbreite der potentiellen Konfliktlösungen in Betracht gezogen werden. Dabei sind oft persönliche oder geschäftliche Informationen, Emotionen und private Einschätzungen der Sach- und Rechtslage preiszugeben. Um so bedeutsamer ist das Vertrauen der Parteien auf die Diskretion des Mediationsverfahrens. Die Vertraulichkeit des Verfahrens wird durch privatrechtliche Abrede vor Beginn der Mediation vereinbart[376]. Trotzdem ist nicht auszuschließen, daß eine Seite aus den im Rahmen des Mediationsverfahrens erlangten Informationen Vorteil zieht[377].

C. Der Ablauf des Mediationsverfahrens

Das Mediationsverfahren ist durch größtmögliche Flexibilität und Kreativität gekennzeichnet. So gibt es keine feststehenden Verfahrensregeln; diese werden erst von den Konfliktparteien aufgestellt. Ein Zwang innerhalb des Verfahrens ist der Mediation wesensfremd. Grundsätzlich ist jeder Partei zu jedem Zeitpunkt der Ausstieg aus der Mediation gestattet.

Die Grundzüge des Mediationsverfahrens sollen nachfolgend skizziert werden.

I. Die Eröffnungsphase

Die Einleitung des Mediationsverfahrens geschieht entweder durch freiwillige oder – im Rahmen der mandatory mediation[378] – unfreiwillige Teilnahme der Parteien. Zu Beginn einer Mediation führt der Mediator die Parteien zunächst in den Ablauf des Verfahrens ein und macht sie mit den Besonderheiten, insbesondere der von ihm angewandten individuellen Mediationstechnik vertraut. Nach der ersten Erläuterung und der Klärung von Unterschieden zum Gerichtsverfahren steht am Ende des ersten Abschnitts der Abschluß des Mediationsvertrages. Hierbei handelt es sich um eine privatrechtliche Vereinbarung, die das Procedere des Mediationsverfahrens festlegt. In dem Vertrag können z. B. die Entscheidungsbefugnisse der teilnehmenden Parteien bzw. deren Vertreter geregelt wer-

---

[376] Vgl. Lee/Giesler, S. 291 f.; Gibson, S. 25.

[377] Dazu unten § 6 D. II. 2. a.

[378] Siehe unten § 8 A.

den. Weitere klärungsbedürftige Punkte umfassen die Zulässigkeit von Einzelgesprächen des Mediators, die Teilnahmeberechtigung dritter Personen (z. B. Rechtsanwälten), die Hemmung laufender Verjährungsfristen, die Vertraulichkeit aller Informationen gegenüber Dritten, die Unverwertbarkeit der erlangten Informationen in einem Gerichtsprozeß und die Frage der Kostentragung[379].

Den eigentliche Auftakt der Mediation bilden einführende Stellungnahmen der Konfliktparteien. Wichtig ist hierbei, daß jede Seite Gelegenheit erhält, ihre Sicht des Konflikts vollständig und ohne Unterbrechung durch die Gegenseite vorzubringen. Der Mediator fungiert in dieser Phase als aktiver Zuhörer, der die Schilderungen der Parteien aufnimmt und oftmals mit eigenen Worten wiederholt, um den Sachverhalt zu erfassen und die Parteien der Sichtweise des jeweiligen Gegenübers auszusetzen[380].

II. Die Erarbeitung der Streitfelder und Interessen

Im nächsten Verfahrensschritt sind die Streitpunkte und Interessen der Parteien zu ermitteln. In der Regel wird der Mediator die Problemkreise und strittigen Fragen herausstellen und gemeinsam mit den Parteien schriftlich fixieren. Insbesondere hat der Mediator in diesem Stadium des Verfahrens darauf zu achten, daß der konfliktbegründende Sachverhalt und die Interessen der Parteien im Vordergrund der Konfliktbearbeitung stehen. Erst die strikte Trennung von Sachverhalt und Interessen auf der einen Seite und der daraus abgeleiteten Forderungen auf der anderen Seite ermöglicht eine gründliche Analyse der Einigungschancen. Bei einer Vermengung des Konfliktsachverhalts mit Rechts- und Beweisfragen und sonstigen konfliktfremden Aspekten ist häufig eine einzelne Maximalforderung die Folge, über die die Parteien isoliert verhandeln wollen[381]. Eine effiziente und strukturierte Streitbeilegung droht so im Ansatz zu scheitern. Der Mediator hat folglich darauf zu achten, die wesentlichen strittigen Sachverhaltspunkte und die jeweiligen Interessen gemeinsam mit den Parteien zu erarbeiten und zusammenzufassen, ohne diese zu diesem Zeitpunkt mit der rechtlichen Problematik in Verbindung zu bringen.

III. Die Verhandlungsphase

An die Analyse und Aufarbeitung des relevanten Sachverhalts schließt sich die eigentliche Verhandlungsphase an. Je nach Art des Konflikts und dem ausgeübten Mediationsstil finden oft zunächst Einzelgespräche zwischen dem Mediator

---

[379] Vgl. Risse, S. 1615.

[380] Alexander, S. 83.

[381] Risse, S. 1616.

und den jeweiligen Parteien statt[382]. Sinn und Zweck der Einzelgespräche ist die Reflexion des bisherigen Verhandlungsverlaufs und die Entwicklung erster Konfliktlösungsmodelle. Der Mediator kann der jeweiligen Partei ein Feed-back hinsichtlich der eigenen Lösungsvorstellungen geben, oder als „advocatus diaboli“ die Position der Gegenseite einnehmen, um das Bewußtsein für die Haltung der anderen Seite zu wecken und mögliche Konfliktpunkte zu antizipieren. Dabei besteht eine wichtige Aufgabe des Mediators darin, die Sichtweise der Streitpartei kritisch zu hinterfragen. Auf diese Weise kann der Mediator unrealistischen Forderungen entgegenwirken. Auch können Fehlvorstellungen hinsichtlich unzutreffend eingeschätzter Prozeßaussichten korrigiert werden.

Da der Mediator keine abschließende Entscheidungskompetenz hat, müssen die Parteien nicht fürchten, durch die Kundgabe selbst erkannter Schwachstellen in ihrer Argumentation Nachteile zu erleiden. Die Stärke des Mediationsverfahrens liegt gerade in der erforderlichen Offenheit der Parteien gegenüber dem Mediator. Wenn jeweils beide Seiten offen und aufrichtig ihre Sicht des Konflikts und ihre Lösungsvorstellungen mitteilen, ist es dem Mediator möglich, gemeinsame Betrachtungsweisen sowie Trennendes zu ermitteln und so die Einigungschancen insgesamt auszuloten.

Oft pendelt der Mediator zwischen den Parteien und betätigt sich so als Überbringer von Verhandlungsvorschlägen. Im Rahmen dieser „Shuttle-Diplomatie“[383] diskutiert der Mediator die jeweiligen Angebote mit den Parteien und fungiert als neutraler Berater beider Seiten. Der Vorzug dieser Strategie besteht darin, daß den Parteien Zeit gegeben wird, über Vorschläge der anderen Seite in Ruhe nachzudenken und diese gegebenenfalls mit dem Mediator zu erörtern. In unmittelbaren Verhandlungen zwischen den Parteien fehlt es dagegen oftmals an der nötigen Geduld und an einem neutralen Gesprächspartner, um die Vorstellungen der Gegenseite objektiv zu bewerten.

Die in den Einzelgesprächen gewonnenen Erkenntnisse des Mediators sind in den sich anschließenden gemeinsamen Verhandlungen bedeutsam. Hier kann der Mediator den von ihm erkannten Einigungsspielraum erläutern und zusammen

---

[382] Manche Mediatoren bewerten Einzelgespräche kritisch. Sie sehen die Gefahr aufkeimenden Mißtrauens gegenüber der anderen Seite und führen die Mediationsverhandlungen daher nur mit allen Beteiligten gemeinsam durch, vgl. Alexander, S. 84 ff. m. w. N.

[383] Vgl. Risse, S. 1616.

mit den Beteiligten diskutieren[384]. Darüber hinaus können die Parteien weitere Lösungsvorschläge in die Verhandlung einbringen. Der Mediator wacht darüber, daß die zu Beginn festgestellten Interessen der Parteien den Bewertungsmaßstab für die einzelnen Konfliktlösungen bilden. Ferner obliegt dem Mediator die Verantwortung für einen sachlich-konstruktiven Verhandlungsverlauf. Starken Emotionalisierungen sollte der Mediator durch entsprechende Gesprächsführungstechniken entgegenwirken.

In dieser Phase der gemeinsamen Erörterung der offenen Streitpunkte wird der Mediator mit den Parteien auch die rechtliche Problematik des Falles besprechen. Die wechselseitigen Risiken eines Gerichtsverfahrens werden an dieser Stelle häufig thematisiert, um den Parteien die Konsequenzen einer etwaigen gerichtlichen Klärung der Streitigkeit aufzuzeigen. Zeichnet sich eine Einigung der Parteien nicht ab, kann der rechtskundige Mediator einen Vergleichsvorschlag auf der Basis der einschlägigen rechtlichen Bestimmungen formulieren. Die Erfahrungen zeigen, daß der vom Gesetz vorgesehene Fairneßmaßstab für viele Parteien schließlich akzeptabel ist und viele Konfliktlösungen auf dieser Grundlage doch noch zustande kommen[385].

IV. Der Abschluß des Verfahrens

Am Ende des Mediationsverfahrens steht eine einvernehmliche Abschlußvereinbarung der Streitparteien zur Beilegung des Konflikts. Es ist regelmäßig Aufgabe des Mediators, die Abschlußvereinbarung in eine rechtlich verbindliche Form, einen Vergleichsvertrag, zu bringen. Insbesondere in komplexen Streitigkeiten wird die aktive Teilnahme von Juristen bei der Abfassung des Vergleichsvertrages als unerläßlich betrachtet[386].

Aus Gründen der Beweisbarkeit wird der Vergleichsvertrag schriftlich abgefaßt. Darüber hinaus ist die Abschlußvereinbarung je nach Notwendigkeit notariell zu beurkunden (vgl. §§ 313, 1410 BGB).

---

[384] Viele Mediatoren verwenden spezielle Verhandlungstechniken, um die Parteien zu einem kooperativeren und effektiveren Verhandlungsstil zu bewegen. Die Mediation ist letztlich nicht anderes als eine Form „angeleiteten Verhandelns"; näher Risse, S. 1617 f.

[385] Siehe Risse, S. 1617.

[386] Koch, Vertragsgestaltung in der Mediation, S. 266; Risse, S. 1617.

D. Chancen und Risiken der Mediationsmethode

Mit dem Mediationsverfahren sind Vorzüge und Chancen wie auch Nachteile und Risiken verbunden, die im folgenden aufgezeigt werden sollen.

I. Die Stärken der Mediation

Eine Betrachtung der Vorteile der Streitbeilegungsmethode zieht die Frage nach sich, welcher Vergleichsmaßstab angelegt wird. Zunächst soll der entscheidende Unterschied der Mediation zu direkten Parteiverhandlungen dargestellt werden. Sodann sind weitere Vorteile der Mediation zu benennen, die das Konfliktlösungsinstrument gegenüber dem Gerichtsverfahren aufzuweisen hat.

1. Der Vorteil der Mediation gegenüber direkten Verhandlungen der Parteien

Das Mediationsverfahren läßt sich durch die fehlende Entscheidungskompetenz des Dritten strukturell einfach vom Gerichtsprozeß abgrenzen[387]. Demgegenüber ist der Gegensatz zu unmittelbaren Verhandlungen der Konfliktparteien nicht ohne weiteres ersichtlich. In diesem Zusammenhang bleibt zu überlegen, warum die Mediation überhaupt Anwendung finden soll, wenn die Parteien selbst erfahrene Verhandlungsführer sind oder versierte Verhandlungsstrategen als Parteivertreter beschäftigen. Welchen spezifischen Nutzen bewirkt also die Mediation? Warum soll sie der direkten Kommunikation zwischen den Parteien oder ihren Vertretern überlegen sein?

Der Vorteil der Mediation gegenüber persönlichen Verhandlungen zwischen den Parteien erschließt sich aus der Verhandlungsforschung[388]. Ein Blick auf die Ursachen des Scheiterns von Parteiverhandlungen verdeutlicht die besondere Stärke der Mediation. Wenn unmittelbar zwischen den Konfliktparteien geführte Verhandlungsgespräche scheitern, wird dies oftmals nicht nur auf die Unfähigkeit der Parteien zurückzuführen sein, einen Konsens zu erzielen. Verhandlungen können auch dann als „fehlgeschlagen" oder mißglückt betrachtet werden, wenn zwar ein Vergleichsergebnis erzielt wurde, dieses aber wegen hoher indirekter Kosten (Kosten und Zeitaufwand für die Verhandlungslösung) letztlich für die Parteien unvorteilhaft ist. Schließlich können Übereinkünfte ein für die Parteien optimales Ergebnis verfehlen, wenn z. B. nicht alle Lösungsmöglichkeiten erörtert wurden, die zu einem für beide Seiten günstigeren Verhandlungsergebnis hätten führen können. Auch im letzteren Fall läßt sich von „mißglückten" Verhandlungen in dem Sinne sprechen, daß eine für beide Parteien vorteil-

[387] Siehe oben § 6 A.

[388] Dazu ausführlich Bush, S. 1 ff.

haftere Konfliktlösung hätte erzielt werden können. Unabhängig von den tatsächlichen Gründen des Scheiterns von Parteiverhandlungen steht nach Untersuchungen fest, daß häufig strategische und kognitive „Einigungsbarrieren" zwischen den Konfliktparteien für das Fehlschlagen der Verhandlungen verantwortlich sind[389].

Die „strategische Barriere" ist im Anreiz jeder Partei begründet, wichtige Informationen der Gegenseite vorzuenthalten oder dem anderen gar Fehlinformationen zu geben, um ein bestmögliches Verhandlungsergebnis zu erreichen. Auch wenn diese Verhandlungsstrategie regelmäßig zu „sub-optimalen" Ergebnissen führt[390], ist sie dennoch nicht unlogisch. Bedingungslose Offenheit und Ehrlichkeit in den Verhandlungen bedeutet nämlich die Aufgabe eigener strategischer Vorteile und gleichzeitig die Chance für die Gegenseite, Informationen zu sammeln und die Aufrichtigkeit des Verhandlungspartners zu den eigenen Gunsten auszunutzen.

Diese den Beteiligten zumindest intuitiv geläufige Konstellation führt dazu, daß die verhandelnden Parteien häufig mit Mißtrauen und Argwohn agieren, wissen sie doch nicht, ob sie den Informationen und Vorschlägen des anderen vertrauen können. Keine Seite wird unter solchen Rahmenbedingungen ohne weiteres offen und aufrichtig verhandeln. Folge ist, daß sich die Parteien entweder überhaupt nicht oder zu sub-optimalen Bedingungen einigen.

Die „kognitive Barriere" basiert auf der Erfahrung, daß die Verhandelnden bestimmte Informationen, die sie erhalten, oftmals irrational einschätzen. So können die Parteien aufgrund von eigener Voreingenommenheit und Einseitigkeit die von der Gegenseite erhaltenen Forderungen und Angebote bisweilen nicht objektiv werten. Beispielsweise ist das Phänomen der „loss aversion" bekannt. Danach geben die meisten Personen, die eine Entscheidung über ein Verhandlungsergebnis zu treffen haben, einem Verlust einer Verhandlungsposition mehr Gewicht als einem gleichwertigen Gewinn einer anderen Verhandlungsposition. Wenn eine Verhandlungslösung also für eine Partei gleichzeitig die Aufgabe eines Gegenstandes und den Gewinn eines anderen Gegenstandes beinhaltet, so wird der gewonnene Gegenstand häufig als weniger wertvoll eingestuft als der hergegebene, auch wenn sie tatsächlich äquivalent sind. Dieses Verhalten wird verhandlungspsychologisch damit erklärt, daß der „Schmerz" über den Verlust eines Gegenstandes (einer Verhandlungsposition) die „Freude" über den Gewinn

---

[389] Vgl. Bush, S. 8 ff.; Eidenmüller, S. 31 ff.
[390] Siehe Eidenmüller, S. 49 ff.

eines tatsächlich gleichwertigen Gegenstandes übersteigt. Aufgrund solcher „kognitiven Barrieren" werden bestimmte Austauschmöglichkeiten also nicht genutzt, auch wenn diese rational wünschenswert und effizient sind.

Folglich tragen sowohl strategische als auch kognitive Barrieren dazu bei, daß direkte Verhandlungen zwischen den Parteien unabhängig von den jeweiligen Verhandlungsfähigkeiten oftmals scheitern oder zu sub-optimalen Ergebnissen führen.

Hier setzt die Mediationstechnik an. Sie bietet den Streitparteien die Möglichkeit, die möglicherweise vorhandenen Verhandlungsbarrieren abzubauen. Primäre Aufgabe des Mediators ist zunächst, die Parteien vom kompetitiven Verhandlungsstil abzubringen. Damit ist das Ringen um gegenseitige Konzessionen von Maximalforderungen gemeint[391]. Folge solcher Art des Verhandelns sind Verteilungskämpfe, die eine Reduzierung der Streitregelungsmöglichkeiten mit sich bringen. Erkenntnissen der Verhandlungsforschung zufolge bietet ein kooperativer Verhandlungsstil – gekennzeichnet durch die gemeinsame Arbeit an einer Konfliktlösung unter freimütiger Offenlegung der jeweiligen Interessen – bessere Aussichten für wertschöpfende Konfliktlösungen zum Vorteil beider Seiten[392].

Zum kooperativen Verhandeln gehört die vertrauliche Offenbarung der Interessen und anderer Informationen, die für eine innovative Konfliktregelung von Bedeutung sein könnten. Die Offenlegung insbesondere von nachteiligen Informationen kann in der Mediation ohne negative Konsequenzen gegenüber dem Mediator erfolgen. Die Gegenseite vermag die mitgeteilten Befürchtungen und Schwächen nicht ohne weiteres einseitig zu ihrem Vorteil auszunutzen, wenn zunächst nur der Mediator informiert wird. Informationen erhalten in der Mediation auf diese Weise einen verläßlicheren Charakter. Zugleich wird der Mediator bei entsprechendem Informationsfluß von beiden Parteien in die Lage versetzt, das Einigungspotential zu erforschen[393].

---

[391] Risse, S. 1619.

[392] Vgl. Risse, S. 1619; grundlegend Ponschab/Schweizer, S. 109 ff.

[393] Es ist freilich nicht auszuschließen, daß eine Partei dem Mediator nicht alle relevanten Informationen und Interessen mitteilt oder gar falsche Angaben macht, um Verhandlungsvorteile zu erlangen. Hier liegt eine potentielle Schwachstelle des Mediationsverfahrens, siehe unten § 6 D. II. 2. a.

Fraglos handelt es sich bei der beschriebenen Mediationstechnik um eine schwierige und komplexe Methodik. Ohne detaillierte Kenntnisse des Mediators von den speziellen Verhandlungstechniken verspricht die Mediation keinen Vorteil gegenüber unmittelbaren Verhandlungen der Parteien. Besteht jedoch Aussicht auf eine erfolgreiche Anwendung der aufgezeigten Mediationsprinzipien, so bietet die Mediation im Vergleich zu vielen direkten Verhandlungen bessere Chancen auf eine beiden Parteien gerecht werdende, kooperative Verhandlungslösung, indem sie die bestehenden „Einigungsbarrieren" senkt.

2. Die Vorteile der Mediation gegenüber der gerichtlichen Streitbehandlung

Das Mediationsverfahren zeigt im Vergleich mit der gerichtlichen Auseinandersetzung Vorzüge, die den bereits festgestellten grundsätzlichen Qualitäten außergerichtlicher Streitbeilegung[394] entsprechen. So ist die Mediation regelmäßig kostengünstiger und weniger zeitaufwendig als das durchschnittliche Gerichtsverfahren[395]. Meist genügen zwei oder drei kurzfristig anberaumte Sitzungen, um das Mediationsverfahren zu einem Abschluß zu bringen[396]. Die Mediationssitzungen können in aller Regel zeitnah terminiert werden, so daß die bei Gericht üblichen Wartezeiten von mehreren Monaten oder gar Jahren bis zur Entscheidung entfallen. Dies liegt auch daran, daß die in das Verfahren eingebundenen Parteien unmittelbaren Einfluß auf die Länge der Mediation und auf die Gesamtkosten nehmen können. Die Parteien haben zu Beginn der Mediation die Möglichkeit, die Streitpunkte, die Verhandlungsart und die Anzahl der Mediationsverhandlungen festzulegen. Die Mediation kann unter diesem Aspekt als zeit- und kostengünstige Alternative zum Zivilprozeß gesehen werden.

Darüber hinaus sorgt die Mediationstechnik durch die Einbeziehung der beteiligten Streitparteien für ein relativ hohes Maß an Zufriedenheit mit der konkreten Konfliktbearbeitung. Die Kontrolle über den Verlauf und den Ausgang des Mediationsverfahrens fördert die Befriedigung der Parteien[397]. Viele Konflikte weisen neben der sachlichen Ebene auch ausgeprägte emotionale Aspekte auf, so z. B. Scheidungsauseinandersetzungen oder Körper- und Ehrverletzungen. Eine Ausblendung dieser emotionalen Seiten des Konfliktgeschehens und die Reduzierung des Konflikts auf die Sachebene ist typisch für die gerichtliche Entscheidungsfindung. Die ausschließliche Beschäftigung mit subsumtionsfähi-

---

[394] Dazu oben § 2 B. und § 3.

[395] Vgl. Wissler, S. 565, 569 m. w. N.; Schneider, S. 176 ff.; Risse, S. 1618.

[396] So Wohlner/Rymers, S. 2161.

[397] Wohlner/Rymers, S. 2161 ff.; Calkins, S. 282 f.

gen Tatsachen wird in vielen emotional geprägten Fällen einer endgültigen und konfliktbereinigenden Streitbeilegung vor Gericht im Wege stehen. Die Mediation dagegen ermöglicht und ermutigt die Klärung von Konflikten sowohl auf der Sach- als auch auf der Beziehungsebene. Die emotionalen Belastungen der Streitparteien sind während der Mediation oft wesentlich niedriger als während des Gerichtsverfahrens. Im Mediationsverfahren herrscht aufgrund der Informalität eine entspanntere, weniger aufreibende Atmosphäre, die innovative Einzelfallösungen wahrscheinlicher macht[398].

Ein weiterer Vorteil gegenüber dem Gerichtsprozeß ergibt sich aus der Vielfalt der Konfliktlösungsmöglichkeiten in der Mediation. Da die Parteien im Gegensatz zum Gericht nicht an den Streitgegenstand gebunden sind, können interessengerechte Regelungen der Streitigkeit unter Einbeziehung rechtlich irrelevanter Aspekte getroffen werden.

Selbst wenn ein Mediationsverfahren nicht zu einer abschließenden Konfliktlösung führt, sind die gegensätzlichen Standpunkte, Rechtsansichten und Lösungsvorstellungen der Parteien häufig im Laufe der Verhandlungen sichtbar geworden. Möglicherweise trägt die Vorbehandlung der umstrittenen Aspekte zu einer schnelleren, einfacheren gerichtlichen Streitentscheidung bei. Mediation kann ein Gerichtsverfahren insoweit vorbereiten[399].

Schließlich sei die in der Mediation gewährte Vertraulichkeit genannt, die für manche Konfliktparteien von elementarer Bedeutung ist. Eine Streitaustragung vor Gericht bringt die Gefahr von Reputationsverlusten mit sich. Die unter dem Strukturprinzip der Vertraulichkeit ablaufende Konfliktbearbeitung in der Mediation trägt diesen Bedenken Rechnung.

II. Zur Kritik an der Mediation und ihren tatsächlichen Defiziten

Das Mediationskonzept – wie die außergerichtliche Konfliktregelung insgesamt – ist in der Literatur nicht nur auf Zustimmung gestoßen[400]. Manche sehen in der alternativen Streitschlichtung ein zur Zeit aktuelles „juristisches Modethema Nr. 1“[401]. Dadurch wird impliziert, daß die derzeitige Diskussion um außergerichtliche Konfliktregelung nicht von Dauer und damit im Grunde überflüssig sei.

---

[398] Calkins, S. 280 f.

[399] Natürlich ist die Kehrseite – der entstandene Zeitverlust – im Zusammenhang mit den Vorteilen einer solchen Prozeßvorbereitung zu betrachten, vgl. unten § 6 D. II. 1.

[400] Vgl. etwa Schütze, S. 117 f.; Wassermann, S. 1685 f.

[401] Schütze, S. 117.

Diese Kritik geht fehl. Die zunehmende Anzahl von Veröffentlichungen zum Thema ‚außergerichtliche Konfliktlösung', vor allem aber das bereits erwähnte steigende Interesse der Praxis[402] an einvernehmlichen Formen der Streitbeilegung wie z. B. der Mediation lassen erwarten, daß die alternative Streitschlichtung nicht nur vorübergehend im Blickpunkt der Öffentlichkeit stehen wird. Im übrigen hat der Bundesgesetzgeber durch die Schaffung des § 15 a EGZPO für Kontinuität der außergerichtlichen Streitbeilegung in der deutschen Rechtslandschaft gesorgt[403].

Ein Gegenstand der Kritik ist die der Mediation angeblich innewohnende Tendenz zur Harmonisierung von Konflikten. Nach Schütze scheine die alternative Streitbeilegung die „Rückbesinnung auf das Palaver afrikanischer Stämme" zu sein[404]. Die streitbare Stellungnahme Schützes zieht den konsensualen Ansatz von Konfliktbearbeitungsmethoden wie der Mediation grundsätzlich in Zweifel. Die vermeintlich naive und idealistische Natur der Mediation ist auch in der amerikanischen Literatur angegriffen worden[405].

Konsensuale Konfliktregelungen wären in der Tat fragwürdig und wenig erfolgversprechend, wenn sie durch unstrukturiertes Diskutieren und Argumentieren gekennzeichnet wären. Dies ist jedoch zumindest hinsichtlich der Mediation nicht der Fall. Die spezifische Verfahrensstruktur der Mediation wirkt einem unkoordinierten Verhandlungsdurcheinander, wie es in vielen Parteiverhandlungen ohne Einschaltung Dritter vorkommt, entgegen. Das Streitbeilegungsverfahren kann, wie gezeigt, als beispielhafte Form des strukturierten Verhandelns gelten[406]. Die Kritik bezüglich der Harmoniebestrebungen innerhalb des Mediationsverfahrens richtet sich gegen die Vertreter der Mediation, die den Schwerpunkt des Verfahrens in der Versöhnung der Konfliktpartner sehen. Ungeachtet dessen wird Mediation von vielen Theoretikern und Mediatoren sehr pragmatisch als Optimierung der Verhandlungsstrategie[407] betrachtet. Es würde also der Mediation nicht gerecht, sähe man in ihr lediglich ein Instrument zur Verfolgung psycho-sozialer Ziele, nämlich die Aussöhnung der Parteien und eine friedfertigere Streitkultur.

---

[402] Siehe dazu unten § 6 E.
[403] Siehe unten §§ 10 und 11.
[404] So Schütze, S. 117 f.; in die gleiche Richtung zielt Wassermann, S. 1685 f.
[405] Menkel-Meadow, S. 754 m. w. N.
[406] Siehe oben § 6 D. I. 1.
[407] Siehe oben § 6 D. I. 1.

Soweit prinzipiell die Notwendigkeit informeller Verfahren wie der Mediation bestritten wird, weil diese in anderen Rechtsordnungen unter anderen Voraussetzungen geschaffen worden sind[408], kann auch dieser Einwand nicht überzeugen. Die Auffassung verkennt das Wesen der Mediation als rechtsordnungsunabhängiger Streitbeilegungsmethode. Es ist daran zu erinnern, daß die Mediaton letztlich eine Ausprägung besonderer Verhandlungsgrundsätze darstellt[409]. Als praktische Verhandlungstechnik läßt sie sich ohne Schwierigkeiten auch auf die in Deutschland auftretenden Konflikte anwenden.

Ein weiteres Argument sei aufgegriffen, nach dem die Möglichkeiten des § 279 ZPO ausgeschöpft werden sollten, bevor mit der Mediation ein insoweit überflüssiges neues Konfliktregelungsinstitut geschaffen werde[410]. Statt ein neues Verfahren einzurichten, sollte dieser Ansicht zufolge die „richterliche Mediatorentätigkeit" in § 279 ZPO ausgebaut werden[411].

Hierbei wird übersehen, daß das Konfliktregelungsverfahren der Mediation über völlig andere Grundstrukturen verfügt, die sich nicht im Rahmen des § 279 ZPO ersetzen lassen. Auch wenn die Gerichte bei ihren Vergleichsbemühungen „mediative Elemente" einsetzen mögen – mit der Tätigkeit von Mediatoren läßt sich die richterliche Arbeit kaum vergleichen. Nicht nur verfügt der Richter im Gegensatz zum Mediator über die letzte Entscheidungskompetenz und somit über ein nicht unerhebliches Druckmittel zur Einigung unter den Parteien. Es ist gerade die bereits aufgezeigte Erweiterung des Spektrums der Streitbeilegungsmöglichkeiten, die das Mediationsverfahren fundamental vom Gerichtsprozeß unterscheidet. Die Mediationstechnik, die in der speziellen Verhandlungsmethode zum Ausdruck kommt, wird sich im gerichtlichen Verfahren nicht realisieren lassen. Hierzu fehlt den Gerichten vor allem die (Verhandlungs-)Zeit. Auch dürften die für die Mediation typischen Verhandlungstechniken nicht zum Erfahrungsschatz des durchschnittlichen Richters gehören[412]. Insofern kann der Anlaß, über alternative Streitbeilegung durch Mediation nachzudenken, nicht bestritten werden. Die richterliche Vergleichstätigkeit im Rahmen des § 279 ZPO vermag die Vorzüge des Mediationsverfahrens jedenfalls nicht in sich zu versammeln.

---

408 Dieser Ansicht ist Schütze, S. 119 ff.; siehe dazu auch unten § 9.

409 Vgl. oben § 6 D. I. 1.

410 So Wassermann, S. 1686.

411 Wassermann, a. a. O.

412 Vgl. Ortloff, S. 111, 114.

Obwohl die gegen sie gewandte Kritik in vielem unberechtigt ist, darf die Mediation nicht als „Allheilmittel“ der Konfliktbewältigung angesehen werden[413]. Die noch aufzuzeigenden Risiken der Mediation müssen im Einzelfall mit den Vorteilen, die das Konfliktlösungsverfahren bietet, abgewogen werden. Im folgenden werden die wesentlichen Defizite der Streitbeilegungsmethode umrissen.

1. Zeitverlust bei Fehlschlagen des Mediationsverfahrens

Der augenfälligste Nachteil der Mediation wird sichtbar, wenn die außergerichtliche Streitbeilegung nicht zu einer Einigung geführt hat und somit gescheitert ist. Betrachtet man die Mediation ausschließlich unter dem Gesichtspunkt der Effizienz[414], bedeutet jede Nichteinigung einen Zeitverlust für die Konfliktparteien, da die Einschaltung der Gerichte oder anderer Konfliktlösungsmechanismen nunmehr mit Verzögerung erfolgt. Dazu mag das unbefriedigende Gefühl mancher Beteiligter kommen, die Zeit mit unnützen Diskussionen zugebracht zu haben, anstatt den Streitentscheid sogleich an den Richter zu delegieren[415].

Das Risiko des Zeitverlustes birgt jeder konsensuale Konfliktbewältigungsversuch in sich. Insofern gilt für die Mediation nichts anderes als für andere Verfahren mit dem Ziel einer einvernehmlichen Regelung[416]. Deshalb kommt es darauf an, vorab zu prüfen, ob die konkrete Streitigkeit im Einzelfall für das Mediationsverfahren geeignet erscheint und hinreichende Aussicht auf eine gütliche Einigung bietet[417]. Erfolgversprechend sind etwa Konflikte, bei denen eine langfristige, durch die aktuelle Streitigkeit belastete Beziehung der Parteien besteht, deren Fortsetzung für beide Seiten vorteilhaft wäre. Ebenso tauglich für die Mediation sind Fallkonstellationen, in denen wertschöpfende Verhandlungslösungen denkbar sind, die außerhalb des rechtlich vorgegebenen Rahmens gewonnen werden könnten. Umgekehrt gehören Streitigkeiten, bei denen keinerlei Verhandlungsspielraum besteht (z. B. Forderungsbeitreibungen gegenüber säumigen Schuldnern), nicht in die Mediation.

---

[413] Breidenbach, Komplementäre Konfliktbehandlung, S. 11.

[414] Zu den verschiedenartigen Zielvorstellungen der Mediation siehe oben § 6 A. Vgl. auch Alexander, S. 33 ff.

[415] Vgl. Risse, S. 1619.

[416] Zu denken ist etwa an das Verfahren vor dem Schiedsmann in bürgerlich-rechtlichen Streitigkeiten, siehe oben § 5 A.

[417] Einen Überblick über die Struktur solcher Fälle geben Breidenbach, Mediation, S. 259 ff.; Alexander, S. 214 ff.

Zeitverluste treten demnach vor allem auf, wenn Konflikte mediiert werden sollen, die von vornherein nicht zur Streitbeilegungsmethode der Mediation passen. Freilich kann es auch in vermeintlich geeigneten Fällen zum Scheitern der Mediation und zum daraus resultierenden Zeitverlusten kommen. Die Mediation bietet lediglich eine Chance, aber keine Garantie auf eine erfolgreiche Streitbewältigung[418].

Auch wenn die Möglichkeit eines Fehlschlagens der Mediationsverhandlung immer in Betracht zu ziehen ist, so muß sich ein Zeitverlust für die Beteiligten nicht zwangsläufig spürbar auswirken. Zum einen nimmt das durchschnittliche Mediationsverfahren nicht allzu viel Zeit in Anspruch. Je nach Streitfall beträgt die Durchschnittsdauer einer Mediation eine Woche bis zu – in extrem schwierigen und komplexen Konflikten – mehreren Monaten[419]. Zum anderen wurde bereits auf den Gedanken der Vorbereitung einer gerichtlichen Auseinandersetzung durch die Mediation hingewiesen[420]. Unter diesem Aspekt wird die für die Mediation geopferte Zeit unter Umständen nicht als „verschwendet" angesehen.

Festzuhalten bleibt, daß das ergebnislose Mediationsverfahren grundsätzlich eine Verzögerung der gerichtlichen Auseinandersetzung mit sich bringen kann. Die fehlgeschlagene außergerichtliche Streitbeilegung ist in diesem Falle auch mit höheren Kosten für die Parteien verbunden[421].

2. Mißbrauchsgefahren

a) Ausnutzung der Offenheit des Mediationsverfahrens zur Informationsbeschaffung

Die dem Mediationsverfahren immanente Offenheit im Umgang mit Interessen und Informationen birgt nicht unerhebliche Risiken. Unlautere Parteien können die Mediation strategisch instrumentalisieren, um an verwertbare, ansonsten unzugängliche Informationen für einen geplanten Folgeprozeß zu gelangen[422]. Die Gefahr einer derartigen Ausnutzung des offenen und aufrichtigen Verhandelns

---

[418] Breidenbach, Komplementäre Konfliktbehandlung, S. 11.

[419] Vgl. die Statistiken bei Henderson, S. 141 ff.; siehe auch Goldberg/Green/Sander, S. 130 ff.

[420] Siehe oben § 6 D. I. 2.

[421] Das Honorar des Mediators und die Verfahrensgebühren kommen zu den späteren Gerichts- und Anwaltsgebühren hinzu, vgl. Wassermann, S. 1686.

[422] Eine Instrumentalisierung der Mediation ist auch zum Zwecke der Zeitgewinnung denkbar. Eine illiquide Partei mag versuchen, auf diese Weise einen Zahlungsaufschub zu erreichen. Allerdings weist *Risse* zu Recht darauf hin, daß dieses Manöver wegen der meist schnellen Verfahrensdurchführung der Mediation wenig meist einbringt, vgl. ders., S. 1620.

besteht prinzipiell in jeder Mediationsverhandlung. Trotz aller theoretischen Vorzüge des kooperativen Verhandlungskonzepts der Mediation darf die Versuchung zur Überlistung der Gegenseite mit dem Ziel der Maximierung des eigenen Verhandlungsgewinns nicht übersehen werden.

Die in vielen Mediationsverträgen enthaltenen Vertraulichkeitsabreden und Verbote der Informationsverwertung können einen wirksamen Schutz vor solchem Mißbrauch nicht hinreichend gewährleisten. Der Nachweis eines Verstoßes gegen die Verpflichtung zur Verschwiegenheit wird in der Praxis oftmals schwierig zu führen sein[423]. Letztlich muß die Mißbrauchsgefahr immer in die Überlegung mit einbezogen werden, ob ein Mediationsverfahren im Einzelfall die geeignete Konfliktregelung darstellt. Anlaß zur Erwartung, daß beide Seiten gleichermaßen redlich verhandeln, besteht jedenfalls dann, wenn die Parteien trotz ihres Konflikts an einer zukünftigen geschäftlichen oder privaten Verbindung interessiert oder sonst aufeinander angewiesen sind.

b) Ausnutzung der stärkeren Verhandlungsmacht

Ein weitere Mißbrauchsproblematik betrifft Machtungleichgewichte der Parteien in der Mediation. Deutlich unterschiedliche Verhandlungsstärken können vor dem Hintergrund der selbst auszuhandelnden Konfliktregelung zu unausgewogenen Ergebnissen führen. Zweifel an der Gerechtigkeit des Mediationsverfahrens können sich also ergeben, wenn das erzielte Verhandlungsergebnis aus der Sicht der schwächeren Seite unbillig ist, oder wenn schon im Verfahrensablauf die Dominanz des Stärkeren merklich überwiegt. Hier wirkt sich das in der Mediation fehlende Korrektiv des die schwächere Seite schützenden Gesetzes aus. Vielfach wird deshalb der fehlende Schutz des Rechts in der Mediation kritisiert. Mediation stehe für eine ungleichwertige Konfliktlösung, eben weil die schützenden Instrumentarien des materiellen Rechts und des Prozeßrechts nicht vorhanden seien[424].

Tatsache ist, daß die ausgleichenden Faktoren des Gerichtsverfahrens in der Mediation fehlen. Der Grund liegt in einem Kernelement der Mediationstheorie. Die Parteien sind als eigenverantwortliche Entscheidungsträger selbst für die von ihnen ausgehandelte Einigung verantwortlich. Die Konsequenz ist, daß die Übervorteilung einer Partei durch den verhandlungsstärkeren Kon-

---

[423] Risse, S. 1620.

[424] Vgl. Spain, S. 269, 273; Nolan-Haley, S. 47, 82 f.

fliktgegner droht, wenn der Mediator nicht ausgleichend in den Verfahrensverlauf eingreift und bei unbilligen Verhandlungsergebnissen interveniert[425].

Nun wird die Frage nicht immer zweifelsfrei zu beantworten sein, ob eine Partei eigenverantwortlich und in Wahrnehmung ihrer Selbstbestimmung gehandelt hat, wenn sie in einen für sie ungünstigen Abschluß einwilligt. Zumindest ist der Grenzbereich zwischen einem selbst zu verantwortenden schlechten Ergebnis und einer unfreiwilligen Übervorteilung fließend. In einigen Fällen könnte die schwächere Seite auf Schutz angewiesen sein, den sie vor Gericht bekommen mag, im Rahmen einer Mediation aber nicht erwarten kann. Die Mediationsverhandlung ist unter diesem Aspekt stets eine Gratwanderung zwischen notwendiger Aufklärung zum Schutz der etwa schwächeren Seite und einem unzulässigen Eingriff in das Verfahren unter Mißachtung des Neutralitätsprinzips.

Die in der Mediation stets bestehende Gefahr der Übervorteilung einer Partei sollte indes nicht überschätzt werden. So sind die Parteien frei, einen Rechtsanwalt oder sonstigen Beistand für das Mediationsverfahren hinzuzuziehen, um mittels Beratung Unbilligkeiten zu erkennen und zu vermeiden. Zudem ist keine Partei während der Mediation gezwungen, sich hinsichtlich irgendwelcher Vereinbarungen rechtlich zu binden. Jederzeit kann die Mediation von jeder Seite ohne nachteilige Konsequenzen abgebrochen werden[426]. Allerdings ist nicht zu verkennen, daß die Wirkungsweise und wohl auch der Erfolg der Mediation mit größeren Machtungleichgewichten der Konfliktparteien in Frage gestellt wird.

3. Eingeschränkter Anwendungsbereich

Die Mediation erscheint nicht für alle Konfliktarten gleichermaßen geeignet. Mit der Verhandlungsstruktur der Mediation ist also eine Eingrenzung ihres Anwendungsbereichs verbunden. Das Beispiel des säumigen Schuldners, der nach Inanspruchnahme einer Leistung nicht zahlt, wurde bereits genannt. In der Fallkonstellation der Beitreibung einer unbestrittenen Forderung gibt es schlichtweg keinen Raum für Verhandlungslösungen. Hier würde die Mediation in der Tat zu einem Zeitverlust führen. Die Mediation scheidet also wohl überall aus, wo es

[425] Ob der Mediator in das Verhandlungsgeschehen eingreifen darf oder muß, um ein zwischen den Parteien verhandeltes objektiv unausgewogenes Resultat abzuwenden, ist umstritten. Manche Autoren meinen, der Mediator habe lediglich sicherzustellen, daß beide Seiten die Tragweite und Konsequenzen ihrer Konfliktregelung verstehen. Andere plädieren für ein aktives Eingreifen des Mediators bei krassen Ungleichgewichten; vgl. Lobel, S. 47; Benjamin, S. 37.

[426] Vgl. Benjamin, S. 37 f.

bei klaren Rechtspositionen keinerlei Spielraum für Verhandlungen und Kompromisse gibt.

Ebenso gehören eilbedürftige Sachen nicht in die Mediation, sondern vor die Gerichte. Wenn die Verwirklichung eines Individualanspruchs durch bevorstehende Veränderungen des gegenwärtigen Zustands gefährdet ist, müssen rasch durchsetzbare Entscheidungen getroffen werden. In solchen Fällen helfen nur gerichtliche Eilanordnungen.

Ungeeignet ist die Mediation ferner in Präzedenzfällen. Wünscht eine Partei die Herbeiführung einer obergerichtlichen Entscheidung, um Rechtsklarheit für bestimmte Sachverhalte zu schaffen, so scheidet die Mediation als Konfliktlösungsinstrument von vornherein aus.

III. Zusammenfassung und Schlußfolgerung

Die Mediation kann als Form des kooperativen Verhandelns verstanden werden. Als Konfliktregelungsmethode vermag sie Einigungsbarrieren zu überwinden, die in Parteiverhandlungen regelmäßig auftreten. Daher ist Mediation den oft kompetitiv geführten direkten Verhandlungen der Parteien überlegen.

Gegenüber dem Gerichtsverfahren ist die Mediation die schnellere und kostengünstigere Streitbeilegungsvariante. Darüber hinaus bietet sie durch ihre aktive Einbindung der Parteien in den Verfahrensablauf die Chance auf höhere Zufriedenheit mit der Konfliktbewältigung. Das Mediationsverfahren ermöglicht einen offenen und konstruktiven Umgang der Konfliktparteien. Besonders geeignet erscheint die Mediation, wenn persönliche oder geschäftliche Bindungen der Parteien über die aktuelle Streitigkeit hinaus bewahrt werden sollen.

Nachteilig erscheint insbesondere das Risiko des Mißbrauchs der Offenheit und Vertraulichkeit des Mediationsverfahrens. Weiterhin könnte die Mediation als Mittel der Zeitverzögerung – etwa von säumigen Schuldnern – eingesetzt werden. Schließlich ist der beschränkte Einsatzbereich der Mediation zu berücksichtigen. Manche Konfliktarten kommen grundsätzlich nicht für die Mediationsmethode in Betracht.

Insgesamt läßt sich feststellen, daß die Mediation zwar kein allumfassendes Streitbeilegungsinstitut darstellt, ihre dargelegten Vorteile jedoch ihre breitere Anwendung empfehlen. Dabei kann und soll die Mediation das Gerichtsverfahren nicht ersetzen. Es wäre aber viel gewonnen, wenn sich das Mediationsverfahren als feste komplementäre Größe neben dem streitigen Verfahren in der deutschen Rechtsordnung etablieren könnte. Die Mediation stellt in diesem Sinne eine wichtige und notwendige Ergänzung der bisherigen Konfliktregelungsinstrumente dar.

E. Organisierte Mediation in Deutschland

Nachdem die Mediation in den vergangenen Jahren in Deutschland zunehmend theoretisch durchdrungen worden ist, haben sich seit etwa 1995 eine Reihe von praxisorientierten Dienstleistungen auf dem Gebiet der außergerichtlichen Streitschlichtung entwickelt. Dennoch ist die Diskrepanz zwischen dem im deutschen Schrifttum[427] dokumentierten theoretischen Grundgerüst und der praktischen Anwendung der Mediation in Deutschland beträchtlich. Hierzulande besteht, vergleicht man die Situation etwa mit den Vereinigten Staaten[428], weniger ein theoretischer als ein praktischer Nachholbedarf bei Mediation[429].

Im folgenden Abschnitt sind die in Deutschland bereits entwickelten institutionalisierten Ansätze der Mediation aufzuzeigen[430]. Zunächst wird beispielhaft auf einzelne privatwirtschaftlich organisierte Mediationsinitiativen in Deutschland eingegangen (I.). Sodann sind einige der hiesigen Ausbildungsangebote für Mediation zu beleuchten (II.).

I. Mediationsprojekte des privaten Sektors

Die Anzahl der auf privatwirtschaftlicher Basis organisierten Mediationsinitiativen ist in der jüngeren Vergangenheit beständig gestiegen[431]. Mittlerweile sind auf den verschiedensten Gebieten Mediationspraxen, -institute und –programme entstanden, die sich mit der informellen Streitbeilegungsmethode befassen. Mediation erobert sich also mehr und mehr die Praxis, wenn auch ihr Umfang je nach Konfliktgebiet stark variiert[432].

---

[427] Vgl. hierzu die im Literaturverzeichnis aufgeführten Werke, insbesondere Breidenbach, Mediation, 1995; Duve, Mediation und Vergleich im Prozeß, 1999. Die zunehmende wissenschaftliche Aufmerksamkeit zeigt sich auch in der Veröffentlichung der ersten Zeitschrift zum Thema Mediation („Konsens") in Deutschland im Jahre 1998.

[428] Siehe unten §§ 7 und 8.

[429] Schneider, S. 172.

[430] Ausführlich zur Entwicklung der Mediation in Deutschland Proksch, S. 7 ff.

[431] Einen Überblick über ihre Entstehung gibt Alexander, S. 125 ff.

[432] Alexander, S. 126.

Von den Gebieten, auf denen die Mediation als Konfliktregelungsverfahren Anwendung findet, seien die folgenden hervorgehoben: Im Bereich des Familien- und Scheidungsrechts ist die weitestgehende Organisierung und Institutionalisierung von Mediation in Deutschland festzustellen[433]. Sie betrifft im familiären Bereich die Regelung von Konflikten in ehelichen, nichtehelichen und nachehelichen Beziehungen. Ein besonders wichtiges Gebiet ist hierbei die Trennungs- und Scheidungsmediation. Sie befaßt sich hauptsächlich mit den Trennungs- und Scheidungsfolgen, insbesondere mit der Neuordnung der elterlichen Verantwortung, der Finanzierung der Einzelhaushalte, der Vermögensauseinandersetzung, der Alterssicherung, der Hausratsteilung und Klärung der Wohnsituation.

Schon 1989 entwickelten sich erste örtliche Arbeitskreise von Juristen und Angehörigen psycho-sozialer Berufe, die sich mit der Mediationsmethode nach US-amerikanischem Vorbild beschäftigten. Im Jahre 1992 fand ein Zusammenschluß der regional tätigen Arbeitskreise zur Bundesarbeitsgemeinschaft für Familien-Mediation (BAFM) statt. Die überörtliche Vernetzung mündete in Richtlinien und Satzungen der interdisziplinären Organisation[434].

Schwerpunkt der Tätigkeit der BAFM ist die Vermittlung von Mediatoren im familiären Konfliktfall, wobei die empfohlenen Mediatoren die Ausbildungskriterien nach den BAFM-Richtlinien erfüllen müssen. Neben der Beachtung und Pflege der Qualifikation von Mediation organisiert die BAFM Fachveranstaltungen und Kongresse und bietet so ihren Mitgliedern ein Forum zum Erfahrungsaustausch und zur gegenseitigen Unterstützung. Nach außen erarbeitet und vertritt die BAFM fachliche Interessen gegenüber öffentlichen Körperschaften. Die Zusammenarbeit mit überregionalen Organen und Institutionen und die Pflege von fachlich-wissenschaftlichen Kontakten auf internationaler Ebene sind weitere Ziele der Einrichtung[435].

Auch auf dem Gebiet des Wirtschaftsrechts sind in den vergangenen Jahren Mediationsverbände gegründet worden. Seit Anfang 1998 gibt es die Gesellschaft für Wirtschaftsmediation und Konfliktmanagement e.V. (GWMK) in München.

---

[433] Vgl. zur Familienmediation insbesondere Duss- von Werdt/Mähler/Mähler, Mediation: Die andere Scheidung, 1995; Breidenbach, Mediation, S. 259 ff.

[434] Im einzelnen wurden die Richtlinien für Mediation in Familienkonflikten, die Satzung und die Ausbildungsordnung der BAFM verabschiedet, diese sind jeweils auf der Internet-Homepage der BAFM (http://www.bafm-mediation.de) abrufbar.

[435] Internet-Homepage der BAFM, siehe vorhergehende Fußnote.

Die Gesellschaft wurde von 17 Rechtsanwälten aus großen deutschen Anwaltskanzleien und Vertretern aus der Wirtschaft gegründet. Bereits 1996 hat sich der Bundesverband Mediation in Wirtschaft und Arbeitswelt (BMWA) in Kassel etabliert. Der Verband ist ein Zusammenschluß von in der Wirtschaft tätigen Mediatoren. Seine Mitglieder stammen vorwiegend aus juristischen, wirtschaftswissenschaftlichen, sozialwissenschaftlichen und psychologischen Berufen[436].

Die Ziele beider Zusammenschlüsse sind vor allem die Förderung der außergerichtlichen Streitschlichtung im Wirtschaftsleben mit dem Schwerpunkt Mediation. Hierzu zählt die Ausbildung, Schulung und Qualifizierung von Mediatoren und die Bereitstellung von Informationsmaterial über das Mediationsverfahren[437]. Daneben gehört zu den Aufgaben der Interessenverbände die Ausrichtung von Kongressen, die alternative Konfliktregelungen zum Inhalt haben, die Definition von Mediationsordnungen sowie der Aufbau von Datenbanken mit Leistungsprofilen einzelner Mediatoren zum Zwecke der Vermittlung im Konfliktfall. Durch Seminare und die Bereitstellung von Mustervertragsklauseln wird Unternehmen, die Mediation als Instrument künftig stärker nutzen wollen, praktische Hilfe geboten[438].

Da insbesondere im Bereich der Wirtschaftsmediation die Vertraulichkeit einen hohen Stellenwert hat, existieren kaum Informationen über die Erfolgsquote der alternativen Konfliktregelungsverfahren. Die GWMK plant jedoch im Einverständnis mit den betreffenden Unternehmen die Veröffentlichung von anonymisierten Fallbeispielen auf ihrer Internet-Homepage[439].

Weitere alternative Streitbeilegungskonzepte befassen sich mit der Mediation bei Konflikten im Umweltbereich[440]. Mediation wird für die Standortsuche von umweltpolitisch umstrittenen Großprojekten angewandt, z. B. bei Giftmülldeponien und bei Müllverbrennungsanlagen[441]. In jüngerer Zeit ist die „Mediation" im Zusammenhang mit der geplanten Erweiterung des Frankfurter Flughafens in

---

[436] Alexander, S. 131.

[437] Prospekt der GWMK anläßlich eines am 30.10.1998 veranstalteten Kongresses über Wirtschaftsmediation und Konfliktmanagement; Anzeige des BMWA in: Konsens 1, 1. Jahrgang 1998, S. 75; vgl. auch Alexander, S. 131 f.

[438] Prospekt der GWMK, siehe vorhergehende Fußnote.

[439] Vgl. die Information auf der Internet-Homepage der GWMK (http://www.gwmk.org).

[440] So die Mediator GmbH aus Oldenburg oder der Förderverein Umweltmediation e.V. mit Sitz in Bonn.

[441] Alexander, S. 132.

der Öffentlichkeit bekannt geworden. Ob allerdings in dem „Runden Tisch" unter Einbeziehung der umliegenden Gemeinden und einzelner Umweltverbände eine ergebnisoffene Mediation nach den bereits ausgeführten Verfahrensgrundsätzen gesehen werden kann, muß bezweifelt werden[442].

Während die oben genannten Verbände und Einrichtungen die Mediation als pragmatische Konfliktbewältigungsmethode propagieren, gibt es auch Mediationsprojekte in Deutschland, die Mediation auf einer esoterisch-mystischen Grundlage begreifen[443]. Vielleicht erklärt sich aus solchen Mediationsangeboten die vielfach anzutreffende Skepsis gegenüber der neuen Konfliktlösungsform.

II. Ausbildungsinstitute

Neben den erwähnten Interessenverbänden und Vereinen, die zwar zum Teil auch Ausbildung für Mediatoren anbieten, ihren Tätigkeitsschwerpunkt überwiegend aber im Bereich der Öffentlichkeitsarbeit und der Zusammenführung von Mediatoren und Konfliktparteien sehen, gibt es Einrichtungen, die sich auf die Ausbildung und Qualifizierung von Mediatoren spezialisiert haben[444]. In den Sitzungen dieser Ausbildungsinstitute werden die Teilnehmer nicht nur mit den theoretischen Grundlagen der Mediation vertraut gemacht. Hinzu kommen regelmäßig praktische Übungen, z. B. phasenspezifische Interventionstechniken, Umgang mit Eskalation und Rollenspiele[445].

Problematisch ist, daß die Institute jeweils nach ihren eigenen Ausbildungsrichtlinien lehren. Uneinheitliche Standards in der Ausbildung bringen Risiken mit sich. Insbesondere kann das Fehlen gleichartiger Kriterien in der Ausbildung zu unterschiedlichen Qualitätsstufen des Mediationsangebots führen, ohne daß der Bürger hinreichende Unterscheidungsmerkmale zur Hand hat. Andererseits ließe sich einwenden, daß das Mediationsfeld noch zu jung und immer noch ge-

---

[442] Kritisch zur „Flughafenmediation" Duve, der die mangelnde Einbeziehung der umliegenden Gemeinden in das Verfahren und das Selbstverständnis der „Mediatoren" rügt, vgl. ders., FAZ vom 07.05.2000, S. 4.

[443] Beispiel hierfür ist der „Lebensgarten Steyerberg" in der Nähe von Minden. Neben der als „klientenzentrierte Mediation" bezeichneten Konfliktlösung werden in dieser Einrichtung Seminare und Veranstaltungen mit überwiegend esoterisch-mystischen Inhalten angeboten, vgl. den Veranstaltungskalender auf der Internet-Homepage des „Lebensgarten Steyerberg" (http://www.lebensgarten-steyerberg.de).

[444] Hierzu zählen etwa das Institut für Konfliktberatung und Mediation in Frankfurt und das in Berlin angesiedelte Institut für Streitkultur.

[445] Prospekt des Instituts für Streitkultur, September 2000 bis Juni 2001.

wissermaßen „im Fluß" sei, so daß eine derzeitige Festlegung von einheitlichen Ausbildungsstandards wenig sinnvoll erscheine[446].

Mittlerweile macht sich eine Tendenz zur Vereinheitlichung der Ausbildungskriterien zum Mediator in Deutschland bemerkbar. Zumindest im Bereich der Familienmediation werden heute überwiegend die Richtlinien der BAFM herangezogen. In der deutschen Fachzeitschrift zum Thema Mediation ist vor einiger Zeit ein Curriculum einer Mediationsausbildung erschienen[447].

III. Zusammenfassung

Der Überblick hat gezeigt, daß die organisierte Mediation in Teilgebieten, insbesondere im Familien- und Wirtschaftsrecht und im Umweltbereich, mittlerweile in Deutschland Fuß gefaßt hat. Eine Reihe von Verbänden und Vereinen werben für außergerichtliche Konfliktlösungen und vermitteln Mediatoren in Streitfällen. Auch auf dem Ausbildungssektor haben sich Verbände und Vereine gebildet, welche die Mediationsmethode weitergeben.

F. Ausblick

Insgesamt kann festgestellt werden, daß die Mediation in vielen Streitfällen auf den verschiedensten Gebieten ein sinnvolles Konfliktregelungsinstitut sein kann. Schon heute wird die Mediation zunehmend in der Praxis als effektive Streitbeilegungsmethode eingesetzt. Freilich wird der Mediation ein dauerhafter Erfolg nur beschieden sein, wenn die Vorteile des Mediationsverfahrens noch nachhaltiger als bisher in das Bewußtsein der Rechtsöffentlichkeit dringen. Nur dann kann das Ziel der gesellschaftlichen Akzeptanz der „Alternative Mediation" erreicht werden.

Der in der Mediation zum Ausdruck kommende Grundgedanke der konsensualen Streitregelung ist jüngst in die deutsche Rechtsordnung transportiert worden. Die im Jahre 1999 in Kraft getretene Insolvenzordnung ermöglicht es dem Schuldner und dem Gläubiger, ein alternatives Verfahren zum Zwecke der Schuldenbereinigung zu wählen (vgl. § 305 InsO). Noch weitgehendere Folgen sind mit der Schaffung des § 15 a EGZPO verbunden; die Norm eröffnet den Bundesländern die Möglichkeit der Einrichtung eines obligatorischen Güteverfahrens

---

[446] Diese Diskussion ist in den USA geführt worden. Das Ergebnis war die Verabschiedung von zahlreichen einzelstaatlichen Gesetzen, die bestimmte Mindeststandards in der Ausbildung von Mediatoren vorsehen, vgl. dazu Barrett, S. 617 f.; Waldman, S. 723; Devine, S. 187.
[447] Vgl. Konsens 2. Jahrgang Nr. 4, 1999, S. 29 f.

fahrens als Zulässigkeitsvoraussetzung. Insbesondere das letztere Beispiel zeigt, daß der Bundesgesetzgeber die Chancen der Mediation und anderen außergerichtlichen Streitbeilegungsmechanismen erkannt hat. Die konkrete Ausgestaltung der Regelung gibt jedoch Anlaß für Kritik[448].

Ob sich in Deutschland eine echte alternative Streitkultur dauerhaft etablieren kann, ist zur Zeit nicht absehbar. Insbesondere bleiben zunächst die Erfahrungen mit der Öffnungsklausel des § 15a EGZPO abzuwarten. Ein funktionierendes Beispiel einer variablen und mit vielfältigen alternativen Konfliktbeilegungsmöglichkeiten angereicherten Rechtsordnung wird im nächsten Teil der Arbeit beschrieben. Während die Mediation bei uns noch am Anfang noch am Anfang ihrer Entwicklung steht, ist Alternative Dispute Resolution seit vielen Jahren fester Bestandteil der US-amerikanischen Rechtsordnung. Möglicherweise können die Erfahrungen, die in den Vereinigten Staaten von Amerika mit Mediation und anderen informellen Streitbewältigungsverfahren gesammelt worden sind, die Diskussion hierzulande beleben und bereichern. Welche Vorteile sind für die Konfliktparteien mit der Verankerung von Mediation und weiteren Formen außergerichtlicher Streitregelung im US-Rechtssystem verbunden? Kann eine Übertragung der US-amerikanischen Erfahrungen zu einer Entlastung der deutschen Justiz beitragen? Was muß konkret unternommen werden, um insbesondere die Mediation in Deutschland weiter zu fördern und zu verbreiten? Diese Fragen sollen die nachfolgende Betrachtung der außergerichtlichen Konfliktbearbeitung in den USA begleiten.

---

[448] Zur Problematik des § 15 a EGZPO im einzelnen siehe unten § 10 E. und F.

3. Kapitel:

Außergerichtliche Streitbeilegung in den Vereinigten Staaten von Amerika

„We should provide mechanisms that can produce an acceptable result in the shortest possible time, with the least possible expense and with a minimum of stress on the participants. That is what justice is all about."
(Warren E. Burger)

Die US-amerikanische Rechtspraxis hat sich im Zuge der Ausbreitung alternativer Streitbeilegungssysteme nachhaltig verändert. Das traditionelle Zivilgerichtsverfahren gilt längst nicht mehr als einzige Möglichkeit der Streitbewältigung. Andere Formen der Konfliktlösung, die unter dem Kürzel „ADR" (Alternative Dispute Resolution[449]) in der Fachwelt bekannt geworden sind, breiten sich zunehmend aus und konkurrieren mit der herkömmlichen gerichtlichen Streitentscheidung. Die Konfliktparteien können aus einem reichhaltigen Angebot außergerichtlicher Möglichkeiten der Streitbeilegung wählen[450].

Das Aufblühen der US-amerikanischen ADR-Methoden ist in Deutschland derweil aufmerksam registriert worden. Obwohl sich der anglo-amerikanische Rechtskreis bekanntermaßen in vielerlei Hinsicht von den kontinentaleuropäischen Rechtssystemen unterscheidet[451], ist der Einfluß der US-amerikanischen Entwicklungen auf Europa im Bereich der informellen Streitbehandlung unübersehbar. Die Adaption von US-amerikanischen Vorbildern wie etwa der Mediation[452] ist in den letzten Jahren in Deutschland populär geworden. Dies ist insofern bemerkenswert, als auch europäische Länder auf eine langjährige Tradition vorgerichtlicher Streitbeilegung zurückblicken können. So gibt es in den Niederlanden seit geraumer Zeit ein umfangreiches Netz außergerichtlicher Konfliktlösungsinstanzen[453]. Hiervon gingen bislang jedoch nur wenig Impulse für die deutsche Rechtslandschaft aus. Worauf der mangelnde Modellcha-

---

[449] Bisweilen wird betont, daß „Appropriate Dispute Resolution" die sachgemäßere Erklärung des Kürzels sei. Andere bieten besonders farbige Erläuterungen der Sammelbezeichnung, so etwa Duve: „Avoid Disastrous Results", ders., BB 1998, S. 9.
[450] Vgl. Sander/Goldberg, S. 49 ff.
[451] Hierzu Zweigert/Kötz, S. 177 ff.
[452] Siehe oben § 6.
[453] Zur niederländischen Streitbeilegungskultur vgl. Blankenburg, Außergerichtliche Konfliktregelung in den Niederlanden, S. 70 ff.

rakter der niederländischen Praxis zurückzuführen ist, bleibt ungeklärt[454]. Trotz vergleichbarer wirtschaftlicher und sozialer Ausgangsbedingungen und trotz der Verwandtschaft der Rechtskulturen ist der Aufschwung von vorprozessualen Konfliktbereinigungsmechanismen in Deutschland nicht auf das Nachbarland zurückzuführen. Statt dessen wird der Blick in der deutschen Literatur überwiegend auf die Vereinigten Staaten gerichtet, wenn Alternativen zum Gerichtsverfahren diskutiert werden[455].

Grund hierfür mag die außerordentliche Vielfalt von ADR in den USA sein, die eingehende Analysen der Struktur, Risiken und Chancen alternativer Streitbearbeitung ermöglicht. In allen US-Bundesstaaten werden heute in irgend einer Form alternative Methoden der Streitbeilegung praktiziert[456]. Da die Gesetzgebungskompetenz im Zivilrecht und Zivilprozeßrecht bei den US-amerikanischen Einzelstaaten liegt, haben sich in den einzelnen Bundesstaaten zahlreiche Varianten von außergerichtlichen ADR-Verfahren etabliert[457]. Der Bogen alternativer Streitbeilegungsmöglichkeiten läßt sich spannen von gesetzlich geregelten oder durch Gerichtsbeschluß angeordneten obligatorischen Vorverfahren („court-annexed ADR") bis hin zu außerhalb der Justiz angesiedelten freiwilligen Konfliktlösungsmechanismen. Letztere werden von öffentlichen non-profit Organisationen und von Privatfirmen angeboten. Es ist also gerade diese Fülle und der darin sich widerspiegelnde Ideenreichtum, der einen Vergleich mit den USA im Bereich der außergerichtlichen Streitbeilegung lohnend macht. Da alternative Konfliktbearbeitung im allgemeinen und die Mediation im besonderen mit den Vereinigten Staaten in Verbindung gebracht werden, sollen die US-amerikanischen Erfahrungen mit ADR im folgenden näher untersucht werden.

Ein kurzer Abriß soll zunächst die Geschichte und Entwicklung der ADR-Bewegung in den Vereinigten Staaten nachzeichnen. In diesem Zusammenhang sind die wichtigsten Ursachen der Popularität von ADR zu benennen. Selbstverständlich muß die Attraktivität von ADR in den Vereinigten Staaten vor dem Hintergrund der spezifischen US-amerikanischen Rahmenbedingungen gesehen

---

[454] Die Analyse der fehlenden Vorbildfunktion muß hier offenbleiben, sie ist nicht Gegenstand dieser Untersuchung.

[455] Vgl. z. B. Breidenbach, Mediation, S. 114 ff., 270 ff.; Duve, Mediation, S. 1 ff.; Gottwald, Streitbeilegung ohne Urteil, S. 89 ff.; Hoyningen-Huene, S. 352; Krapp, ZRP 1994, S. 115.

[456] Eine nach den Bundesstaaten geordnete Zusammenstellung der heutigen US-amerikanischen ADR-Praxis findet sich bei Chantilis, S. 1031 ff.; vgl. auch Folberg/Rosenberg,/Barrett, S. 343; Bullock/Gallagher, S. 885 ff.

[457] Einzelne ADR-Verfahren werden unten näher beschrieben, siehe § 8 C.

werden. Besonderheiten des anglo-amerikanischen Prozeßrechts tragen maßgeblich zum Aufstieg von ADR bei. Die wesentlichen Gründe, die zur gegenwärtigen Blüte außergerichtlicher Konfliktbearbeitung beitragen, sollen ebenfalls in diesem ersten Unterabschnitt analysiert werden (§ 7).

Die vielfältigen Verflechtungen von ADR im amerikanischen Rechtssystem können im Rahmen dieser Arbeit nicht vollständig sichtbar gemacht werden. Daher wird die Implementation außergerichtlicher Mechanismen in einem zweiten Unterabschnitt exemplarisch dargestellt (§ 8). Ein kurzer Überblick über die verschiedenen Anbieter alternativer Konfliktlösung und die angewandten ADR-Verfahren beschließt diesen Teil der Arbeit, welcher die praktische Anwendung von ADR in der Rechtsordnung der Vereinigten Staaten beleuchten soll.

Abschließend wird die Frage zu beantworten sein, inwieweit sich die Erfahrungen aus den Vereinigten Staaten auf die deutschen Verhältnisse übertragen lassen (§ 9).

§ 7 Die Entwicklung der Alternative Dispute Resolution in den USA

ADR gehört heute untrennbar zur US-amerikanischen Rechtskultur. Wie sich die informelle Konfliktlösung im Rechtssystem der Vereinigten Staaten ausgebreitet hat, soll in den nachfolgenden Ausführungen dargestellt werden. Der erste Abschnitt beschäftigt sich mit dem Einsatz von einvernehmlicher Streitbereinigung im Zeitraum von der Besiedlung des nordamerikanischen Kontinents bis zur jüngeren Vergangenheit (A.).

Die erste Blüte von ADR wird mit der Entstehung der Community & Neighborhood Justice Centers in den amerikanischen Großstädten um 1965 in Verbindung gebracht. Als Meilenstein in der Geschichte von ADR gilt die Pound Conference im Jahre 1976, die als Auslöser für den heutigen

Boom außergerichtlicher Streitbeilegung in den USA angesehen werden muß. Diese Ereignisse und die weitere Entwicklung und Verbreitung informeller Alternativen werden in einem zweiten Abschnitt beschrieben (B.).

A. Die Anfänge informeller Konfliktbereinigung

Beschäftigt man sich mit der Geschichte der informellen Konfliktbearbeitung in den Vereinigten Staaten, so sind die ersten Anfänge alternativer Streitlösung bereits im 18. Jahrhundert auszumachen. So regelte etwa eine Klausel in der Police eines nordamerikanischen Versicherers im Jahre 1792:

„Loss on this policy: it shall be referred to two different Persons; one to be chosen by the Assured, the other by the Assurer, who shall have full power to adjust the same; but in case they cannot agree, then such two Persons shall choose a third; and any two of them agreeing, shall be obligatory to both parties.“[458]

Auch von den amerikanischen Siedlern sind regelmäßige Versuche zur einvernehmlichen Streitbeilegung im Falle von Auseinandersetzungen bekannt. Schlichtung und Vermittlung dienten als Instrumente, um die innere Einheit der sich bildenden Gesellschaft zu wahren[459]. Daneben waren die Siedler im eigenen Interesse darauf angewiesen, interne Streitigkeiten möglichst rasch und einmütig beizulegen, konnten sie doch nur gemeinsam im Unabhängigkeitskampf gegen England bestehen[460]. Außerdem entwickelten viele der Siedler eine negative Einstellung zum staatlichen Justizwesen, so daß sie ihre Konflikte lieber unter ihresgleichen regelten und informelle Konfliktlösungsmethoden erprobten[461].

Gegen Ende des 18. Jahrhunderts nahm der Gebrauch von informeller Streitbeilegung in den Vereinigten Staaten ab. Eine Reihe von Gründen kann hierfür verantwortlich gemacht werden[462]: Die Bevölkerung wuchs stetig an, und mit Wachstum und steigender Mobilität ließen Zusammengehörigkeitsgefühl und Gemeinsinn allmählich nach, die noch in der Anfangszeit der Kolonialisierung prägend waren und als Grundlage einvernehmlicher Konfliktlösung dienten. Die Entwicklung von Handel, Wirtschaft und Industrie steigerte die Anzahl der Konflikte und deren Komplexität. Kooperative Konfliktlösungen gerieten in den Hintergrund, mehr und mehr wurde die staatliche Justiz zur Streitentscheidung bemüht. Gerichtsverfahren boten den gewünschten Rahmen für Ordnung und Autorität bei der Bewältigung von Disputen[463].

---

[458] Zitiert nach: Calkins, S. 277.

[459] Vgl. Bullock/Gallagher, S. 890 m. w. N.

[460] Näher hierzu Donegan, S. 14 ff.

[461] Donegan, a. a. O.

[462] Vgl. Kovach, S. 19 ff.

[463] Vgl. Kovach, a. a. O.

Gleichwohl gab es in den USA trotz der zunehmenden Popularität von Gerichtsprozessen immer auch Raum für außergerichtliche Streitbeilegung.

So ist informelle Konfliktregelung etwa in einzelnen Bevölkerungskreisen, in denen Gemeinsinn und Zusammengehörigkeitsgefühl traditionell stark ausgeprägt sind, bis heute weit verbreitet. Im Zuge der Besiedlungen der Vereinigten Staaten waren es insbesondere die Immigranten aus Asien, die bei Streitigkeiten in ihren communities konsensuale Lösungen bevorzugten[464]. Die einvernehmliche Streitbeilegung ist Teil des Selbstverständnisses der Amerikaner asiatischer Abstammung. Im Falle eines Konfliktes versuchen die Beteiligten zunächst selbst, den Streit durch direkte Kommunikation zu entschärfen und beizulegen. Erst wenn dies nicht weiterhilft, wird ein Dritter zur Schlichtung eingeschaltet. Auch in den Religions- und Glaubensgemeinschaften der USA hat Schlichtung seit jeher Tradition[465]. Religiösen Charakter hat die Bewahrung des inneren Friedens der Gemeinschaft schließlich in der Kultur der Ureinwohner Amerikas, der Native Americans[466]. Bei ihnen spielt konsensuales, oft ritualisiertes Konfliktverhalten eine wichtige Rolle zur Befriedung der am Streit Beteiligten[467].

Betrachtet man die jüngere Vergangenheit der Vereinigten Staaten, so zeigen sich auch hier Tendenzen zur alternativen Streitbeilegung. Oft wurde außergerichtliche Konfliktlösung in einzelnen Rechtsbereichen gezielt als Befriedungsinstrument eingesetzt. Als Beispiel mag das kollektive Arbeitsrecht dienen. Im Laufe des 20. Jahrhunderts gewann die Schlichtung besonders auf diesem Gebiet in den Vereinigten Staaten an Bedeutung[468]. Mit der Industrialisierung Amerikas wurde die rasche Beilegung von arbeitsrechtlichen Konflikten unumgänglich. Im Falle langwieriger Auseinandersetzungen zwischen Arbeitgebern und Arbeitnehmern drohten Streiks oder gar die vorübergehende Schließung ganzer Betriebe. Mit der Bildung der ersten Gewerkschaften nahmen die Konflikte zwi-

---

[464] Vgl. Bullock/Gallagher, S. 891. In den asiatischen Ländern ist es bis heute streng verpönt, einen Streitfall vor die Gerichte zu tragen, dies gilt als allerletzter Ausweg. Häufig wird die Verbreitung von Mediation im asiatischen Raum mit den Lehren des Konfuzius in Verbindung gebracht, vgl. hierzu Riskin, Mediation and Lawyers, S. 29 f.

[465] Vgl. Bullock/Gallagher, S. 890 f., die beispielhaft auf die Schlichtungspraktiken der in den USA regional verankerten Glaubensgemeinde der Quäker verweisen. Vgl. auch Duve, BB 1998, S. 9 f.

[466] Vgl. Kovach, S. 19.

[467] Vgl. Kovach, S. 19 ff. m. w. N.; Bullock/Gallagher, S. 890. Vgl. beispielhaft zur Streitkultur sog. „primitiver" Völker die Studien von Koch, War and Peace in Jalémó, The management of Conflict in Highland New Guinea, 1974.

[468] Nachfolgende Darstellung basiert auf Kovach, S. 20 ff.

schen den Parteien weiter zu. Der Kongreß der Vereinigten Staaten reagierte 1913 mit der Bildung des Department of Labor und beschloß, daß der einzusetzende Arbeitsminister als Mediator zwischen den Parteien vermitteln und die Konflikte schlichten sollte. Auseinandersetzungen wurden unter Mitwirkung des Arbeitsministers nunmehr schneller und effektiver beendet.

Im Jahre 1947 wurde der Federal Mediation and Conciliation Service (FMCS) gegründet. Das Aufgabengebiet dieser unabhängigen bundesstaatlichen Einrichtung umfaßt die Vermittlung bei Konflikten in Industriezweigen mit grenzüberschreitendem Handel. Daneben werden Streitigkeiten in privaten gemeinnützigen Gesundheitseinrichtungen und innerhalb bundesstaatlicher Behörden geschlichtet. Auch heute wird der FMCS im Falle von Auseinandersetzungen vorrangig im Bereich des Arbeitsrechts als vermittelnde und schlichtende Instanz mit beträchtlichem Erfolg aktiv[469].

Wie die Beispiele zeigen, hatte außergerichtliche Konfliktbereinigung während der Entwicklungsgeschichte der Vereinigten Staaten schon immer einen Platz in der amerikanischen Streitkultur.

Freilich waren in den vergangenen Jahrzehnten nicht außergerichtliche Streitbeilegungsstellen, sondern die Gerichte primäre Konfliktregelungsinstanzen der amerikanischen Bevölkerung. Tatsächlich ist ein erheblicher Anstieg der Verfahren vor den Zivilgerichten seit den 60er Jahren zu verzeichnen.
Die vorrangige Inanspruchnahme der Justiz wird oft mit der vermeintlich typisch amerikanischen Streitlust in Verbindung gebracht[470]. Trotz der bis in die Gründungszeit der Vereinigten Staaten zurück reichenden Geschichte konsensualer Streitbeilegung gelten die Amerikaner als ein besonders prozeßfreudiges Volk[471]. So wird die Einschaltung der Gerichte durch den in weiten Teilen der amerikanischen Öffentlichkeit verbreiteten Glauben geschürt, daß irgend jemand für erlittene Unbill einzustehen habe, und sei die Verletzung noch so gering[472]. Auch die gelegentlichen spektakulären Zivilprozesse, in denen Schadensersatzsummen in Millionenhöhe zugesprochen werden, tragen zum Eindruck der Pro-

---

[469] Vgl. Kovach, a. a. O.
[470] McLaughlin, S. 117 ff.
[471] Vgl. Gilman, Mediation, S. 20, 24, unter Hinweis auf die amerikanische „litigious society“. Siehe auch Moyer, S. 13, der von einer „contentious society“ in den USA spricht.
[472] Siehe McLaughlin, S. 117 f.

zeßfreudigkeit bei[473]. Insbesondere das System des Strafschadensersatzes (punitive damages) verleitet zum Versuch der finanziellen Sanierung über den Zivilprozeß. Die Anzahl der anhängigen Gerichtsverfahren und die aufgewandten Kosten unterstützen die Vermutung einer streitsüchtigen Gesellschaft[474]. Insofern erscheint der Aufschwung der Alternativen zum Gerichtsprozeß in den vergangenen dreißig Jahren als Gegenströmung zur anwachsenden Prozeßwelle in den USA[475].

B. Aufstieg und Blütezeit der ADR – Bewegung

Die Gerichte waren zwar in der Vergangenheit, wie beschrieben, primäre Anlaufstelle bei Konflikten der Bürger und drängten so Gemeinden und Kirchen als Streitbeilegungsinstanzen in den Hintergrund. Doch die Unzufriedenheit mit dem Justizsystem nahm im Laufe der Jahre immer weiter zu. Vor allem die steigenden Kosten und die zunehmende Länge der Gerichtsverfahren sorgte für Verdrossenheit unter den Rechtssuchenden[476]. Insoweit häuften sich in den USA die gleichen Beschwerden, die heute allenthalben auch in Deutschland erhoben werden[477]. Es war diese Frustration, die als Katalysator für das in den sechziger Jahren aufkeimende verstärkte Interesse an Alternativen wirkte. Von dieser Warte aus kann die Entstehung der gegenwärtigen ADR- Bewegung als eine Reaktion auf die sich ständig verschlechternden Bedingungen in der Justiz gesehen werden[478]. Entsprechend pragmatisch sind aus dieser Sicht die Motive der Verfechter der ADR einzuordnen. Außergerichtliche Streitbeilegung dient hiernach primär dazu, den Konfliktparteien eine schnellere und kostengünstigere Alter-

---

[473] Ein Beispiel ist der Fall Liebeck vs. McDonalds Restaurants. Kern des Rechtsstreits war die Frage, mit welcher Temperatur eine Schnellimbißkette ihren Kaffee servieren darf. Die Klägerin verbrühte sich an dem Getränk und wurde später mit 2,86 Mio. US $ kompensiert. Das Gericht befand, daß „McDonald's coffee was defective because it was served at temperatures above industry-wide norms." Siehe Sherowski, S. 521 ff.

[474] So hat sich die Zahl der Zivilklagen in den USA zwischen 1964 und 1984 verdreifacht: Gegenüber 55,1 Verfahren pro 100.000 Einwohner waren es zwanzig Jahre später 150,6 pro 100.000 Einwohner, vgl. McLaughlin, S. 117 m. w. N. Die jährlich aufgewandten gerichtlichen und außergerichtlichen Kosten in US-Zivilsachen liegen nach Schätzungen zwischen 80 und 130 Milliarden US-Dollar, vgl. hierzu Bullock/Gallagher, S. 893 m. w. N.

[475] Vgl. Kovach, S. 21 ff.

[476] Insbesondere das aufwendige pretrial discovery-Verfahren treibt als prozeßrechtliche anglo-amerikanische Besonderheit die Kosten noch vor Beginn des eigentlichen Rechtsstreits in die Höhe, vgl. hierzu näher Schaaff, S. 89 f.

[477] Siehe oben § 2 A.

[478] Vgl. Kovach, S. 20 f.

native zum Gerichtsprozeß zu bieten. Zugleich wird die überforderte Justiz entlastet.

Die Befürworter der außergerichtlichen Konfliktregelung kamen zum Teil aus der Bürgerrechtsbewegung der späten 60er und frühen 70er Jahre. Hauptgrund für die Entwicklung von Alternativen war für diesen Teil der Anhängerschaft die Schaffung informeller Strukturen, um den Zugang der Bürger zur Konfliktbeilegung zu erweitern[479]. Der Einzelne sollte in die Lage versetzt werden, Konflikte außerhalb des staatlich-autoritären Justizsystems beizulegen[480]. Daneben wurde das Ziel verfolgt, für alle am Konflikt Beteiligten verträglichere Formen der Streitbeilegung zu entwickeln, die sie nicht in gleicher Weise wie ein Gerichtsverfahren belasten.

Die Zusammensetzung der Anhängerschaft der aufkommenden ADR-Bewegung war bunt gemischt. Neben den Bürgerrechtlern, die vorrangig gesellschaftspolitische Ziele verfolgten, gehörten zahlreiche renommierte Rechtswissenschaftler und Gelehrte, Rechtsanwälte und Richter sowie Politiker zu den Verfechtern von ADR. Der Drang, das bestehende Justizwesen zu reformieren, wuchs stetig. So war es nur eine Frage der Zeit, bis die ersten alternativen Pilotprogramme gestartet wurden.

I. Die Gründung der Community Justice Center

Am Anfang der sich entwickelnden Reformbemühungen stand der Aufbau von Einrichtungen auf kommunaler Ebene, der sog. Community Justice Center. An der Entstehung dieser Stellen hatten die Bürgerrechtler innerhalb der ADR-Bewegung maßgeblichen Anteil[481]. Aufgabe dieser Ende der Sechziger Jahre neu geschaffenen informellen Konfliktregelungszentren war der Abbau von Spannungen in den sozialen Brennpunkten der größeren amerikanischen Städte. Die Tätigkeit der Mitarbeiter war zunächst auf die Bewältigung strafrechtlicher Vorgänge ausgerichtet. Später waren die Einrichtungen auch für die Schlichtung kleinerer zivilrechtlicher Streitigkeiten verantwortlich. Die Fälle erhielten die Community Justice Center von den lokalen Gerichten zugewiesen[482].

---

[479] Hierzu Breidenbach, Mediation, S. 122 f.; Goldberg/Green/Sander, Dispute Resolution, 1985.

[480] Duve, BB 1998, S. 9 f.

[481] Siehe Duve, BB 1998, S. 10.

[482] Vgl. Kovach, S. 21.

Träger der kommunalen Streitbeilegungsstellen waren Städte und Gemeinden. Aber auch private Organisationen wie die American Arbitration Association, eine der ältesten amerikanischen Dienstleistungsgesellschaften auf dem Gebiet des Schieds- und Schlichtungswesens, beteiligten sich am Aufbau und an der Finanzierung der Konfliktregelungsstellen.

Da die Community Justice Center völlig unabhängig voneinander arbeiteten und ihre Dienste regional begrenzt anboten, hat sich eine systematische Vernetzung der außergerichtlichen Tätigkeit der Streitbeilegungseinrichtungen nicht entwikkelt. Gleichwohl spielen diese Stellen noch heute eine wichtige Rolle im Spektrum der außergerichtlichen Konfliktlösung in den USA. Ein erster Schritt in Richtung einer Alternative zum Justizwesen war mit der Schaffung der Community Justice Center unternommen.

Wegweisend war dann im Jahre 1976 die sog. Pound Conference, die die weitere Entwicklung der alternativen Streitregelung in den USA nachhaltig beeinflussen sollte.

II. Das theoretische Grundgerüst: Die Pound Conference (1976)

Die Pound Conference, eine Zusammenkunft von bedeutenden Rechtswissenschaftlern, Richtern, Anwälten und Rechtspolitikern im Jahre 1976, wurde nach dem berühmten amerikanischen Rechtsgelehrten Roscoe Pound benannt. Anlaß der Tagung war der 70. Ehrentag einer seiner Publikationen. Bereits um die Jahrhundertwende widmete sich Pound der Verdrossenheit der Öffentlichkeit mit dem amerikanischen Gerichtswesen[483]. Die Thematik hatte ihre Aktualität auch so viele Jahre später nicht eingebüßt. Sie bestimmte den Verlauf der Konferenz. Schwerpunkt der Debatten war die Suche nach Gründen, warum 70 Jahre später immer noch so viele Bürger mit dem US-Justizsystem unzufrieden sind[484]. Dabei wurden die ständig steigenden Kosten gerichtlicher Auseinandersetzungen und die damit verbundenen immer längeren Wartezeiten der Rechtssuchenden als Hauptursachen des schwindenden Ansehens der herkömmlichen Konfliktlösung identifiziert[485]. Abhilfe wurde in alternativen Formen der Streitbeilegung gesehen. So stand die systematische Analyse von Konfliktregelungsinstrumenten im Zentrum des Interesses der Teilnehmer.

---

[483] Pound, The Causes of Popular Dissatisfaction with the Administration of Justice, (1906), abgedruckt in: 20 Journal of American Judicial Society 178 (1936).

[484] Vgl. Kovach, S. 21 f.

[485] Vgl. Kovach, S. 21.

Die renommiertesten Rechtsgelehrten und –praktiker der USA befaßten sich mit Alternativen zum Gerichtsverfahren und deren praktischer Anwendbarkeit. Unkonventionelle Ideen außergerichtlicher Streitbeilegung wurden diskutiert und für einen Praxistest erwogen. Für eine Vielzahl von neuartigen Strategien der einvernehmlichen Konfliktbearbeitung wurden theoretische Konzepte entwikkelt. Die Diskussion fand ihren Höhepunkt im Beitrag des amerikanischen Rechtsgelehrten Sander, der den Entwurf eines „Multi-Door-Courthouse" präsentierte[486]. Dieses von ihm propagierte Gerichtsgebäude der Zukunft sollte über verschiedene Türen verfügen, die je nach Streitfall zu einer jeweils passenden Konfliktlösung führen sollten. Sander rief die versammelte Anwaltschaft und die Vertreter der Justiz dazu auf, gründlich darüber nachzudenken, welche Steitbeilegungsform zur Bewältigung welcher Konfliktform geeignet scheint.

Bereits vor der Pound Conference gab es in den USA vielfältige Bemühungen, zivilrechtliche Streitigkeiten einvernehmlich zu bereinigen. Aber erst die Pound Conference rückte die verschiedenartigen Möglichkeiten alternativer Streitlösung in das Bewußtsein einer breiten Fachöffentlichkeit. Erstmals wurden die unterschiedlichsten Konflikttypen und außergerichtlichen Verfahrensarten auf ihre Kompatibilität analysiert und bewertet. Die Bedeutung der Pound Conference für die Fortentwicklung der alternativen Streitbeilegung bestand also in der methodischen Untersuchung der außergerichtlichen Konfliktlösungsformen. Hat es schon vorher Experimente in der Praxis wie die Community Justice Center gegeben, so fehlte bis Mitte der 70er Jahre der wissenschaftliche Hintergrund der alternativen Streitbeilegung. Diese Lücke wurde anläßlich der Pound Conference geschlossen. Das theoretische Fundament der ADR- Bewegung war gelegt.

Während die außergerichtliche Streitregelung in den USA frühzeitig im Zentrum des Interesses der (Fach-)Öffentlichkeit stand, fehlt es in Deutschland bislang an einer vergleichbaren Resonanz. Zwar wurden auch bei uns in den vergangenen Jahren Fachkongresse ausgerichtet, die sich mit den rechtspolitischen Möglichkeiten alternativer Konfliktlösung beschäftigt haben[487]. Doch trifft sich auf solchen Veranstaltungen der gleiche überschaubare Personenkreis[488]. Das Interesse

---

[486] Vgl. Sander, Varieties of Dispute Processing, 1977.

[487] So z. B. im Januar 1998 in Rehburg-Loccum und im Oktober 1999 in Oldenburg. Veranstalter war jeweils die Centrale für Mediation in Zusammenarbeit mit dem Otto Schmidt Verlag.

[488] Diese Feststellung beruht auf den persönlichen Erfahrungen des Verfassers, der an den in der vorhergehenden Fußnote genannten Kongressen teilgenommen hat.

an außergerichtlicher Streitbeilegung scheint bisher über eine relativ kleine Expertengruppe nicht sonderlich hinausgegangen zu sein.

In Anbetracht des geringen Bekanntheitsgrades der in Deutschland vorhandenen vorgerichtlichen Einrichtungen[489] bedarf es größerer Anstrengungen, um außergerichtliche Verfahren so zu etablieren, daß sie von den Rechtssuchenden angenommen werden. Die Ausrichtung weiterer Tagungen, verbunden mit praxisnahen Workshops zur Vermittlung von ungewohnten Verfahren wie der Mediation wäre ein erster Schritt. Darüber hinaus ist gezielte Öffentlichkeitsarbeit unabdingbar, um alternative Wege der Konfliktlösung wie die Mediation einer breiteren Öffentlichkeit in Deutschland bekannt zu machen. Um eine solche Öffentlichkeitsarbeit zu koordinieren, könnte ein überregionales Gremium aus den bereits bestehenden Mediationsinitiativen und –verbänden gebildet werden. Nur eine derartige Bündelung der gemeinsamen Interessen und Anliegen verspricht eine erhöhte Aufmerksamkeit.

III. Weitere Ursachen der Ausweitung von ADR

Der Aufschwung von ADR ist, wie beschrieben, auf das wissenschaftliche Fortkommen der Konfliktforschung in den 70er Jahren zurückzuführen. Ohne Zweifel beruht das heutige Verständnis von Mediation und den anderen Alternativverfahren auf den Ergebnissen der Pound Conference. Gleichwohl darf nicht übersehen werden, daß außergerichtliche Konfliktbeilegung in den USA frühzeitig auch praktische Anwendung erfahren hat. Die Popularität von ADR ist gleichermaßen auf den facettenreichen Einsatz der verschiedenartigen alternativen Verfahrensformen zurückzuführen. Besonders die Wirtschaft leistet einen maßgeblichen Beitrag zur Umsetzung von ADR in den Vereinigten Staaten (1). Eine entscheidende Rolle spielt auch die Ausbildung an den Universitäten und die Rechtspraxis in der Anwaltschaft (2). Schließlich darf die Bedeutung des US-Zivilprozeßrechts für die Entwicklung der ADR-Mechanismen nicht unterschätzt werden. Das Gerichtsverfahren amerikanischer Prägung weist zahlreiche als Schwächen empfundene Eigentümlichkeiten auf, die gleichfalls dem Aufkommen der ADR-Verfahren Vorschub geleistet haben[490].

---

[489] Siehe oben § 5 A. V.; § 5 B. V.; § 5 C. IV.; § 5 D. IV. und § 5 E.

[490] Diese dem US-Gerichtsprozeß immanenten Besonderheiten werden im Rahmen der Frage zu berücksichtigen sein, ob in ihnen ein Hindernis für die Übertragung der ADR-Verfahren in die deutsche Rechtsordnung zu sehen ist, siehe unten § 9 A. Hier sollen zunächst die außerhalb des Gerichtsverfahrens angesiedelten Faktoren auf die Entwicklung von ADR sichtbar gemacht werden. Daneben ist der Einfluß der prozessualen Eigenheiten (z. B. *Jury*-Verfahren, *Discovery*) allerdings nicht geringzuschätzen.

1. Der Anteil der Privatwirtschaft

Schon vor der wissenschaftlichen Erforschung von Alternativen zum Gerichtsprozeß sammelte die amerikanische Geschäftswelt praktische Erfahrungen mit ADR[491]. Frühzeitig haben die Entscheidungsträger der Wirtschaft den Wert konsensualer Formen der Konfliktbewältigung erkannt. Die Abhängigkeit der Unternehmen von langfristigen Geschäftspartnern und zufriedenen Kunden hat sicher zur starken Beachtung der einvernehmlichen Streitbeilegung ohne Einschaltung der Gerichte beigetragen. Auch die Furcht vor einer schlechten Reputation in der von den Medien außerordentlich geprägten amerikanischen Öffentlichkeit mag Anteil am aufkeimenden Interesse an alternativer Konfliktlösung gehabt haben. So engagieren sich heute weite Teile der Wirtschaft aus wohlverstandenem Eigeninteresse im Bereich der kostengünstigen und schnellen alternativen Streitregelung[492].

Die Beteiligung an ADR zeigt sich besonders deutlich in der richtungweisenden Eigeninitiative der Wirtschaft in diesem Bereich. Im Jahre 1979 wurde das Center for Public Resources (CPR) auf Betreiben von über 500 der größten amerikanischen Unternehmen und Anwaltskanzleien gegründet[493]. Mitglieder sind die führenden US-Unternehmen und Gesellschaften aus Handel und Industrie. Aufgabe dieser gemeinnützigen Vereinigung ist die Entwicklung und Förderung von außergerichtlichen Mechanismen der Konfliktregelung. Das von der Einrichtung initiierte CPR Legal Program hat mittlerweile zahlreiche private ADR-Verfahren hervorgebracht und bietet diese seinen Mitgliedern in den Vereinigten Staaten an. Neben dem praktischen Hervorbringen von Alternativen zum Gerichtsprozeß ist das CPR durch den Entwurf von Vertragsklauseln bekannt geworden, die den Versuch außergerichtlicher Streitbeilegung im Konfliktfall vorschreiben. Die Klauseln haben Geltung für sämtliche Mitglieder, die sich mit dem Beitritt zum CPR Legal Program zur alternativen Konfliktbeilegung im Verhältnis zueinander verpflichtet haben. Dementsprechend werden viele wirtschaftsrechtliche Streitigkeiten zwischen Unternehmen in den USA heute nicht vor Gericht gebracht, sondern über ADR beigelegt[494].

---

[491] Vgl. Gans/Stryker, S. 40 ff.; McLaughlin, S. 109 ff.; Gilman, Resolving Commercial Cases, S. 1121 ff.

[492] Gans/Stryker, S. 41.

[493] Vgl. Fine/Plapinger, S. 4 ff.; McLaughlin, S. 111 f.

[494] Für die deutsche Wirtschaft könnte darin ein Vorbild zu sehen sein, siehe näher unten § 8 C. IV.1.

2. Die Rolle von Juristenausbildung und Anwaltschaft

Die amerikanische Anwaltschaft war von Beginn an für ADR aufgeschlossen[495]. Fördernden Einfluß übt heute insbesondere die amerikanische Anwaltsvereinigung American Bar Association (ABA) aus. Seit 1993 gibt es innerhalb der ABA eine Section of Dispute Resolution mit mittlerweile über 6.500 Mitgliedern[496]. Einzelne Kommissionen der Section of Dispute Resolution befassen sich mit Fragen der Integration von ADR in die Anwaltspraxis, zur Gesetzgebungstätigkeit auf diesem Gebiet, mit der Öffentlichkeitsarbeit oder zur internationalen Zusammenarbeit[497].

Die Unterstützung von ADR durch die Anwaltschaft erfolgt nicht nur aus eigennützigen Motiven. So ist in einzelnen Staaten wie in Washington ein Verweisungssystem unter den Anwälten etabliert worden, dem zufolge taugliche Fälle an Mediatoren weiter vermittelt werden[498]. Die Verweisungen bringen den Willen der Anwälte zum Ausdruck, den Streit einer im Einzelfall zweckmäßigeren Konfliktbeilegungsform zuzuführen. Dieses Bestreben schließt eine Gewinnerzielungsabsicht in Form einer „Vermittlungsprovision" nicht aus. Diese ändert freilich nichts an dem positiven Grundgedanken der Weiterleitung eines Falles an eine geeignetere Stelle. Mit der Verweisung ist immerhin eine freiwillige Abgabe von Sachkompetenz durch die Anwaltschaft verbunden.

Zu erwähnen sind ferner die Publikationen der Anwaltschaft zur außergerichtlichen Konfliktlösung. Die Section of Dispute Resolution gibt viermal jährlich das „Dispute Resolution Magazine" und dreimal im Jahr das Mitteilungsblatt „Just Resolutions" heraus. Daneben werden regelmäßig Symposien und Kongresse ausgerichtet, die bei den Rechtspraktikern wie den Rechtswissenschaftlern und den Justizpolitikern auf großes Interesse stoßen[499].

Schließlich engagiert sich die Anwaltschaft in der Ausbildung der Juristen an den Universitäten des Landes. In speziellen praxisorientierten Kursen werden die Studenten mit ADR-Mechanismen vertraut gemacht. Sehr häufig gehören simulierte Rollenspiele, in denen Praxis und Wirkungsweise der ADR-Verfahren thematisiert werden, zum Lehrplan der Universitäten. Seit vielen Jahren ist ADR

---

[495] Plimpton, S. 38.
[496] Vgl. Gottwald, Mediation in den USA, S. 198 f.
[497] Vgl. Gottwald, a. a. O.
[498] Siehe im einzelnen Chantilis, S. 1080 f.
[499] Vgl. Gottwald, Mediation in den USA, S. 199.

Pflichtstoff an sämtlichen amerikanischen Law Schools[500]. Sehr früh also nimmt der amerikanische Jurist ADR als selbstverständlichen Bestandteil der US-Rechtsordnung wahr.

Dementsprechend tragen sowohl die Ausbildung der Juristen als auch der Anwaltsstand zur Verbreitung und Verfestigung der ADR- Strukturen enorm bei.

Eine vergleichbare theoretische und praktische Vorbildung erfahren die deutschen Juristen während ihrer Ausbildung längst nicht in diesem Maße. Es wurde bereits darauf hingewiesen, daß vielmehr das schon im frühen Studium geübte „Denken in Anspruchsgrundlagen“ im Vordergrund steht[501]. Um der außergerichtlichen Konfliktregelung auch in Deutschland zum Erfolg zu verhelfen, müssen alternative Verfahren einen höheren Stellenwert an den Universitäten und im Rahmen der Referendarausbildung einnehmen. Vereinzelt angebotene Seminare zum Thema Mediation genügen nicht. Die wünschenswerte theoretische Wissensvermittlung und vor allem die notwendige praktische Schulung ließe sich nach US-amerikanischem Vorbild ohne weiteres in die Lehrpläne der deutschen Universitäten integrieren, wenn dieses bildungspolitisch gewollt würde. Außergerichtliche Streitbeilegung sollte – wenn man die Notwendigkeit von komplementären Alternativen bejaht – als Pflicht- und Prüfungsstoff gelehrt werden. Hinsichtlich der deutschen Juristenausbildung besteht also zusammenfassend ein nicht unerheblicher Nachholbedarf.

§ 8 Heutige Struktur und Bedeutung der Alternative Dispute Resolution

Es muß umfangreicheren Studien vorbehalten bleiben, eine umfassende Darstellung der zahlreichen Verflechtungen von ADR in der heutigen amerikanischen Rechtskultur zu versuchen[502]. Die Entwicklung im Bereich der einvernehmlichen Konfliktlösung ist auch nach fast dreißig Jahren immer noch im Fluß. Es gibt eine immense Vielfalt der heute in den USA zur Verfügung stehenden außergerichtlichen Verfahren. Im folgenden sollen die Verflechtungen

---

[500] Vgl. Directory of Law Schools, American Bar Association: Section of Dispute Resolution, Alternative Dispute Resolution – Courses and Programs, 2. Auflage 1997.

[501] Siehe oben § 4 B.I.

[502] Vgl. Murray/Rau/Sherman, Mediation and other Non-Binding ADR Processes, 1996; Walline/Gould, Dispute Resolution Today – The State of the Art, 1991; Kovach, Mediation Principles and Practice, 1994; Goldberg/Green/Sander, Dispute Resolution, 1985.

von ADR in der amerikanischen Rechtskultur daher nur exemplarisch dargestellt werden.

Grundsätzlich besteht in den USA ein zweigeteiltes ADR-System: Zum einen gibt es im gerichtlichen Bereich angesiedelte alternative Verfahren, die zur gerichtsverbundenen Streitbeilegung (court-annexed ADR) gerechnet werden können. Hierzu zählen alle ADR-Verfahren, die durch die Gerichte angeordnet oder von ihnen genutzt werden. Zum anderen existieren private ADR-Angebote, die als von den Gerichten unabhängige Einrichtungen auf dem Markt konkurrieren.

A. Gerichtsverbundene Alternative Dispute Resolution

Längst gehört der Einsatz alternativer Streitbewältigungsverfahren zum US-amerikanischen Gerichtsalltag. Bei der gerichtsverbundenen ADR ist zu differenzieren zwischen den US-Bundesgerichten (Federal Courts) und den Gerichten auf einzelstaatlicher Ebene (State Courts).

I. Der Einsatz gerichtsverbundener ADR auf Bundesebene (Federal Courts)

Die Bundesgerichte (District Courts in erster Instanz und Court of Appeals in zweiter Instanz) sind im wesentlichen zuständig für Streitigkeiten aus Bundesgesetzen, für Konflikte, in denen die Regierung Streitpartei ist und für Zivilklagen, bei denen die Parteien ihren Wohnsitz in unterschiedlichen Einzelstaaten haben. ADR hat im Bereich der Bundesgerichte eine langjährige Tradition. Die ersten Initiativen zur Einbindung von alternativen Formen der Konfliktbewältigung stammen aus den siebziger Jahren. Durch lokale Gerichtsregeln und Gesetze wurden die Parteien darin bestärkt, außergerichtliche Streitbeilegung durch Mediation oder nicht bindende Schiedsverfahren (Arbitration) zu versuchen[503]. Aber auch mit der obligatorisch angeordneten Durchführung von ADR-Verfahren wurde in den Federal Courts frühzeitig experimentiert[504].

Mit dem Civil Justice Reform Act von 1990, einem Gesetz zur Reform der Zivilrechtspflege, begann ein breit angelegter Forschungsversuch, um die Wirkungsweise und Effektivität von ADR zu untersuchen[505]. Das Gesetz legte zehn untere Bundesgerichte fest, die jeweils in ihrem Distrikt mehrere ausgewählte Methoden der Verfahrensbeschleunigung und Kostenreduzierung - u. a. auch

---

[503] Duve, Mediation, S. 73 f.
[504] Vgl. Duve, Mediation, S. 74.
[505] Gottwald, Mediation in den USA, S. 187 ff.

ADR - zu erproben hatten. Nach dem Testzeitraum von vier Jahren wurden die Ergebnisse mit Kontrollgerichten verglichen, die im selben Zeitraum die neuartigen Verfahren nicht anzuwenden hatten. Nach der vom Gesetzgeber vorgeschriebenen wissenschaftlichen Auswertung des Projekts schnitten die ADR-Methoden im Hinblick auf Kosten, Verfahrenslänge und Zufriedenheit der Parteien deutlich besser ab als andere Vorschläge zur Verfahrensreform[506].

So verwundert es nicht, daß heute so gut wie alle Bundesgerichte der Vereinigten Staaten ADR eingeführt haben, wenn auch in unterschiedlichem Umfang[507]. Infolge der positiven Erfahrungen beschloß der Kongreß im Jahre 1998 den Alternative Dispute Resolution Act, nach dem nunmehr alle District Courts auf Bundesebene verpflichtet sind, ADR durch zu schaffende Gerichtsregeln in Zivilprozessen einzusetzen und eigene ADR-Programme zu installieren. Die nötigen Finanzmittel wurden vom Kongreß mittlerweile bereitgestellt[508].

II. Der Einsatz gerichtsverbundener ADR auf der Ebene der Einzelstaaten (State Courts)

Während ADR zum fest implementierten Bestandteil der Verfahren vor den Bundesgerichten geworden ist, bietet ein Blick auf die Einzelstaaten ein uneinheitlicheres Bild. Im Bereich der einzelstaatlichen State Courts haben sich im Laufe der 90er Jahre die unterschiedlichsten Variationen alternativer Streitbeilegung herausgebildet[509]. Teils aufgrund gesetzlicher Ermächtigung durch die höchsten Gerichte der Einzelstaaten, teils durch lokale Gerichtsregeln wird ADR auf breiter Basis eingesetzt, wobei Art und Ausmaß der alternativen Streitbeilegung stark differieren[510].

Jeder der amerikanischen Bundesstaaten hat im Laufe der vergangenen Jahrzehnte eigene außergerichtliche Konfliktregelungen geschaffen und dementsprechend eigenständige Erfahrungen mit ADR gesammelt[511]. Ungefähr die Hälfte der US-Staaten praktiziert ADR als Vorverfahren zum Zivilprozeß (court-ordered ADR), wobei verschiedenartige Formen der Konfliktbeilegung zum

---

[506] Näher Wald, S. 1445 ff.

[507] Vgl. Wald, a. a. O.; Zur Entwicklung der gerichtsverbundenen Mediation vgl. Nolan/Haley, S. 47, 57 f.

[508] Vgl. Gottwald, Mediation in den USA, S. 190.

[509] Vgl. Gottwald, a. a. O.

[510] Vgl. Chantilis, S. 1031 f.; Raitt/Folberg/Rosenberg/Barrett, S. 63 ff.

[511] Vgl. die ausführliche Übersicht bei Chantilis, S. 1031 ff.

Einsatz kommen[512]. In diesen Staaten sind die Gerichte nach ihrem Ermessen befugt, anhängige Gerichtsverfahren an ADR- Anbieter zu verweisen. Dabei kann die Verweisung jederzeit durch den Richter - unabhängig vom Verfahrensstand - ausgesprochen werden[513].

Andere Staaten haben zwar keine gerichtsverbundene ADR im eigentlichen Sinne, aber zumeist andere Formen von ADR, die durch gesetzliche Regelungen implementiert sind. Die voneinander erheblich abweichenden Gesetze der Einzelstaaten sehen teilweise zwingend, teilweise nur als Empfehlung vor, bestimmte ADR-Verfahren bei bestimmten Konflikttypen anzuwenden[514]. So verpflichten manche Gesetze Unternehmen, alternative Verfahren zur Beilegung von Konsumentenstreitigkeiten anzubieten. Wieder andere Staaten machen die Einschaltung von außergerichtlichen Konfliktbeilegungsinstrumenten von der Beschwerdesumme abhängig[515]. Wie weitgehend ADR schon im Vorfeld der anwaltlichen Tätigkeit verankert ist, zeigt das Beispiel Georgias. In diesem Staat regelt ein Gesetz die Verpflichtung der Anwaltschaft zur Weiterbildung auf dem Gebiet der alternativen Streitlösung[516].

Unterschiede in der Handhabung von ADR lassen sich auch bei der Frage erkennen, ob die Konfliktparteien verpflichtet sein sollen, alternative Streitbehandlung zu versuchen. Hier wird die gesamte Palette der Möglichkeiten obligatorischer ADR sichtbar. Während die Teilnahme an ADR-Verfahren in manchen Staaten ohne Zwang frei gestellt ist, sehen andere lokale Gerichtsregeln und Gesetze einen - freilich verschieden stark ausgeprägten – Zwang zur Teilnahme vor. Ob eine einvernehmliche Streitbeilegung im Rahmen des obligatorischen außergerichtlichen Verfahrens letztlich erreicht wird, verbleibt natürlich im Ermessen der teilnehmenden Parteien[517].

Die Gerichte verweisen mancherorts bestimmte Fallkategorien zwingend an ADR-Verfahren. In Kalifornien etwa ist die Mediation in familienrechtlichen

---

[512] Vgl. Chantilis, S. 1033 f. Kritisch zur obligatorisch ausgestalteten ADR Nolan-Haley, S. 47.

[513] Raitt/Folberg/Rosenberg/Barrett, S. 64.

[514] Kalifornien hat in allen familienrechtlichen Sorgerechtskonflikten ein obligatorisches Mediationsverfahren per Gesetz angeordnet, Cal. Civ. Code §§ 4351.5, 4607 (West 1983).

[515] So ist in Delaware die Anrufung des Gerichts in handelsrechtlichen Konflikten mit einem Streitwert von über US$ 100.000 erst möglich, wenn zuvor Mediation versucht wurde, Del. Code Ann. tit. 6, § 7702 (b).

[516] Siehe Chantilis, S. 1035 f.

[517] Raitt/Folberg/Rosenberg/Barrett, S. 63 f.

Fällen der Personensorge und beim Umgangsrecht obligatorisch vorgeschrieben. Häufig ist die Verweisung eines Verfahrens auch in das Ermessen des Richters gestellt. Streitigkeiten, die das Gericht für geeignet hält, werden in diesen Fällen an ADR-Mechanismen abgegeben. Im Rahmen der gerichtsverbundenen ADR ist das Gericht also die zentrale Instanz, die geeignete Fälle identifiziert und an alternative Verfahren der Konfliktlösung verweist. Auch berät das Gericht die Parteien und deren Anwälte oft hinsichtlich der Auswahl eines zweckmäßigen ADR-Verfahrens.

Die Durchführung eines ADR-Verfahrens ist nach manchen Regelungen Voraussetzung für die Erhebung einer Klage[518]. Wieder andere Gesetze sehen ADR nicht als Zulässigkeitsvoraussetzung an, sanktionieren aber die Nichtteilnahme mit Kostennachteilen.

Auch die Finanzierung der gerichtsverbundenen Alternativen unterscheidet sich in den einzelnen Staaten. In einigen Gebieten wird die gerichtsverbundene ADR über staatliche Subventionen sichergestellt. Andernorts wird von den Klägern eine Zusatzgebühr verlangt, aus der die ADR-Programme finanziert werden[519].

Die Aufzählung der einzelstaatlichen Besonderheiten ließe sich beliebig fortführen. Festzuhalten ist an dieser Stelle, daß die gerichtsverbundene ADR auf der Ebene der US-Bundesstaaten einen breiten Raum einnimmt. Ein einheitliches Bild der gerichtsverbundenen alternativen Streitbeilegung existiert nicht. Vielmehr verfügt jeder der Bundesstaaten über eigene Erfahrungen mit außergerichtlicher Konfliktlösung. Die so unterschiedliche Anwendung der ADR-Verfahren in den Einzelstaaten und die daraus folgende Rechtszersplitterung wird von der amerikanischen Rechtsordnung in Kauf genommen[520]. Im Vordergrund steht die ständige Innovation der außergerichtlichen Konfliktlösungsmethoden. Auch hieran läßt sich die enorme Bedeutung der gerichtsverbundenen alternativen Streitbeilegung in den USA erkennen.

---

[518] Hiervon gibt es in allen Staaten Ausnahmen, z.B. in Fällen der Gewaltanwendung innerhalb der Familie oder bei Kindesmißbrauch. In zivilrechtlichen Streitigkeiten ist dagegen die Anzahl der Ausnahmen begrenzt.

[519] Vgl. Chantilis, S. 1053 f.

[520] In Deutschland kann die Öffnungsklausel des § 15a EGZPO zu einer ähnlich unterschiedlichen Entwicklung der außergerichtlichen Konfliktlösung in den Bundesländern führen, siehe dazu unten § 10.

B. Alternative Dispute Resolution auf privater Basis

Neben den gerichtsverbundenen Alternativverfahren gibt es in den USA eine große Anzahl privater Anbieter von ADR. Schon frühzeitig erkannten gewinnorientierte Unternehmen den kommerziellen Wert außergerichtlicher Konfliktbearbeitung. Einer der erfolgreichsten Anbieter von alternativer Streitbeilegung in den Vereinigten Staaten ist die Firma „J.A.M.S. ENDISPUTE". Das Unternehmen ist hervorgegangen aus dem Judicial Arbitration & Mediation Service (J.A.M.S.) und ENDISPUTE, zwei vormals selbständigen Anbietern von privater ADR. Die Angebotspalette der Gesellschaft umfaßt nicht nur die gängigen Formen der außergerichtlichen Konfliktlösung[521]. Zu den besonders einträglichen Geschäftsfeldern gehört die Konzeption eines auf den individuellen Kunden zurecht geschnittenen Verfahrensdesigns. So entwickelt „J.A.M.S. ENDISPUTE" alternative Konfliktbehandlungssysteme speziell für die Bedürfnisse des jeweiligen Klienten. Zu den Auftraggebern des Unternehmens zählen die bekanntesten und größten Firmen in den USA[522].

Der Service privater ADR wird heute flächendeckend in den USA angeboten. In nahezu allen amerikanischen Städten unterhalten die größeren privaten Unternehmen Büros. Für „J.A.M.S. ENDISPUTE" sind vor allem pensionierte Richter, aber auch Anwälte und renommierte Professoren tätig, die auf dem Gebiet der alternativen Streitforschung als Experten anerkannt sind.

Daneben existiert eine unüberschaubare Anzahl privater Anbieter, die kommerzielle Konfliktbehandlung als Dienstleistung offerieren, ohne in ein Unternehmen eingebunden zu sein. Vielfach sind es wiederum Richter und Anwälte, die ihre Fähigkeiten zur Streitbeilegung auf den lokalen Märkten anbieten und den großen Firmen wie „J.A.M.S. ENDISPUTE" Konkurrenz machen. Teilweise wird von einer solch großen Popularität einzelner Anbieter berichtet, daß Interessenten Wartezeiten in Kauf nehmen müssen, die an die Verhältnisse vor Gericht erinnern[523].

---

[521] Hierzu zählen Arbitration, Mediation, Summary Jury Trial, Early Neutral Evaluation und viele andere ADR-Verfahren. Vgl. die Angebote auf der Internet-Homepage des Unternehmens Jamsendispute („www.jamsendispute.com").

[522] Auch hier zeigt sich der Einfluß der Wirtschaft auf die Entwicklung von ADR, siehe oben § 7 B. III. 1.

[523] Vgl. Gottwald, Mediation in den USA, S. 196 f. unter Bezugnahme auf den ehemaligen Bundesrichter Thomas D. Lambros und das von ihm gegründete „Dispute Management Center" in Ohio. In solchen Einrichtungen müssen Kunden aufgrund des hohen Fallaufkommens dem Vernehmen nach bis zu acht Monate auf die informelle Konfliktbeilegung warten.

Abgesehen von den gewinnorientierten Anbietern sind einige „non-profit" Organisationen im Bereich von privater ADR tätig. An erster Stelle ist hier die American Arbitration Association (AAA) zu nennen. Die AAA wird von ihren Mitgliedern – Wirtschaftsunternehmen, Gewerkschaften, Berufsorganisationen, Anwaltskanzleien und Schiedsrichtern – finanziert. Sie bietet das gesamte Spektrum außergerichtlicher Streitbeilegung an, wobei der Schwerpunkt auf Mediation und Arbitration (Schiedsverfahren) liegt. Regelmäßig wird ein neutraler Dritter der AAA im Falle eines Konflikts eingeschaltet, dessen Stundenhonorar von den Streitparteien getragen wird.

Erwähnt sei schließlich die Gründung des Center for Public Resources (CPR) in New York[524]. Diese nicht gewinnorientierte Einrichtung hat eine Vielzahl von Initiativen und Entwicklungen im Bereich der außergerichtlichen Streitbeilegung angestoßen. Der Schwerpunkt der Aktivitäten des CPR liegt in der Bereitstellung innovativer Formen der Konfliktlösung. Erfahrene Rechtspraktiker bieten im Namen des CPR ihre Dienste als Schlichter, Vermittler und Mediatoren an. Die Klienten kommen überwiegend aus der Wirtschaft. Daneben ist CPR bekannt geworden durch umfangreiches Lehr- und Trainingsmaterial zu informellen Streitbeilegungsmethoden, welches von Interessierten bezogen werden kann.

Private ADR-Verfahren können auf verschiedene Weise in Gang gesetzt werden. Vielfach führen Allgemeine Geschäftsbedingungen entsprechende Klauseln, die vor Erhebung einer Klage die Anrufung von außergerichtlichen Konfliktlösungsinstitutionen vorschreiben[525]. Mitunter entspricht es auch ohne vertragliche Festlegung der Firmenpolitik, informelle Streitbeilegung zu versuchen. Die wesentlichen Vorteile des schnelleren und kostengünstigeren Verfahrens für die Wirtschaft wurden bereits genannt[526]. Nicht zu vergessen ist daneben der diskrete Charakter der meisten ADR-Verfahren, den das Gerichtsverfahren gerade in den Vereinigten Staaten nicht bieten kann[527]. Die Vorteile außergerichtlicher Konflikttechniken überwiegen derart, daß viele Firmen ADR gegenüber

---

[524] Siehe oben § 7 B. III. 1.

[525] Solche Klauseln werden insbesondere vom erwähnten CPR-Institut entwickelt. Die Mitglieder verpflichten sich in der Regel zur Aufnahme der Klauseln in ihren Allgemeinen Geschäftsbedingungen.

[526] Siehe oben § 7 B. III. 1.

[527] Erinnert sei an die allgegenwärtige Präsenz der Medien in amerikanischen Gerichtssälen, vgl. hierzu Britz, S. 133 ff.

dem Gerichtsverfahren planmäßig bevorzugen. Schließlich ist die Einschaltung privater ADR durch Empfehlung, etwa der Anwälte, denkbar[528].

Zusammenfassend sei festgehalten, daß die privaten ADR-Mechanismen insbesondere bei Streitigkeiten zwischen US-amerikanischen Unternehmen eine wichtige Rolle spielen.

In Deutschland ist eine private „ADR-Landschaft" zur Zeit in der Entwicklung[529]. Hierzulande sind die Instrumente außergerichtlicher Konfliktbearbeitung - im Gegensatz zu den USA - überwiegend nicht kommerziell tätig. Sie sind im vorgerichtlichen Bereich entweder als staatliche Stellen (Schiedsmann, ÖRA) oder als Brancheneinrichtungen (Schieds- und Schlichtungsstellen des Handwerks und Dienstleistungsgewerbes, Ombudsmann des privaten Bankgewerbes) angesiedelt, ohne auf Profit bedacht zu sein.

Eine Privatisierung der Streitbeilegung setzt zunächst die Schaffung von gesetzlichen Rahmenbedingungen voraus. Der Gesetzentwurf des Landes Hessen vom 16.05.2000[530] mag als Beispiel für eine Weichenstellung durch den Landesgesetzgeber dienen. In dem geplanten „Gesetz zur Einrichtung und Anerkennung von Gütestellen durch die Landesjustizverwaltung"[531] hat der hessische Gesetzgeber das Erfordernis einer Schlichtungsordnung (§ 4) und einer Haftpflichtversicherung (§ 5) für private Gütestellen festgeschrieben. Auch wird den Gütestellen die Pflicht zur sorgfältigen Aktenführung (§ 6) auferlegt. Mit diesem Grundrahmen gesetzlicher Voraussetzungen wird Raum für private Anbieter außergerichtlicher Konfliktlösungen geschaffen. Die gewünschte Konkurrenz zwischen verschiedenen privaten Anbietern dürfte zur Belebung der alternativen Streitregelung in Deutschland maßgeblich beitragen.

C. Wichtige ADR-Verfahren im Überblick

Nachdem die Verankerung der außergerichtlichen Streitbeilegung im Rechtswesen der USA aufgezeigt wurde, sollen in diesem Abschnitt einzelne ADR-Verfahren betrachtet werden, die sich in den Vereinigten Staaten konstituiert haben. Das Spektrum der eingesetzten Konfliktbearbeitungsformen ist, wie be-

[528] Vgl. Gottwald, Mediation in den USA, S. 198.
[529] Siehe oben § 6 E.
[530] Siehe Anhang B.
[531] Siehe Anhang B. Art. 2.

reits beschrieben, weit gefächert[532]. Diese Vielfalt der außergerichtlichen Streitbeilegungsinstrumente spiegelt das der außergerichtlichen Streitbewältigung entgegengebrachte große Interesse der Amerikaner wider. Die folgende Darstellung greift nun die häufigsten Erscheinungsformen der ADR-Verfahren auf. Eine besondere Systematisierung der ADR-Verfahren, die auf verschiedene Weise erfolgen kann[533], ist mit der Auflistung des Arbitration-Verfahrens (1.), des Mini-Trial (2.), des Verfahrens der Early Neutral Evaluation (3.) und der Mediation (4.) nicht verbunden. Vielmehr geht es hier nur darum, einen Überblick über einige der praktizierten Verfahren, deren Einsatzfelder und Zielsetzungen zu geben. Erst unter dem Eindruck der einzelnen Alternativangebote zum Gerichtsverfahren läßt sich der hohe Rang außergerichtlicher Konfliktbearbeitung in der US-amerikanischen Rechtskultur nachvollziehen. Die konkrete Ausgestaltung der ADR-Verfahren ist auch im Hinblick auf die Frage von Interesse, ob die deutsche Rechtsordnung aus den amerikanischen Erfahrungen Nutzen ziehen kann.

I. Arbitration

Das Arbitration-Verfahren ist ein privates oder gerichtsverbundenes Schiedsverfahren (Private bzw. Court-Annexed Arbitration Procedure), in welchem eine Streitigkeit durch einen Dritten oder ein Gremium von Dritten durch Schiedsspruch beigelegt wird. Vergleichbar ist diese Form der Konfliktlösung mit dem deutschen Schiedsverfahren gemäß den §§ 1025 ff. ZPO[534]. In der typischen Erscheinungsform der Arbitration trifft der Schiedsrichter eine für die Parteien bindende Entscheidung, die von den Gerichten nur in Ausnahmefällen überprüft werden kann. Berufungsmöglichkeiten sind in der Regel nicht vorgesehen. Bei der ebenfalls vorkommenden unverbindlichen Variante der Arbitration können die Parteien den Streit nach Abschluß des Arbitration-Verfahrens vor ein Geschworenengericht bringen. Erzielt der Kläger allerdings keine zumeist in Prozentzahlen zuvor festgelegte Verbesserung seiner Position gegenüber dem Schiedsspruch, muß er eine Strafe zahlen, dies oft in Form der Gerichts- und Anwaltskosten der Gegenseite.

---

[532] Vgl. den Überblick über die diversen ADR-Formen bei Calkins, S. 283 ff.

[533] Fine/Plapinger unterscheiden z. B. nach dem Grad der Entscheidungsgewalt des eingeschalteten Dritten. Siehe auch Goldberg/Green/Sander, Dispute Resolution, 1985; Murray/Rau/ Sherman, Mediation and other non-binding ADR processes, 1996.

[534] Ungeachtet der in § 2 vorgenommenen Abgrenzung der außergerichtlichen Streitbeilegung zu *gerichtlichen und gerichtsähnlichen Verfahren* ist die mit dem deutschen Schiedsverfahren vergleichbare *Arbitration* zu den ADR-Mechanismen zu zählen. Die Grenze zwischen gerichtlichen und außergerichtlichen Verfahren kann wegen der aufgezeigten Vernetzung der ADR im amerikanischen Gerichtswesen nicht trennscharf gezogen werden.

Die Vorteile des Arbitration-Verfahrens liegen vor allem in der schnellen, nichtöffentlichen und verbindlichen Konfliktlösung durch ausgewählte Fachleute.

Im Zuge der beschriebenen Entwicklung und Ausweitung der Methoden außergerichtlicher Streitbewältigung wurde auch mit dem Arbitration-Verfahren experimentiert. So sind heute Varianten verbreitet, in denen unvorhersehbaren Entscheidungen des Schiedsrichters vorgebeugt werden soll, indem sich die Parteien mit Hilfe von Sachverständigen vor dem Verfahren auf eine Spannbreite von Forderungsbeträgen verständigen. Bewegt sich der Schiedsspruch innerhalb der Spanne, wird dieser in der ausgesprochenen Höhe rechtskräftig. Übersteigt der Schiedsspruch den zuvor festgelegten Höchstbetrag, so bekommt der Kläger nur das vereinbarte Maximum, während er umgekehrt den verabredeten Mindestbetrag erhält, wenn der Schiedsrichter einen Betrag unter der Mindesthöhe zuspricht (sog. High-Low-Arbitration). Ziel dieser und ähnlicher Modifikationen[535] der klassischen Arbitration ist es, die mit dem Schiedsspruch verbundenen Unsicherheiten für die Parteien zu reduzieren. In der Tat hüten sich viele Parteien, unangemessene Forderungsbeträge zu verlangen, weil überzogene Forderungen in der konkreten Ausgestaltung des Arbitration-Verfahrens oftmals mit Kostennachteilen bestraft werden. Häufig nähern sich die Parteien daher im Rahmen von Vorverhandlungen an. Arbitration wird also in besonderer Weise als Instrument eingesetzt, um ins Stocken geratene direkte Verhandlungen zwischen den Parteien wieder aufzunehmen. Erfahrungsberichte zeigen, daß die Parteien den Schiedsspruch oft als verläßliche Grundlage für Neuverhandlungen nutzen[536].

Die Bedeutung der Arbitration-Verfahren innerhalb der ADR-Mechanismen läßt sich auch anhand der Inanspruchnahme erkennen. Nach der Mediation steht die Court-Annexed Arbitration an zweiter Stelle aller durchgeführten ADR-Verfahren[537]. Der Anwendungsbereich der Arbitration umfaßt alle zivilrechtlichen Rechtsbereiche[538].

---

[535] Besonderer Beliebtheit erfreut sich eine Mischform aus Mediation und Arbitration („*Med-Arb*"). In dieser Variante findet zunächst eine Mediation statt; hat diese keinen Erfolg, schließt sich ein Schlichtungsverfahren an, welches durch den Schiedsspruch endet, vgl. hierzu Landry, S. 263 ff.

[536] Duve, Mediation, S. 106.

[537] Plapinger/Stienstra, S. 4.

[538] Vgl. McLaughlin, 122 f.

II. Mini-Trial

Bei diesem ADR-Verfahren handelt es sich um eine simulierte Gerichtsverhandlung, bei der die Rechtsbeistände beider Parteien vor einem unabhängigen Dritten[539] wie im Zivilprozeß vortragen. Dabei gelten weder strenge prozeßrechtliche Regeln noch kommt es zu einer echten Streitentscheidung durch den Dritten. Ziel des Mini-Trial ist vielmehr, die Vergleichsverhandlungen der Parteien zu befördern. Nach den Plädoyers der Anwälte treten die Parteien in Verhandlungen ein, wobei der Dritte – insoweit ähnlich dem Mediator – eine moderierende Rolle einnimmt. Gemeinsam versuchen die Beteiligten so, eine konsensuale Lösung für den Konflikt zu finden. Gelingt dies nicht, fällt der als „Richter“ fungierende Dritte ein „Urteil“, so wie es seiner Ansicht nach ein Gericht tatsächlich fällen würde. Diese Einschätzung der Sach- und Rechtslage dient dann als Basis für weitere Verhandlungen zwischen den Parteien.

In einer Abwandlung des Mini-Trial wird der Fall vor einem Schein-Geschworenengericht verhandelt (Summary Jury-Trial). Die Juroren sind in der Regel nicht darüber informiert, daß es sich nur um eine Scheinverhandlung handelt. Nachdem sie ihren Urteilsspruch gefällt haben, können die Parteien und ihre Anwälte die Geschworenen nach den Gründen ihrer Entscheidungsfindung befragen. Anschließend beginnen Neuverhandlungen.

Das Mini-Trial ist für größere wirtschaftsrechtliche Streitigkeiten entwickelt worden. An dem ADR-Verfahren sollen vertretungsbefugte Personen der beteiligten Unternehmen teilnehmen, damit unter dem Eindruck der stattfindenden Verhandlungen und Gespräche eine konsensuale Beilegung der Streitigkeit verbindlich fixiert werden kann. Auch bei diesem Verfahrenstyp steht folglich die Wiederherstellung der Verhandlungsfähigkeit der Parteien im Vordergrund.

III. Early Neutral Evaluation

Die sog. Early Neutral Evaluation stellt ein informelles Verfahren dar, bei dem die frühzeitige Einschätzung des Falles durch einen neutralen und besonders sachkundigen Dritten im Vordergrund steht. Regelmäßig geht es bei den Streitigkeiten dieser ADR-Methode im Kern um besondere naturwissenschaftliche, technische, soziologische oder wirtschaftliche Fragestellungen, die für den Ausgang der Streitigkeit entscheidend sind.

---

[539] Als „Dritte“ fungieren häufig speziell ausgesuchte Sachverständige oder hochangesehene Richter.

Im Unterschied zum Mini-Trial steht die Analyse des eingeschalteten Experten am Anfang des Verfahrens. Sie dient gleichsam als Ausgangspunkt der sich anschließenden Verhandlungen der Parteien. Aus struktureller Sicht unterscheidet sich das Verfahren der Early Neutral Evaluation auch von der Mediation[540]. Während der Mediator seine Bewertung der Auseinandersetzung - wenn überhaupt - erst zu einem späteren Zeitpunkt des Verfahrens kundtut[541], beruht die Idee der Early Neutral Evaluation gerade auf der frühen Einschätzung der Sach- und Rechtslage durch den Experten.

Bei dieser ADR-Verfahrensart geht es letztlich also ebenfalls darum, die Gesprächsbereitschaft der Parteien wiederherzustellen. Dies wird durch die unverbindliche Stellungnahme des unabhängigen Experten erreicht. Zwar bietet sich Early Neutral Evaluation insbesondere bei Konflikten mit schwierigen tatsächlichen oder rechtlichen Fragestellungen an. Doch ist das Verfahren auch bei einfacher gelagerten Streitigkeiten grundsätzlich einsetzbar.

IV. Mediation

Die Struktur und der Verfahrensablauf der auch in Deutschland sich langsam ausbreitenden Mediation wurde bereits behandelt[542]. Im folgenden sollen daher lediglich die Anwendungsgebiete des Mediationsverfahrens in der amerikanischen Rechtspraxis beleuchtet werden. Ursprünglich aus dem Bereich des Familien- und Scheidungsfolgenrechts stammend[543], hat sich der Gebrauch der Mediationstechnik mittlerweile auf viele andere Konflikttypen ausgeweitet. Das Konfliktbearbeitungsinstrument findet heute auf nahezu sämtlichen Rechtsgebieten des US-Zivilrechts Anwendung[544]. So überrascht es nicht, daß die Mediation das am häufigsten praktizierte ADR-Verfahren in den USA ist[545].

1. Mediation in wirtschaftsrechtlichen Streitigkeiten

Insbesondere im Bereich des Wirtschafts- und Handelsrechts gehört Mediation zu den vorrangigen außergerichtlichen Streitbeilegungsmechanismen[546]. Das Interesse der US-Wirtschaft an der einvernehmlichen Konfliktlösungsform ist vor allem mit der Kostenersparnis gegenüber der gerichtlichen Auseinanderset-

---

[540] Siehe oben § 6.
[541] Siehe oben § 6 C. I.
[542] Siehe oben § 6.
[543] Siehe oben § 7 B. III. 3.
[544] Kauffman/Davis, S. 8 f.; Chantilis, S. 1032 ff.
[545] Chantilis, S. 1032; Stipanowich, S. 303, 315.
[546] Siehe oben § 7 B. III. 1.

zung zu erklären[547]. Freilich bieten auch andere ADR-Verfahren kostengünstige Streitbeilegung[548]. Es sind also über die geringen Kosten hinausgehende Gründe, die zur Popularität der Mediation in wirtschaftsrechtlichen Streitigkeiten beitragen.

Der Nutzen der Mediation im Wirtschaftsverkehr wird insbesondere mit den gleichgerichteten Zielsetzungen der im Konflikt befindlichen Unternehmen begründet. In aller Regel stehen sich Konfliktparteien gegenüber, deren primäres Interesse gleichermaßen in der Entwicklung von raschen, tragfähigen und zukunftsorientierten Lösungen liegt. Eine streitige Auseinandersetzung kostet die beteiligten Unternehmen nicht nur Gerichts- und Anwaltskosten, sondern bindet auch Personal, etwa in den Rechtsabteilungen. Daher haben die Entscheidungsträger der Wirtschaft regelmäßig ein starkes Interesse daran, einen Konflikt möglichst rasch beizulegen, damit der laufende Geschäftsbetrieb nicht mehr als nötig eingeschränkt wird[549].

Von entscheidender Bedeutung ist der Erhalt der Geschäftsbeziehung zum Konfliktpartner. Trotz einer aktuellen Streitigkeit zwischen zwei Unternehmen wird das Interesse an der Fortsetzung der Geschäftsverbindung in den Fällen überwiegen, in denen die Geschäftspartner in einer langfristigen Wirtschaftsbeziehung stehen. Die Mediation erhöht durch ihre Fokussierung auf die zukünftige Gestaltung der Parteibeziehung die Chancen zur Fortsetzung des Geschäftskontakts zum beiderseitigen Vorteil. Für die Parteien im Wirtschaftsleben ist die Bewahrung der Handelsbeziehung zum Konfliktpartner oft wichtiger als die juristische Aufarbeitung vergangener Geschehnisse[550]. Die Durchführung des Mediationsverfahrens im Wirtschaftsleben ist letztlich Ausdruck übereinstimmender Geschäftsinteressen[551].

Nach Untersuchungen wird an der Wirtschaftsmediation ferner geschätzt, daß die Kontrolle über die Streitbeilegung in den Händen der Parteien verbleibt. Unternehmer haben im Rahmen der Mediationssitzungen mehr Einfluß auf den konkreten Verlauf der Auseinandersetzung als im Gerichtsverfahren[552]. Anders

---

[547] Gilman, Resolving Commercial Cases, S. 1121 f.; Gans/Stryker, S. 40.
[548] Siehe oben § 8 C. I. bis III.
[549] Vgl. Gans/Stryker, S. 41.
[550] Gilman, Resolving Commercial Cases, S. 1121.
[551] Gilman, Resolving Commercial Cases, S. 1121 f.; vgl. auch Iwanyshyn, S. 41 ff.; McLaughlin, S. 111 ff.
[552] Vgl. Gans/Stryker, S. 40.

als im Falle der vollständigen Delegation der Konfliktbereinigung an die Anwaltschaft verbleibt den Parteien die größtmögliche Einflußnahme auf das Ergebnis des Mediationsverfahrens. Bei der Beurteilung der Tauglichkeit von Konfliktlösungsformen im Wirtschaftsleben ist also gerade die Möglichkeit der direkten Einwirkung der Parteien auf die Auseinandersetzung ein maßgebender Faktor.

Ferner bietet das Mediationsverfahren in vielen wirtschaftsrechtlichen Streitigkeiten einen unschätzbaren Vorteil gegenüber dem Gerichtsverfahren. Die Streitbeilegung durch Mediation findet unter Ausschluß der Öffentlichkeit statt. Keine Partei muß also im gleichen Maße wie im Gerichtsverfahren negative Schlagzeilen in der Öffentlichkeit fürchten.

Auch bei innerbetrieblichen Konflikten kann die Mediation nach amerikanischen Erfahrungen ein sinnvolles Instrument der Konfliktbearbeitung sein. So nutzt die Firma Siemens Corporation, Tochterunternehmen der deutschen Siemens AG in den USA, außergerichtliche Streitbeilegungsmethoden wie die Mediation nach eigenen Angaben seit Jahren mit Erfolg bei arbeitsrechtlichen Auseinandersetzungen[553]. Auf diese Weise wird der Konflikt nicht nach außen getragen, das Ansehen der Firma nimmt keinen Schaden[554]. Ob die Mediation in arbeitsrechtlichen Konflikten stets als das beste Streitbeilegungsverfahren anzusehen ist, muß allerdings aufgrund der ungleichen Kräfteverhältnisse zwischen Arbeitgeber und Arbeitnehmer bezweifelt werden[555].

Daß die Wirtschaftsmediation auch in Deutschland Fuß faßt, zeigt sich an der bereits beschriebenen Gründung von Interessenvereinigungen wie der GWMK und des BMWA[556]. Die amerikanische Wirtschaftsordnung ist im wesentlichen mit der deutschen vergleichbar. Auch die Konfliktlagen bei wirtschaftsrechtlichen Auseinandersetzungen ähneln sich. Der Mediation kommt als rechtsordnungsunabhängiges Instrument der Konfliktlösung daher auf diesem Gebiet besondere Bedeutung zu.

Das Mediationsverfahren stellt in vielen wirtschaftsrechtlichen Konflikten mithin auch in Deutschland eine empfehlenswerte Alternative zum Gerichtsprozeß dar. Ausnahmen gelten freilich, wenn der Ausgang des Konflikts im wesentli-

---

[553] Näheres bei Gans/Stryker, S. 41.
[554] Gans/Stryker, S. 44.
[555] Siehe auch oben § 6 D. II. 2. b.
[556] Siehe oben § 6 E.I.

chen von der Auslegung von Rechtsnormen abhängt oder eine Grundsatzfrage in einem Musterrechtsstreit höchstrichterlich geklärt werden soll. In diesen Fällen kann und soll die Mediation das Gerichtsverfahren in wirtschaftsrechtlichen Auseinandersetzungen nicht ersetzen.

2. Mediation in deliktsrechtlichen Streitigkeiten

Der Einsatz der Mediation in den USA bleibt nicht auf die Fälle beschränkt, in denen die Parteien auch nach Beendigung der Streitigkeit in einem fortgesetzten Kontakt verbleiben[557]. Auch bei Sachverhalten, die durch ein punktuelles Ereignis gekennzeichnet sind, wählen die Parteien häufig das Mediationsverfahren. Dies gilt etwa für deliktsrechtliche Fälle der Körperverletzung (personal injury)[558].

Auf den ersten Blick mag die Anwendung der Mediation im Deliktsrecht widersinnig erscheinen, da die Vorzüge des Mediationsverfahrens, etwa die Aufrechterhaltung einer langfristigen Personenbeziehung, hier nicht zum Tragen kommen. Der vielfache Gebrauch der Mediation auf diesem Gebiet erklärt sich zum einen aus den beschriebenen Unzulänglichkeiten der Justiz. Die lange Verfahrensdauer vor den US-Gerichten bedeutet einen gewichtigen Anreiz für den Geschädigten, eine Kompensation über ein ADR-Verfahren möglichst rasch zu erreichen. Der Zeitfaktor schreckt also viele Verletzte vor der Anrufung des Gerichts ab. Zum anderen ziehen auch viele Schädiger die Mediation dem Gerichtsverfahren vor. So ist die Vertraulichkeit des Mediationsverfahrens in Fällen der Produkthaftung für die corporate defendants ein großer Vorteil[559]. Daneben besteht bei schwerwiegenden Verletzungen des Gegners ein Interesse, die oftmals unberechenbaren und sehr hohen Schadensersatzurteile der jury zu umgehen[560].

Die Mediation wird bei deliktischen Schädigungen bisweilen auch wegen ihres „heilenden Charakters" gegenüber dem Gerichtsverfahren bevorzugt[561]. Manche

---

[557] Zu den „klassischen" Anwendungsfällen der Mediation können etwa die Dauerschuldverhältnisse gezählt werden, bei denen das Interesse an einer einvernehmlichen Streitbeilegung mit Blick auf den zukünftigen Umgang der Parteien besonders ausgeprägt ist.

[558] Dazu Haegelin, S. 175 ff.; Porter, S. 34 f.; Zdancewicz, S. 1177 ff.; Wohlner/Rymers, S. 2163.

[559] Haegelin, S. 179 f.

[560] Siehe Zdancewicz, S. 1169.

[561] Vgl. Christiansen, S. 66 ff; Calkins, S. 277, 279 ff.

Anhänger der Mediationsmethode betonen besonders die Ventilfunktion der Konfliktlösungsform. Neben der materiellen Form des Schadensersatzes in Geld habe der Verletzte bisweilen das Bedürfnis, seinem Ärger oder Kummer über die erlittene Verletzung Ausdruck zu verleihen. Das Mediationsverfahren biete hierzu ein passendes Forum. Demgegenüber werde eine solche Gelegenheit vor Gericht nur in seltenen Fällen bestehen[562]. Richtig daran ist, daß eine realistischere Einschätzung der eigenen Ersatzansprüche häufig erst möglich sein wird, wenn der Verletzte die Gelegenheit hatte, sich zu den emotionalen Folgen seiner Verletzung zu äußern[563]. Gerade im Bereich von Körper- und Ehrverletzungen ist die persönliche Betroffenheit des Verletzten regelmäßig besonders groß. Jede Streitbeilegung im Falle von Ehrverletzungen setzt ein gewisses Maß an Versöhnung zwischen den Parteien voraus. Teilweise wird gar vertreten, daß es ohne eine echte Aussöhnung der Parteien überhaupt keine erfolgreiche Mediation geben kann[564]. Daß die Bedeutung von persönlich empfundenem Schmerz eine große Rolle hinsichtlich der Erfolgsaussichten einer einvernehmlichen Regelung deliktischer Schäden spielt, ist nicht zu bestreiten. Beispiele aus der Praxis zeigen, daß mitunter eine bloße Entschuldigung oder ein (untechnisches) Schuldeingeständnis genügt, um den Konflikt, der häufig vordergründig um Geld geführt wird, zu einem gütlichen Ende zu bringen[565].

Erfahrungsberichte aus den USA bestätigen die positive Wirkung der Mediation auf den Verletzten[566], sie zeigen aber auch die Zufriedenheit des Anspruchsgegners (häufig ein Versicherer) mit dem Mediationsverfahren. Natürlich darf nicht außer Betracht bleiben, daß die Drohung mit enormen Schadensersatzforderungen in den USA die Bereitschaft der Parteien (insbesondere der Schädigerseite) zur außergerichtlichen Streitbeilegung erheblich beeinflußt. Gleichwohl werden hierdurch die positiven Seiten der Mediation für den Geschädigten nicht gemindert. Etwaige peinliche Aspekte des schädigenden Ereignisses können in der Mediation diskret behandelt werden. Vor allem wird der Geschädigte wegen der Kürze und Informalität des Mediationsverfahrens im Vergleich zum Gerichtsprozeß schneller zu seiner Entschädigungszahlung kommen.

Wenngleich Besonderheiten wie die hohen Schadensersatzsummen dem deutschen Recht fremd sind, gelten die oben dargelegten Vorteile der Mediation für

---

[562] Christiansen, a. a. O.

[563] Porter, S. 34; Zdancewicz, S. 1177.

[564] Vgl. Christiansen, S. 66 ff.

[565] Levi, S. 1165; Christiansen, S. 68 ff.

[566] Raitt/Folberg/Rosenberg/Barrett, S. 80.

die Beteiligten grundsätzlich auch für deliktsrechtliche Streitigkeiten hierzulande.

3. Mediation in sonstigen zivilrechtlichen Streitigkeiten

Das Mediationsverfahren wird schließlich bei den verschiedenartigsten Auseinandersetzungen auf dem Gebiet des allgemeinen Zivilrechts angewandt[567]. Besonders deutlich wird der breite Einsatz der Mediation bei Betrachtung der in fast allen amerikanischen Bundesstaaten vorhandenen Small Claims Courts. Bei diesen Zivilgerichten handelt es sich um Eingangsinstanzen, deren Zuständigkeit ähnlich den deutschen Amtsgerichten bis zu einer bestimmten Streitwerthöhe gegeben ist[568]. Wie die umfangreiche Studie von Raitt/Folberg/Rosenberg/Barrett[569] belegt, werden die meisten vor den Small Claims Courts verhandelten Fälle mit Erfolg an ein Mediationsprogramm verwiesen. Teilweise sind diese Mediationsprogramme in das einzelstaatliche Gerichtssystem integriert (court-based programs), teilweise arbeiten die fallweise eingeschalteten Mediatoren völlig unabhängig von der Justiz[570].

Zu den Streitigkeiten, die hauptsächlich vor die Small Claims Courts gelangen und oft an die Mediation verwiesen werden, zählen in erster Linie Vertragsverletzungen jeglicher Art und Gewährleistungsfälle. Daneben stellen Konflikte zwischen Nachbarn und zwischen Mieter und Vermieter einen weiteren Tätigkeitsschwerpunkt dar. Auch die Verletzung von verbraucherschützenden Regeln wird häufig gerügt[571]. In all diesen unterschiedlichen Konfliktkonstellationen wird also das Mediationsverfahren in vielen Bundesstaaten der USA eingesetzt.

D. Zusammenfassung

Alternative Konfliktbeilegung hat langjährige Tradition in den USA. Die anfangs auf bestimmte Konflikte begrenzte Anwendung außergerichtlicher Methoden der Streitlösung weitete sich in den vergangenen dreißig Jahren auf alle Rechtsbereiche aus. ADR ist heute zu einem nicht mehr wegzudenkenden Be-

---

[567] McLaughlin, S. 109 ff.; Raitt/Folberg/Rosenberg/Barrett, a. a. O.

[568] Die Streitwertgrenze differiert in den einzelnen Staaten der USA. In Kalifornien sind die *Small Claims Courts* z. B. ab einer Höhe von US $ 5.000,00 zuständig, vgl. Raitt/Folberg/Rosenberg/Barrett, S. 57 Fußnote 6.

[569] Raitt/Folberg/Rosenberg/Barrett, S. 80 f.

[570] Raitt/Folberg/Rosenberg/Barrett, S. 63, 80 f. Die Autoren berichten, daß durchschnittlich 80 % der an die kalifornischen Mediationsprogramme verwiesenen Fälle einvernehmlich beigelegt werden können.

[571] Raitt/Folberg/Rosenberg/Barrett, S. 57.

standteil des Rechtssystems der Vereinigten Staaten von Amerika geworden. Die Verflechtungen alternativer Streitbeilegung sind außerordentlich komplex, sei es im gerichtsverbundenen oder im privaten Bereich.

Der Erfolg von ADR beruht auf mehreren tragenden Säulen. Erstens ist das Interesse der Wissenschaft an der breiten Vielfalt der außergerichtlichen Konfliktlösungsmöglichkeiten ungebrochen. Es geht nicht mehr um das „Ob“, sondern nur noch um das „Wie“ der alternativen Streitbeilegung. Das theoretische Wissen um Funktion und Wirkung von ADR- Verfahren wächst kontinuierlich an. Richter, Anwälte und private Anbieter wenden zweitens ADR in allen möglichen Variationen in der Praxis an und sammeln ständig neue Erfahrungen, die auf die Praxis der im Bereich der ADR aktiven Personen und Institutionen zurückwirken. Es ist drittens die Wirtschaft, die nach informellen Alternativen zum Gerichtsverfahren verlangt und so für einen permanenten Innovationsdruck sorgt. Schließlich und viertens basiert die weitverzweigte Implementation von ADR nicht zuletzt auf der Ausbildung der amerikanischen Juristen. In den Universitäten wird seit etwa 30 Jahren neben der klassischen streitigen Auseinandersetzung gleichberechtigt die konsensuale Konfliktlösung gelehrt. So werden die angehenden Rechtspraktiker frühzeitig für alternative Formen der Streitbeilegung sensibilisiert.

Die Palette der angewandten ADR-Verfahren ist so umfassend, daß praktisch jede zivilrechtliche Streitigkeit einer geeigneten außergerichtlichen Streitbeilegungsform zugeführt werden kann. Besonders erfolgversprechend ist das für fast alle Streitigkeiten eingesetzte Mediationsverfahren, bei dem die Wiederherstellung der Kommunikation der Parteien durch die kreative und zukunftsorientierte Verfahrensgestaltung nachhaltig unterstützt werden kann.

Die US-amerikanische ADR-Praxis kann in mancherlei Hinsicht als Beispiel für die deutsche Rechtsordnung dienen: Das Leitbild einer privatisierten außergerichtlichen Streitbeilegung ist etwa im hessischen Gesetzentwurf vom 16.05.2000 übernommen worden. Darüber hinaus sollte die Ausbildung der deutschen Juristen verstärkt auf außergerichtliche Konfliktbeilegung abzielen, wie es in den Universitäten der USA der Fall ist. Eine Verbreitung der Mediation und anderen Formen einvernehmlicher Streitregelung müßte ferner durch weitere öffentliche Tagungen und Veranstaltungen nach dem Vorbild der Pound Conference in das Bewußtsein der deutschen Öffentlichkeit gerückt werden.

§ 9 Probleme bei der Übertragung der US-amerikanischen Erfahrungen in das deutsche Recht

Damit konkrete Anregungen für das deutsche Recht aus der amerikanischen Praxis außergerichtlicher Konfliktlösung abgeleitet werden können, müssen die in beiden Ländern auftretenden zivilrechtlichen Streitigkeiten vergleichbarer Natur sein. Hinsichtlich der in Deutschland und in den USA vorhandenen Konfliktarten und deren Ursachen müssen also vergleichbare Bedingungen bestehen. Anderenfalls wäre die Tauglichkeit der ADR-Formen für das deutsche Rechtssystem von vornherein in Zweifel zu ziehen.

Trotz aller prozessualen und materiell-rechtlichen Unterschiede zwischen dem anglo-amerikanischen Rechtskreis und dem deutschen Rechtssystem entsprechen sich sowohl die auftretenden Konflikttypen als auch die Ursachen der Auseinandersetzungen zumindest in den Grundzügen. Beide Rechtssysteme sind am freiheitlich-demokratischen Gesellschaftsmodell ausgerichtet. Es kann davon ausgegangen werden, daß keine allzu großen Unterschiede im Wesen der zivilrechtlichen Streitigkeiten und bezüglich der Gleichartigkeit der Konfliktursachen bestehen[572]. Dabei soll nicht verkannt werden, daß es in Deutschland wie in den Vereinigten Staaten spezifische Konfliktsituationen gibt, die in dieser Form im jeweils anderen Land nicht oder jedenfalls nicht in dieser Häufigkeit auftreten. So dürften etwa Konflikte zwischen Angehörigen unterschiedlicher Ethnien mit Blick auf die überaus heterogene Bevölkerungsstruktur der USA dort häufiger vorkommen als in Deutschland. Gleichwohl kann in beiden Rechtsordnungen eine zumindest im Grundsatz bestehende Übereinstimmung der Arten zivilrechtlicher Konflikte und deren Ursachen angenommen werden[573]. Mögliche Bedenken, daß die amerikanischen ADR-Verfahren typisch amerikanische Sachverhalte zum Inhalt haben und Konflikte regeln, die in dieser Form in Deutschland nicht auftreten, greifen mithin nicht durch.

Gewichtiger erscheint hingegen der Einwand, daß eine Nutzbarmachung der ADR-Verfahren für die deutsche Rechtsordnung keinen Erfolg verspreche, weil die amerikanische außergerichtliche Streitbeilegung als Antwort auf die spezifischen Probleme des amerikanischen Prozeßrechts zu verstehen sei[574]. Nach dieser Ansicht handelt es sich bei den ADR-Verfahren um spezielle Institute, die in einer völlig anderen Rechtsordnung entwickelt wurden, um dort auftretende pro-

---

[572] Ebenso Duve, Mediation, S. 432 ff.
[573] Ähnlich Duve, Mediation, S. 433 f.
[574] Böckstiegel, S. 267 ff.

zessuale Probleme zu lösen, die sich im deutschen Recht von vornherein nicht stellen[575].

Zu den Faktoren, die die Entstehung der ADR-Verfahren begünstigt haben, gehören zweifellos Besonderheiten des amerikanischen Zivilprozesses, die dem deutschen Zivilprozeß fremd sind. Diese Umstände sollen im folgenden aufgezeigt werden (A.). In einem weiteren Abschnitt sind sodann die sich daraus ergebenden Konsequenzen für unsere Rechtsordnung zu erörtern (B.).

A. Besonderheiten des US-Zivilprozeßrechts als Hindernis für die Implementation von ADR-Verfahren im deutschen Recht ?

Der Erfolg der ADR-Verfahren in den USA ist vor dem Hintergrund des dort herrschenden Prozeßrechts und der amerikanischen Rechtswirklichkeit zu sehen. Wie bereits dargestellt[576], hat die Unzufriedenheit der amerikanischen Öffentlichkeit mit dem Ablauf des Zivilprozesses, insbesondere der Dauer des gerichtlichen Verfahrens, zur Popularität der ADR in besonderem Maße beigetragen. Es sind mehrere Eigenheiten des amerikanischen Gerichtsverfahrens, die den enormen Zulauf zu den diversen Formen der außergerichtlichen Streitbeilegung verständlich machen.

I. Die Härte der Auseinandersetzung im amerikanischen Gerichtsverfahren

Zunächst unterscheidet sich der Grad der Konfrontation innerhalb des amerikanischen Gerichtsverfahrens nicht unwesentlich vom deutschen Zivilprozeß. Das amerikanische Zivilprozeßrecht basiert auf dem Gedanken des Adversary System, also einem System der Gegnerschaft[577]. Dies zeigt sich besonders bei der Prozeßführung der Parteien. So gerät fast jeder Rechtsstreit zu einer meist sehr scharf geführten Auseinandersetzung zwischen den Rechtsanwälten[578]. Das hängt neben dem Selbstverständnis der amerikanischen Anwaltschaft[579] auch mit der permanenten Medienpräsenz in den US-Gerichtssälen zusammen. Die Ver-

---

[575] Böckstiegel, S. 268; Duve, Mediation, S. 434.

[576] Siehe oben § 7 B. I. und II.

[577] Ausführlich Leeson/Johnston, S. 2 ff.

[578] Moyer, S. 13.

[579] Duve, Mediation, S. 435, verweist unter Bezugnahme auf den amerikanischen Rechtsgelehrten Wigmore auf die den amerikanischen Prozeß leitende „Sporting Theory of Justice". Danach treten die Parteien bzw. deren Rechtsbeistände in eine Art sportlichen Wettkampf ein, der nur bei groben Regelverstößen vom ansonsten eher passiven Richter unterbrochen wird.

mutung liegt nahe, daß die oftmals im Fernsehen[580] übertragenen Gerichtsverfahren zur Selbstdarstellung der Beteiligten genutzt werden. Die Heftigkeit der Konfrontation im amerikanischen Zivilprozeß kann ferner mit dem Umstand erklärt werden, daß in vielen Fällen ein Geschworenengericht (Jury) über den Rechtsstreit entscheidet. Beide Parteien stehen also vor der Notwendigkeit, Laienrichter von ihrer Version der Streitigkeit zu überzeugen. Im Kampf um die Überzeugung der amerikanischen Jury wird im US-Zivilprozeß härter und schonungsloser gestritten werden als vor dem deutschen Berufsrichter, der als emotional weniger stark beeinflußbar angesehen werden kann. Schließlich führt auch die Problematik der von den Parteien beauftragten und bezahlten Gutachter zur Verschärfung des Prozeßklimas, wenn diese im Verfahren als Zeugen vernommen werden. Daß insbesondere die Parteigutachter, aber auch andere Zeugen der Gegenseite regelmäßig in unerbittlicher Weise als persönlich unglaubwürdig oder inkompetent angegriffen werden, liegt in der Struktur des Adversary Systems. All diese Faktoren verdeutlichen das Wesen des amerikanischen Zivilprozesses, der häufig einem emotional rigorosen Gefecht der Parteien gleicht. Hierin unterscheidet er sich vom deutschen Gerichtsverfahren, in welchem das Gericht in Fällen massiver Auseinandersetzungen eher als der US-Richter mäßigend eingreift[581].

Das Adversary System des amerikanischen Gerichtsverfahrens kann als eine Ursache der Popularität von außergerichtlichen Formen der Konfliktlösung angesehen werden, verkörpern die ADR-Verfahren doch das Gegenteil des kompromißlos ausgetragenen Rechtsstreits. Sie bieten den Konfliktparteien eine Chance zur einvernehmlichen Interessenlösung mit „heilendem Charakter“[582].

II. Die Entscheidungsfindung durch Laienrichter

Weiterhin dürfte in der amerikanischen Besonderheit der Rechtsfindung durch ein Laiengericht, der Jury, ein Grund für den Aufschwung der ADR-Verfahren zu sehen sein[583].

---

[580] Der landesweit ausgestrahlte Kabelkanal „Court TV“ hat sich ausschließlich auf die Liveberichterstattung von den spektakulärsten Gerichtsverfahren in den Vereinigten Staaten spezialisiert. Heute gibt es eine Reihe von Fernsehstationen in den USA, die das erfolgreiche Sendeformat übernommen haben.

[581] Duve, Mediation, S. 435 f.

[582] Calkins, S. 277, 279 ff.

[583] Zwar werden nicht alle Zivilgerichtsverfahren in den USA vor einer *Jury* verhandelt, der Kläger hat jedoch in vielen Bundesstaaten das Recht, seinen Rechtsstreit vor einem Geschworenengericht auszutragen. In vielen Fällen, z. B. der Körperverletzung (*personal injury*), ver-

Insbesondere die Beklagten im Zivilprozeß sehen sich oftmals gezwungen, in Vergleichsverhandlungen einzutreten, um ruinösen Entscheidungen der Geschworenen vorzubeugen. So wurden in der jüngeren Vergangenheit immer neue Rekordsummen in Form des Strafschadensersatzes (punitive damages) durch amerikanische Geschworenengerichte zugesprochen. Zwei- oder gar dreistellige Millionenbeträge sind heute in der US-Rechtspraxis keine Seltenheit mehr[584]. Ein Ende dieser für den kontinental-europäischen Beobachter höchst befremdlichen Entwicklung ist nicht in Sicht.

Hinzu tritt ein mit der Entscheidung von Laienrichtern verbundenes Moment der Ungewißheit. Anders als die von Berufsrichtern vollzogene, im allgemeinen berechenbare Urteilsfindung im deutschen Zivilprozeß sind die Beweggründe der Jury häufig kaum vorhersehbar. Auch aus diesem Grund werden viele Parteien eine eigenverantwortliche außergerichtliche Streitbeilegung den unkalkulierbaren Risiken der Entscheidung durch ein Geschworenengericht vorziehen.

III. Das Discovery-Verfahren

Ein weiteres prozeßrechtliches Kennzeichen des amerikanischen Gerichtsverfahrens ist die Pretrial-Discovery. Dieses vorgerichtliche Verfahren hat in besonderem Maße das Bedürfnis nach weniger komplizierten Konfliktlösungsformen gefördert. Das anglo-amerikanische Prozeßrecht eröffnet mit dem Instrument der Discovery jeder Partei die Möglichkeit, vor dem Gerichtstermin vom Gegner die Erteilung von Auskünften und die Vorlage von Dokumenten zu verlangen, die für das kommende Verfahren von irgend einer Bedeutung sein können[585]. Hierdurch können beträchtliche Kosten entstehen, auch und gerade unter Berücksichtigung des damit verbundenen erheblichen Zeitaufwandes. Insbesondere in wirtschaftsrechtlichen Streitigkeiten übersteigt oft der mit diesem Institut verbundene Aufwand für die Parteien die Beschwernisse des nachfolgenden Gerichtsverfahrens bei weitem.

Daß die außergerichtliche Streitbeilegung großen Anklang gerade in der Wirtschaft der Vereinigten Staaten aufgrund der zeit- und kostenintensiven Discovery gefunden hat, verwundert daher nicht[586].

---

sprechen sich die Kläger höhere Schadensersatzsummen durch die Entscheidung einer *Jury*, siehe hierzu Duve, Mediation, S. 437.

[584] Siehe die Beispiele bei Haegelin, S. 175 ff.

[585] Einzelheiten bei Schaaff, S. 28 ff.

[586] Nicht nur im vorprozessualen Stadium müssen sich die Parteien auf hohe Kosten einstellen. Hinzu kommt, daß das US-Zivilprozeßrecht keine Kostenerstattungspflicht kennt. Auch

IV. Das Klageinstitut der Class Action

Die Bereitschaft der amerikanischen Prozeßparteien zur Aufnahme von Verhandlungen wird durch das im deutschen Recht unbekannte Klageinstitut der Class Action gefördert. Hierbei handelt es sich um die sog. Sammel- oder Gruppenklage[587]. Vorwiegend kommt die Gruppenklage im Deliktsrecht beim Auftreten von Massenschäden vor. Da nach amerikanischem Recht die Erhebung der Klage im Namen einer nicht festgelegten Zahl von Klägern grundsätzlich zulässig ist, besteht gerade für die Beklagtenseite, zumeist Unternehmen der Großindustrie, ein verstärkter Anreiz zur einvernehmlichen Beilegung des Konflikts, um astronomischen Schadensersatzsummen zu entgehen[588]. Der zunehmende Gebrauch der Gruppenklage im amerikanischen Recht hat demnach ebenfalls die Inanspruchnahme informeller ADR-Verfahren erhöht[589].

V. Zusammenfassung

Das Adversary System, die Entscheidungsgewalt in den Händen von Laienrichtern, das umfangreiche Pretrial Discovery-Verfahren und die Einrichtung der Sammelklage haben zur wachsenden Unzufriedenheit mit dem US-Zivilprozeß entscheidend beigetragen. Der Erfolg von ADR in der amerikanischen Rechtsordnung beruht auch auf den vorgenannten prozeßrechtlichen Besonderheiten.

All diese den amerikanischen Zivilprozeß prägenden Charakteristika kommen im deutschen Rechtssystem nicht vor. Die spezifischen Probleme der amerikanischen Prozeßwirklichkeit, die die Verbreitung der ADR-Verfahren beschleunigt haben, finden in Deutschland keine Entsprechung. Die naheliegende Mutmaßung, ADR werde sich in Deutschland nicht durchsetzen können, da in den entwickelten außergerichtlichen Formen eine amerikanische Antwort auf charakteristische Besonderheiten des US-Zivilprozesses zu sehen sei[590], erscheint auf den ersten Blick berechtigt.

---

die obsiegende Partei muß also ihre Prozeßkosten selbst tragen. Dieser Umstand dürfte zur Entwicklung außergerichtlicher Streitbeilegung ebenfalls beigetragen haben, vgl. Gottwald, WM 1998, S. 1260.

587 Eingehend hierzu Haß, Die Gruppenklage, 1996.

588 Ein Beispiel ist die im Bundesstaat Florida im Sommer 2000 eingereichte Klage mehrerer an Lungenkrebs erkrankter Raucher gegen US-Tabakunternehmen.

589 Duve, Mediation, S. 439.

590 Vgl. Böckstiegel, S. 267 f.; Duve, Mediation, S. 434.

B. Konsequenzen für die deutsche Rechtsordnung

Gleichwohl lassen sich, wie schon erwähnt, aus den amerikanischen Erfahrungen mit ADR Impulse für das deutsche Rechtssystem gewinnen. Dabei geht es nicht um eine exakte Übertragung der einzelnen außergerichtlichen Verfahrensarten in die deutsche Rechtslandschaft. Außer der rechtsordnungsunabhängigen Mediation kämen andere ADR-Verfahren, beispielsweise das Mini-Trial, aufgrund ihres Zuschnitts auf die amerikanischen Gegebenheiten von vornherein nicht in Betracht.

Es sind vielmehr die in den USA vorhandenen Rahmenbedingungen der außergerichtlichen Streitbeilegung, die sich zur Übertragung empfehlen. Der dargelegte hohe Stellenwert der ADR-Verfahren in der US-amerikanischen Juristenausbildung ist ein Grund für den dortigen Erfolg von ADR. Hier ließe sich ebenso ansetzen wie im Bereich der in Deutschland unterentwickelten Öffentlichkeitsarbeit. Es gilt, das Bewußtsein der Öffentlichkeit für die schon vorhandenen außergerichtlichen Stellen, vor allem aber auch für neuartige Verfahrensformen wie die Mediation zu schärfen. Zugleich hat die weitgehende Privatisierung und Kommerzialisierung der außergerichtlichen Streitbeilegung in den USA Modellcharakter für die deutsche Rechtsordnung. Um die Bevölkerung vor unqualifizierten Angeboten zu schützen, sind freilich gesetzliche Bestimmungen erforderlich, die z. B. den Marktzugang regulieren. Art. 2 des Hessischen Gesetzentwurfs kann als sinnvoller Ansatz in diese Richtung aufgefaßt werden.

Gelänge es, ein breites Angebot privater außergerichtlicher Streitbeilegung in Deutschland zu etablieren, hätte dies auch Auswirkungen auf die überlastete Justiz. Es wurde bereits dargetan, daß ein Zusammenhang zwischen dem Vorhandensein einer Vielfalt vorgerichtlicher Einrichtungen und dem Geschäftsanfall der Gerichte besteht[591]. Die Förderung privater Streitbeilegung kann also reduzierend auf die Arbeitsbelastung der Gerichte wirken.

Schließlich stellen die aufgezeigten Vorteile für die Parteien einen Grund dar, an die außergerichtliche Streitbeilegung in den USA anzuknüpfen. Die ermittelte Zufriedenheit von weiten Teilen der amerikanischen Bevölkerung mit alternativen Wegen der Konfliktlösung läßt sich im Grundsatz auf die Bürger in Deutschland übertragen. Die direkte Kommunikation der Verfahrensbeteiligten vermag insbesondere durch die Mediation wiederaufgebaut und gefördert zu werden. Wenn dagegen erst einmal der Rechtsweg beschritten ist, sind die

---

[591] Siehe oben § 3.

Fronten oft derart verhärtet, daß die Chancen für eine einvernehmliche Streitbeilegung rapide herabsinken. Zwar finden Vergleichsgespräche auch während des streitigen Gerichtsverfahrens statt. So mag eine Partei den Zivilprozeß mitunter als Druckmittel benutzen, um die Gegenseite zu Verhandlungen und Kompromissen zu bewegen. Vergleichsverhandlungen sind demnach in jedem Stadium der Konfliktauseinandersetzung möglich. Der besondere Vorteil der ADR-Verfahren besteht indes darin, die Parteien zu einem sehr frühen Zeitpunkt der Auseinandersetzung zu direkten Verhandlungen anzuregen. Die außergerichtlichen Streitbewältigungsverfahren sind im Verhältnis zum Gerichtsverfahren durch ihre informelle Struktur in aller Regel besser geeignet, Verhandlungen der Parteien in Gang zu setzen und so eine einträchtige Konfliktlösung zu ermöglichen. Der die ADR-Verfahren kennzeichnende Grundsatz der Wiederherstellung der Verhandlungsbereitschaft wird insbesondere beim Mediationsverfahren sichtbar. Dieses außergerichtliche Instrument ist in besonderem Maße darauf ausgelegt, den Weg für interessenorientierte Verhandlungen der Parteien zu ebnen[592]. Letztlich ist die Mediation nichts anderes als strukturierte Verhandlungsführung[593].

Als Fazit ist festzuhalten, daß die Rahmenbedingungen der US-amerikanischen außergerichtlichen Streitbeilegung für das deutsche Rechtssystem Modellcharakter haben. Dem US-Vorbild ist der deutsche Gesetzgeber insofern bereits nachgekommen, als mit der Schaffung des § 15a EGZPO die außergerichtliche Konfliktregelung in Deutschland gesetzlich implementiert wurde. Die Auswirkungen dieser Norm sind Gegenstand des folgenden Kapitels.

---

[592] Siehe bereits oben § 6 D I. 1. und F.

[593] Duve, Mediation, S. 441.

4. Kapitel:

§ 15a EGZPO – Die Öffnungsklausel zur Einführung einer obligatorischen außergerichtlichen Streitbeilegung und ihre Umsetzung in den Bundesländern

Die deutsche Rechtspolitik beschäftigt sich seit einiger Zeit mit umfassenden Reformen des Zivilprozesses[594]. Jüngere Reformbestrebungen erwachsen aus der zunehmenden Inanspruchnahme und Überlastung der Gerichte[595] und der Erkenntnis, daß eine konsensuale Konfliktregelung der gerichtlichen Streitentscheidung mitunter überlegen sein kann[596]. Neben der angestrebten Verschlankung der Justiz durch organisatorische Straffungsmaßnahmen und Überlegungen, die zweite Tatsacheninstanz abzuschaffen, steht die Institutionalisierung der außergerichtlichen Streitbeilegung im Mittelpunkt der aktuellen rechtspolitischen Diskussion.

Bereits die Novellierung des Schiedsverfahrensrechts mit Wirkung zum 01.01.1998 zeigt das wachsende Interesse an der Förderung und Institutionalisierung von Alternativen zur Justiz[597]. So ist die über 120 Jahre alte bisherige Regelung des Schiedsverfahrens grundlegend erneuert und internationalen Erfordernissen strukturell angepaßt worden[598].

Der Bundesgesetzgeber hat darüber hinaus die informelle außergerichtliche Konfliktregelung in der deutschen Rechtsordnung verankert. Die am 01. Januar 2000 in Kraft getretene Regelung des § 15a EGZPO[599] gibt den Bundesländern einen rechtlichen Rahmen vor, innerhalb dessen ein obligatorisches Schlichtungsverfahren in bestimmten bürgerlich-rechtlichen Streitigkeiten auf Landesebene vorgeschaltet werden kann. Eine Klage, welche über die in der Norm festgelegten Streitigkeiten geführt wird, ist nach der Konzeption des § 15a EGZPO

---

[594] Vgl. z. B. das Rechtspflegeentlastungsgesetz vom 11. Januar 1993, BGBl. I, S. 50.

[595] Siehe dazu oben § 2 A.

[596] So die Begründung zum Gesetz zur Förderung der außergerichtlichen Streitbeilegung, BT-Drucks. 14/980, S. 5; vgl. auch Behrens, S. 236 f., der im Zusammenhang mit der gesetzlichen Neuregelung die Vorzüge konsensualer Konfliktlösungen gegenüber dem Gerichtsentscheid hervorhebt. Siehe auch oben § 2 B.

[597] BGBl. I, S. 3224.

[598] Zum modernisierten Schiedsverfahren und den weiteren Reformvorschlägen des Sachverständigenrates „Schlanker Staat“ zur Modernisierung und Entlastung der Justiz vgl. Meyer-Teschendorf/Hofmann, S. 132 ff.

[599] Siehe Anhang A.

nur zulässig, wenn die Parteien zuvor versucht haben, sich in einem außergerichtlichen Schlichtungsverfahren zu einigen. Die Einräumung der Gesetzgebungskompetenz für den Landesgesetzgeber geht auf einen Vorschlag der Länder im Entwurf eines Gesetzes zur Vereinfachung des zivilgerichtlichen Verfahrens und des Verfahrens der freiwilligen Gerichtsbarkeit[600] zurück. Der Gesetzentwurf ist mit Ablauf der 13. Legislaturperiode des Deutschen Bundestages der Diskontinuität anheimgefallen, wurde aber aufgrund der übereinstimmend befürworteten Förderung der außergerichtlichen Streitbeilegung im 14. Deutschen Bundestag als isoliertes Gesetzgebungsvorhaben weiterverfolgt.

Mit der Regelung des § 15a EGZPO erlebt das obligatorische Vorverfahren im Bereich des Zivilrechts eine Renaissance. Bereits vor über siebzig Jahren gab es in der damaligen Fassung der ZPO eine Regelung, wonach vor jedem Zivilverfahren zwingend ein Schlichtungsversuch vor dem Amtsgericht zu absolvieren war[601]. Ebenso ist die mittlerweile außer Kraft gesetzte Vorschrift des § 608 ZPO aus dem damaligen Scheidungsrecht bekannt, nach der vor der Scheidung ein Sühneversuch unternommen werden mußte. Beide Regelungen, die heute nur noch von rechtshistorischem Interesse sind, wurden wegen Erfolglosigkeit vom Gesetzgeber abgeschafft[602]. Insofern mag die Wiederkehr des obligatorischen Schlichtungsversuchs erstaunen. Tatsächlich hat der Gesetzgeber jedoch in einer ganzen Reihe von Vorschriften des Zivilrechts, darunter auch solchen jüngeren Datums, zwingend ausgestaltete einvernehmliche Konfliktregelungen vorgesehen[603].

Dieses Kapitel beschäftigt sich im ersten Teil (A.) mit den Einzelheiten der bundesgesetzlichen Öffnungsklausel des § 15a EGZPO. Struktur und Zielsetzungen der Regelung sind wertend zu erörtern. Daneben wird die Frage zu beantworten sein, ob sich ein obligatorisch ausgestaltetes Schlichtungsverfahren überhaupt mit dem Gedanken einer einvernehmlichen Konfliktlösung verträgt. Schließlich soll das Gesamtkonzept des § 15a EGZPO kritisch gewürdigt werden.
Im zweiten Teil (B.) geht es sodann um die Umsetzung der Öffnungsklausel in einzelnen Bundesländern. Hier wird es darum gehen, Tendenzen in der Anwen-

---

[600] BT-Drucks. 13/6398.
[601] Prütting, S. 63, unter Hinweis auf § 495a ZPO. Die Norm hatte im Zeitraum von 1924 bis 1950 Bestand.
[602] Vgl. Prütting, S. 64.
[603] Vgl. §§ 54 ArbGG, 111 Absatz 2 ArbGG, § 104 SachenRBerG, 305 Absatz 1 Nr. 1 InsO, zur Relevanz der Bestimmungen siehe Breidenbach, Komplementäre Konfliktbehandlung, S. 1 ff.; Prütting, S. 64 f.

dung der obligatorischen Schlichtung auf Landesebene aufzuzeigen. Wie noch darzustellen ist, konkurrieren verschiedene Regelungssysteme unter den Ländern. Es wird der Versuch unternommen, die wesentlichen Unterschiede der Länderkonzepte - soweit vorhanden - sichtbar zu machen, bevor ein Ausblick zur weiteren Zukunft der außergerichtlichen Streitbeilegung die Arbeit abschließt.

§ 10 Die bundesgesetzliche Regelung des § 15a EGZPO

Am 1. Januar 2000 ist das „Gesetz zur Förderung der außergerichtlichen Streitbeilegung“ in Kraft getreten[604]. Die in diesem Gesetz enthaltene Öffnungsklausel des § 15a EGZPO ermöglicht es den Ländern, in vermögensrechtlichen Streitigkeiten bis zu einem Streitwert von 1.500 DM, in bestimmten Nachbarrechtsstreitigkeiten sowie bei Ansprüchen wegen Verletzung der persönlichen Ehre außerhalb von Presse oder Rundfunk zwingend ein Güteverfahren vorzusehen.

Damit hat sich der Gesetzgeber für eine föderale Regelung[605] entschieden, die den Bundesländern die konkrete Ausgestaltung der obligatorischen Schlichtung überläßt. Theoretisch können so bis zu sechzehn verschiedene Schlichtungsmodelle der Länder entstehen[606]. Diese mögliche Vielfalt der landesrechtlichen Regelungen ist durchaus gewollt. Die Länder werden nach der Gesetzesbegründung ermutigt, in einen Wettstreit um das beste Schlichtungskonzept zu treten[607]. § 15a EGZPO bezweckt den Landeswettbewerb, um aus den unterschiedlichen Modellen rechtspolitische Rückschlüsse für eine etwaige bundesgesetzliche Regelung ziehen zu können[608].

Von der Implementierung eines bundesgesetzlich verankerten zwingenden Schlichtungsverfahrens – in Anlehnung an das Güteverfahren nach § 380 StPO -

---

604 Gesetz vom 15.12.1999, BGBl. I, S. 2400.

605 Kritisch zu der den Ländern durch § 15a EGZPO eingeräumten Gestaltungsmöglichkeit Hartmann, der in der Öffnungsklausel „kleinstaaterische Tendenzen“ ausmacht, die angesichts der Bemühungen um Rechtseinheit innerhalb der EU „skeptisches Zögern auslösen sollten“, ders. in: NJW 1999, 3746.

606 Wie schon die US-amerikanische Praxis zeigt, braucht Gestaltungsvielfalt der Regelungsmodelle einer effizienten außergerichtlichen Streitbeilegung nicht im Wege zu stehen, siehe oben § 8 A.I. und II.

607 BT-Drucks. 13/6398, S. 18.

608 BT-Drucks. 13/6398, S. 18.

wurde Abstand genommen[609]. Eine bundesgesetzliche Regelung der obligatorischen Schlichtung würde eine hinreichende Anzahl von Gütestellen bundesweit voraussetzen, um den Zugang zu den Gerichten ohne erhebliche Zeitverzögerungen zu gewährleisten. Ein solches Netz von Gütestellen ist jedoch nicht in allen Ländern vorhanden. Andererseits sollen diejenigen Länder, die über eine entsprechende Infrastruktur von Gütestellen bereits heute verfügen, sogleich in die Lage versetzt werden, von der Öffnungsklausel Gebrauch zu machen[610]. So haben diese Bundesländer einen Anreiz erhalten, den Geschäftsanfall bei ihren Gerichten durch die zügige Umsetzung des § 15a EGZPO zu reduzieren.

In verfassungsrechtlicher Hinsicht bestehen keine Bedenken gegen die Zulässigkeit der Öffnungsklausel des § 15a EGZPO[611]. Der Bund kann nach der Rechtsprechung des BVerfG[612] den Ländern die Befugnis zur Gesetzgebung überlassen, soweit die zur konkurrierenden Gesetzgebung zählenden Gegenstände des gerichtlichen Verfahrens und der Gerichtsverfassung gemäß Artikel 74 Abs. 1 Nr. 1 GG betroffen sind. Obwohl der Bund von der ihm übertragenen Kompetenz, die Gerichtsverfassung und das gerichtliche Verfahren zu regeln, umfassend Gebrauch gemacht hat, sind Vorbehalte zugunsten der Landesgesetzgebung zulässig[613]. Unterschiedliche Regelungen der Länder verletzen nicht den Gleichheitssatz[614].

A. Die Zielsetzung der Öffnungsklausel

Der Gesetzgeber verfolgt mit der Regelung des § 15a EGZPO mehrere Ziele. Im Vordergrund steht das Ziel einer spürbaren Entlastung der Gerichte. Der stetig steigende Geschäftsanfall und die Übernahme zusätzlicher personalintensiver Aufgaben (insbesondere aus den reformierten Gebieten des Betreuungsrechts und des Insolvenzrechts) verdeutliche die derzeitige Überlastung der Justiz, so daß nach der Gesetzesbegründung „auch die Möglichkeiten einer außergerichtlichen Streitbeilegung besser genutzt werden (müssen)“[615].

---

[609] Vgl. die Gesetzesbegründung, BT-Drucks. 13/6398, S. 18.
[610] BT-Drucks. 13/6398, S. 18.
[611] Zweifelnd Hartmann, NJW 1999, 3746: § 15a Abs. 5 Halbsatz 1 EGZPO mit den Befugnissen der Länder zur Einschränkung von Abs. 1 und zur Erweiterung von Abs. 2 sei mit dem Gebot der Rechtseinheit nicht zu vereinbaren.
[612] Vgl. BVerfGE 33, 224, 229; 83, 24, 30.
[613] BVerfGE 83, 24, 30.
[614] BVerfG, a. a. O.
[615] Vgl. BT-Drucks. 13/6398, S. 1, 18 f.

Die Verlagerung der Konfliktbewältigung auf außergerichtliche Instrumentarien dient aber auch der rascheren und kostengünstigeren Beilegung von Streitigkeiten[616]. Eine Streitregelung durch konsensuale Lösungen könne in „manchen Fallgestaltungen eher dauerhaften Rechtsfrieden stiften als eine gerichtliche Entscheidung“[617]. Der eng gefaßte Geltungsbereich des § 15a Abs. 1 EGZPO[618] steht allerdings dem gesetzgeberischen Bekenntnis zur Notwendigkeit einvernehmlicher Streitbeilegungen entgegen. Eine direkte Begründung für den eingegrenzten Anwendungsbereich der Öffnungsklausel findet sich in den Gesetzmaterialien nicht. Jedoch wird § 15a EGZPO ein experimenteller Charakter insofern zuerkannt, als weitere bürgerlich-rechtliche Streitigkeiten in die Regelung aufgenommen werden könnten, wenn sich die Öffnungsklausel „praktisch bewährt“[619]. Dabei wird z. B. an Streitigkeiten aus Wohnraummietverhältnissen und Konflikte aus dem Verbraucherrecht gedacht[620]. Der Gesetzgeber faßt die getroffene Regelung also offenbar als Einstieg in eine umfangreichere außergerichtliche Konfliktregelung innerhalb der deutschen Rechtsordnung auf.

B. Zum Anwendungsbereich des § 15a EGZPO

Die allein aufgrund ihrer Länge etwas unübersichtliche Norm gilt, wie bereits erwähnt, nicht für alle Streitigkeiten. § 15a Absatz 1 Nr. 1 bis 3 EGZPO führt die Streitigkeiten abschließend auf, die unter das Erfordernis der obligatorischen Schlichtung fallen. Vom Anwendungsbereich werden in den Absätzen 2 und 3 wiederum bestimmte Streitigkeiten und Konstellationen ausgenommen. Letztlich hängt die Einschaltung des obligatorischen Schlichtungsverfahrens also von Art und Umfang des sachlich-rechtlichen Anspruchs ab. Im einzelnen ergibt sich der folgende Anwendungsbereich der Vorschrift:

I. § 15a Absatz 1 Satz 1 Nr. 1 EGZPO

Die Öffnungsklausel ermöglicht gemäß Absatz 1 Satz 1 Nr. 1 den Ländern die Einführung obligatorischer Schlichtung in vermögensrechtlichen Streitigkeiten vor dem Amtsgericht[621] über Ansprüche, deren Gegenstand an Geld oder Geldeswert die Summe von 1.500 DM nicht übersteigt.

---

[616] BT-Drucks. 13/6398, S. 18.
[617] BT-Drucks. 13/6398, S. 18.
[618] Dazu sogleich unten § 10 B.
[619] BT-Drucks. 13/6398, S. 19.
[620] BT-Drucks. 13/6398, S. 19.
[621] Da auch das Landgericht bei Streitigkeiten im hier interessierenden Bereich zuständig sein kann (vgl. z. B. § 71 Abs. 2 Nr. 1, 2 GVG), diese Streitigkeiten jedoch häufig Spezialmaterien

Kernpunkt dieser Bestimmung ist die Festlegung des Gesetzgebers auf Streitigkeiten bis zur Höhe der Berufungssumme nach § 511a Abs. 1 ZPO. In der ursprünglichen Entwurfsfassung des Gesetzes war eine Wertgrenze von 1.000 DM vorgesehen[622]. Der Rechtsausschuß des Deutschen Bundestages hat in seiner Beschlußempfehlung die Anhebung der Wertgrenze auf 1.500 DM mit der Vermeidung der Schaffung einer weiteren Wertgrenze neben der Berufungssumme begründet[623]. Überzeugen kann diese Begründung nicht, da im Rahmen des Kleinverfahrens nach § 495a Abs. 1 ZPO eine weitere Wertgrenze in Höhe von 1.200 DM vorhanden ist, die mit gleicher Berechtigung als Maßstab hätte dienen können.

Die Regelung des § 15a Abs. 1 Satz 1 Nr. 1 EGZPO hat unter den Befürwortern der außergerichtlichen Streitbeilegung scharfe Kritik aus einem weiteren Grund erfahren. Die Beschränkung der obligatorischen Schlichtung auf Verfahren bis zu einem Streitwert von 1.500 DM mutet willkürlich an und läßt die vorhandenen Erfahrungen mit außergerichtlicher Streitbeilegung unberücksichtigt[624]. Daß Streitigkeiten mit einem geringeren Streitwert einer einvernehmlichen Regelung eher zugänglich sein sollen als solche mit einem höheren Streitwert, ist nicht zwingend. Die schematische Festlegung des Anwendungsbereichs erscheint wenig sinnvoll. Wie die Forschungen zur Mediation zeigen, ist das Einigungspotential der Parteien von deren gemeinsamen Interessen und der Fähigkeit zur Erweiterung der Konfliktlösungsoptionen abhängig, nicht aber vom Streitwert[625]. Die Bewältigung von Einigungsbarrieren[626] und hiermit verbundener Schwierigkeiten haben nicht immer etwas mit der Höhe eines geltend gemachten Anspruchs zu tun. So kann z. B. eine wirtschaftsrechtliche Auseinandersetzung mit einem Streitwert von 50.000 DM, bei der die Beteiligten für die Suche nach einer rationalen ökonomischen Entscheidung offen sind, wesentlich einfacher einvernehmlich beizulegen sein als eine Streitigkeit zwischen zwei zutiefst ver-

---

betreffen und daher als schlichtungsuntauglich angesehen wurden, hat der Gesetzgeber das Schlichtungserfordernis auf Streitigkeiten vor den Amtsgerichten beschränkt, vgl. BT-Drucks. 13/11042, S. 33.

[622] BT-Drucks. 13/6398, S. 20.

[623] BT-Drucks. 13/11042, S. 33.

[624] Kritisch zur vorgesehenen Wertbegrenzung Duve, Mediation, S. 447 f.; Hartmann, S. 3747, Nelle, S. 287, 297.

[625] Duve hat nachgewiesen, daß im Gegenteil komplexere Streitigkeiten oftmals bessere Chancen und Ansatzmöglichkeiten für eine konsensuale Streitbeilegung bieten als kleinere und begrenztere Auseinandersetzungen, vgl. ders., Mediation, S. 447.

[626] Siehe oben § 6 D. I. 1.

feindeten Nachbarn, die über eine Minimalforderung von 500 DM ihre Animosität pflegen.

Ein weiterer Kritikpunkt betrifft die Außenwirkung der Wertgrenze. Mit der Festsetzung auf 1.500 DM und der Verweisung solcher Kleinfälle an die Streitschlichtung könnten die betroffenen Parteien den Eindruck gewinnen, von der Justiz und dem Rechtsstaat nicht ernst genommen zu werden. Gottwald spricht in diesem Zusammenhang vom „Hinterausgang aus der wirklichen Justiz“[627]. Die im unteren Streitwertbereich liegende Grenze dürfte das Gefühl der zweitklassigen Konfliktregelung in manchen Kreisen der Rechtssuchenden hervorrufen[628]. Ob hierdurch die notwendige Akzeptanz der konsensualen Streitbeilegung in der Bevölkerung befördert wird, ist sehr fraglich.

II. § 15a Absatz 1 Satz 1 Nr. 2 EGZPO

Nach § 15a Absatz 1 Satz 1 Nr. 2 EGZPO fallen Nachbarstreitigkeiten nach den §§ 906, 910, 911, 923 BGB und Artikel 124 EGBGB in den Anwendungsbereich der Öffnungsklausel, sofern die Einwirkungen nicht von einem gewerblichen Betrieb ausgehen. Im Gegensatz zu Ziffer 1 der Regelung ist § 15a Absatz 1 Satz 1 Nr. 2 EGZPO nicht an eine Streitwerthöhe gebunden.

Grund der Aufnahme des Nachbarstreits in den Katalog des § 15a Abs. 1 Satz 1 EGZPO ist nach der Gesetzesbegründung die Aussicht, in den persönlich geprägten nachbarlichen Verhältnissen die Sozialbeziehungen der Parteien durch die obligatorische Schlichtung wiederherzustellen und zu erhalten[629]. Dieser Ansatz verdient Zustimmung, ist die Erhaltung der Parteibeziehung doch ein grundsätzliches Anliegen und ein Vorzug der konsensualen Streitbeilegung[630].

Zweifelhaft ist jedoch die in Halbsatz 2 der Regelung getroffene Ausnahme für nachbarliche Streitigkeiten mit einem gewerblichen Betrieb. Der Gesetzgeber begründet den Ausschluß solcher Streitigkeiten mit dem Fehlen des persönlichen Charakters der Parteibeziehung. Außerdem sei die „Einschaltung von Sachverständigen“ und die „Klärung schwieriger Rechtsfragen“ in solchen Ver-

---

[627] Gottwald, Betrifft JUSTIZ, S. 128.

[628] Solcherlei Mißtrauen wird durch die Gesetzesbegründung begünstigt: Danach „steht die Bedeutung der Sache (bei Streitigkeiten bis zu 1.500 DM, d. Verf.) in keinem angemessenen Verhältnis zu dem Kosten- und Zeitaufwand eines gerichtlichen Verfahrens“, vgl. BT-Drucks. 14/980, S. 6.

[629] BT-Drucks. 13/6398, S. 36.

[630] Siehe oben § 2 B. II.

fahren oftmals nötig[631]. Daher seien diese Streitigkeiten für die obligatorische einvernehmliche Schlichtung ungeeignet. Es leuchtet indes nicht ein, warum Konflikte zwischen einem privaten und einem gewerblich tätigen Nachbarn nicht ebenso einer einvernehmlichen Regelung zugänglich sein sollen. Ob Störungen von einem privat genutzten oder einem gewerblich genutzten Grundstück ausgehen, kann für die Erfolgsaussichten einer gütlichen Streitbeilegung keinen wesentlichen Unterschied machen. Auch zeigt die US-amerikanische Praxis mit außergerichtlicher Streitbeilegung, daß gerade bei der Beteiligung von Firmen an Auseinandersetzungen individuelle konsensuale Lösungen möglich sind[632]. Insofern wirkt der Ausschluß von Einwirkungen eines Gewerbebetriebs in § 15a Absatz 1 Satz 1 Nr. 2 EGZPO wenig überzeugend[633].

III. § 15a Absatz 1 Satz 1 Nr. 3 EGZPO

Schließlich werden Ansprüche wegen Verletzungen der persönlichen Ehre von der Öffnungsklausel gemäß § 15a Absatz 1 Satz 1 Nr. 3 EGZPO erfaßt, sofern diese nicht in Presse oder Rundfunk begangen worden sind. Auch bei diesem Tatbestandsmerkmal besteht keine Wertgrenze im Sinne der Ziffer 1.

Ähnlich der Ratio des § 15a Absatz 1 Satz 1 Nr. 2 EGZPO steht auch bei Ehrverletzungen, soweit nicht in den Medien begangen, oft eine persönliche Beziehung der Parteien im Vordergrund des Konflikts. Falls die Ehrverletzung im privaten Bereich, also ohne presserechtlichen Bezug erfolgt ist, handelt es sich zumeist um „in rechtlicher und tatsächlicher Hinsicht einfache Konflikte, die durch eine persönliche Erörterung der Parteien beigelegt werden können“[634]. Die Einbeziehung der Ehrverletzung wird auch mit der Gleichwertigkeit zum strafrechtlichen Sühneverfahren nach § 380 StPO begründet[635].

Die Tauglichkeit von Streitigkeiten dieser Art für einvernehmliche Konfliktregelungsversuche dürfte außer Frage stehen. Über den Sinn der in § 15a Absatz 1 Satz 1 Nr. 3 EGZPO getroffenen Einschränkung bezüglich der Ehrverletzungen

---

[631] BT-Drucks. 13/6398, S. 36.

[632] Siehe oben § 7 B. III. 1.

[633] Ein weiterer Kritikpunkt betrifft die Schwierigkeiten, die sich für den Amtsrichter bei der von Amts wegen vorzunehmenden Zulässigkeitsprüfung ergeben können. Die Feststellung, ob Lärmimmissionen privater (Gütezwang) oder gewerblicher (kein Gütezwang) Natur sind, kann in Einzelfällen Probleme bereiten, vgl. Hartmann, NJW 1999, S. 3747.

[634] BT-Drucks. 13/11042, S. 33.

[635] BT-Drucks. 13/11042, S. 33.

im Bereich der Medien mag man streiten[636]. Jedenfalls zeigt sich auch an dieser Stelle die Tendenz der Öffnungsklausel, nur einen Teilbereich der theoretisch in Betracht kommenden Streitigkeiten dem Schlichtungsverfahren zuzuführen[637].

IV. Die Ausschlußgründe des § 15a Absatz 2 EGZPO

§ 15a Absatz 2 Satz 1 EGZPO enthält einen Katalog an zivilprozessualen Klage- und Verfahrensarten, die vom Erfordernis der Schlichtung ausgenommen werden, weil ein außergerichtlicher Schlichtungsversuch mit der Besonderheit dieser Verfahren (z. B. Klagen im Urkunden- und Wechselprozess, Familienverfahren, Verfahren des einstweiligen Rechtsschutzes) nicht in Einklang stehen soll. In Satz 2 wird die Ausnahmeregelung auf die Fälle erweitert, in denen die Parteien nicht in demselben Land wohnen oder ihren Sitz oder eine Niederlassung haben.

Die in § 15a Absatz 2 Satz 1 Nr. 1 bis 6 EGZPO aufgeführten Fallgestaltungen eignen sich nach Ansicht des Gesetzgebers sachlich nicht für eine Schlichtung[638]. So bleiben die Klageverfahren der §§ 323, 324 und 328 ZPO, Widerklagen und Klagen, die binnen einer gesetzlichen oder gerichtlich angeordneten Frist zu erheben sind, nach § 15a Absatz 2 Satz 1 Nr. 1 EGZPO vom Schlichtungszwang befreit. Im Falle der Abänderungs- und Nachforderungsklage nach den §§ 323, 324 ZPO besteht bereits ein rechtskräftiger Titel, weswegen die Durchführung eines Schlichtungsverfahrens hier wenig sinnvoll ist. Bei der Klage um Anerkennung des Urteils eines ausländischen Gerichts (§ 328 ZPO) kann die gewünschte Rechtsfolge, eben die Anerkennung, nicht durch eine Gütestelle herbeigeführt werden. Die Widerklage ist ebenfalls ausgenommen, da ein obligatorisches Güteverfahren den unerwünschten Effekt einer Aussetzung des Verfahrens mit sich brächte[639]. Über Klage und Widerklage könnte nicht mehr in derselben Verhandlung entschieden werden (vgl. § 33 ZPO). So sind es überwiegend technisch-prozessuale Gründe, die eine Ausnahme der in Absatz 2 aufgeführten Klageverfahren vom obligatorischen Güteverfahren rechtfertigen[640].

---

[636] Hartmann kritisiert offene Abgrenzungsfragen insbesondere im Rahmen von Beleidigungen im Fernsehen. Vgl. hierzu sein Beispiel in NJW 1999, S. 3747.

[637] Siehe schon oben § 10 B. I. bis III.

[638] BT-Drucks. 13/11042, S. 33.

[639] BT-Drucks. 13/11042, S. 33.

[640] Zu der Gesetzesbegründung im einzelnen bezüglich der Streitigkeiten in Familiensachen (Nr. 2), der Wiederaufnahmeverfahren (Nr. 3), der Ansprüche, die im Urkunden- und Wechselprozeß geltend gemacht werden (Nr. 4) und Klagen wegen vollstreckungsrechtlicher Maßnahmen (Nr. 6) vgl. BT-Drucks. 13/11042, S. 33 f.

Problematisch und deshalb gesondert zu erwähnen ist die Ausnahmeregelung des § 15a Absatz 2 Nr. 5 EGZPO. Danach ist die Durchführung des streitigen Verfahrens im Anschluß an ein Mahnverfahren von der obligatorischen Schlichtung ausgenommen. Die Möglichkeit, über das Mahnverfahren rasch und kostengünstig einen Vollstreckungstitel zu erlangen, bleibt also unberührt.

Die Gesetzesmaterialien geben Aufschluß über das Motiv dieser Ausnahmeregelung: Durch die Freistellung soll sichergestellt werden, daß das summarische Verfahren nicht an Effizienz verliert[641]. Was auf den ersten Blick einleuchtend erscheint, birgt zugleich eine Schwachstelle der Öffnungsklausel. Die Umgehung der obligatorischen Schlichtung liegt insbesondere im Anwendungsbereich der Streitigkeiten bis zum Streitwert von 1.500 DM (§ 15a Absatz 1 Nr. 1 EGZPO) nahe. Es ist damit zu rechnen, daß eine Vielzahl kundiger Parteien die Voraussetzung des Güteverfahrens umgehen und auf das Mahnverfahren ausweichen wird[642]. Die Gefahr ist nicht von der Hand zu weisen, daß lediglich Nachbarstreitigkeiten und Ehrverletzungen im Schlichtungsverfahren verbleiben. Ob das in erster Linie verfolgte Ziel einer spürbaren Entlastung der Justiz durch den Ausschluß des Mahnverfahrens erreicht wird, muß bezweifelt werden[643].

Eine spürbare Einschränkung des räumlichen Anwendungsbereichs der Öffnungsklausel enthält § 15a Absatz 2 Satz 2 EGZPO, wonach das Schlichtungsverfahren entfällt, wenn die Parteien nicht in demselben Land wohnen oder ihren Sitz oder eine Niederlassung haben. In dieser Regelung spiegelt sich der Grundgedanke des § 380 Absatz 4 StPO wider, nach der bei der Privatklage vom vorherigen Sühneversuch abgesehen werden kann, wenn die Parteien nicht in demselben Gemeindebezirk wohnen. Auch in zivilrechtlichen Schlichtungsverfahren müsse es den Parteien möglich sein, ohne unverhältnismäßigen Zeit- und Kostenaufwand vor der Schlichtungsstelle zu erscheinen[644]. Den Ländern ist eine weitere Beschränkung auf kleinere räumliche Gebiete, etwa Landgerichts- oder Gemeindebezirke, gemäß § 15a Absatz 5 EGZPO möglich.

---

[641] BT-Drucks. 13/11042, S. 33. Ein weiteres Argument taucht in der Gesetzesbegründung (vgl. BT-Drucks. 13/6398, S. 36) auf: In einer Vielzahl von Mahnverfahren dürfte es sich um Ansprüche gegen säumige Schuldner handeln, bei denen die obligatorische Schlichtung lediglich zu einer Verzögerung der Forderungsbeitreibung führen würde.

[642] Hartmann, NJW 1999, S. 3748.

[643] In der Gesetzesbegründung wird die Zahl der Mahnverfahren mit einem Streitwert bis zu 1.500 DM mit jährlich „in die Millionen gehend“ angegeben. Eine Flut solcher Streitigkeiten könne von den Gütestellen nicht erledigt werden, vgl. BT-Drucks. 13/6398, S. 35 f.

[644] BT-Drucks. 13/11042, S. 34.

V. Die Ausnahme des sonstigen Güteversuchs, § 15a Absatz 3 EGZPO

Nach § 15a Absatz 3 Satz 1 EGZPO soll das Erfordernis des Schlichtungsversuchs vor einer von der Landesjustizverwaltung eingerichteten oder anerkannten Gütestelle auch dann entfallen, wenn die Parteien einvernehmlich einen Einigungsversuch vor einer sonstigen Gütestelle, die Streitbeilegung betreibt, unternommen haben. Damit werden insbesondere die bereits in den Ländern existierenden Schieds- und Schlichtungsstellen des Handwerks und Dienstleistungsgewerbes[645] in die obligatorische Schlichtung einbezogen, die ihre Tätigkeit in gewohnter Weise fortsetzen können. Aber auch der als Mediator tätige Rechtsanwalt oder Notar kann die Funktion der Gütestelle übernehmen, so daß ein absolviertes Mediationsverfahren die Notwendigkeit des obligatorischen Schlichtungsversuchs entfallen läßt[646]. Ein einvernehmlicher Schlichtungsversuch vor all diesen Stellen eröffnet den Zugang zu den Amtsgerichten.

Eine nähere Regelung des „Einvernehmens" enthält § 15a Absatz 3 Satz 2 EGZPO. Danach wird das Einvernehmen nach Satz 1 „unwiderleglich vermutet", wenn der Verbraucher eine branchengebundene Gütestelle, eine Gütestelle der Industrie- und Handelskammer, der Handwerkskammer oder der Innung angerufen hat. Wenn also die Initiative zur Einleitung des Schlichtungsverfahrens vom Verbraucher ausgeht, kann es nach der gesetzlichen Vorgabe keinen Streit über die Frage geben, ob tatsächlich ein „einvernehmlicher Versuch" der vorgerichtlichen Streitbeilegung unternommen wurde – dem Verbraucher steht nach dem erfolglosem Güteversuch in jedem Falle der Rechtsweg offen[647].

C. Verfahrensbestimmungen, § 15a Absatz 1 Satz 2, 3; Absatz 4, 5 EGZPO

Das obligatorische Schlichtungsverfahren bleibt in den Kernpunkten der Ausgestaltung durch die Länder vorbehalten, § 15a Absatz 5 Halbsatz 1 EGZPO. So haben die Länder über die Auswahl der geeigneten Schlichtungseinrichtungen, die passenden Verfahrensstrukturen und über kompetentes Schlichtungspersonal zu befinden. Den Ländern ist es auch möglich, den Anwendungsbereich des Absatzes 1 einzuschränken und die Ausschlußgründe des Absatzes 2 zu erweitern, § 15a Absatz 5 Halbsatz 2 EGZPO. Ferner kann das Landesrecht nach § 15a Absatz 5 Halbsatz 2 a. E. EGZPO Kostenvorschüsse für die Tätigkeit der Gütestel-

---

[645] Siehe oben § 5 B.
[646] BT-Drucks. 13/11042, S. 34.
[647] BT-Drucks. 13/11042, S. 34.

len bestimmen und die Festsetzung von Ordnungsgeldern gegen nicht erschienene Parteien vorsehen.

Zwingenden Charakter hat dagegen § 15a Absatz 1 Satz 2 EGZPO. Die Norm bestimmt, daß der Kläger eine von der Gütestelle ausgestellte Bescheinigung über einen erfolglosen Einigungsversuch mit der Klage einzureichen hat. Nach Satz 3 ist die Bescheinigung auch auszustellen, wenn binnen einer Frist von drei Monaten das von ihm beantragte Einigungsverfahren nicht durchgeführt worden ist. Der Grund des Scheiterns spielt dabei keine Rolle. Auf diese Weise soll die zeitliche Verzögerung durch das Schlichtungsverfahren für den Kläger in zumutbaren Grenzen gehalten werden[648].

Die Kostenregelung des § 15a Absatz 4 EGZPO ordnet die durch das Einigungsverfahren entstandenen Kosten der Gütestelle den Kosten des Rechtsstreits im Sinne des § 91 Absatz 1, 2 ZPO zu[649].

D. Vollstreckbarkeit der einvernehmlichen Konfliktlösungen, § 15a Absatz 6 Satz 2 EGZPO

Gemäß § 15a Absatz 6 Satz 2 gelten die vor Gütestellen geschlossenen Vereinbarungen als Vergleiche im Sinne des § 794 Absatz 1 Nr. 1 ZPO. Die erzielten Einigungen stehen somit gerichtlichen Urteilen gleich, weil sie die Zwangsvollstreckung eröffnen. Somit sind Mindestanforderungen an die Rechtskenntnisse der in den Gütestellen arbeitenden Personen zu stellen, bedenkt man die Probleme, die z. B. aus der Abfassung von zu unbestimmten Vergleichen resultieren können[650].

---

[648] BT-Drucks. 13/6398, S. 36.

[649] Auf eine Unklarheit in der gesetzlichen Formulierung weist Hartmann, NJW 1999, S. 3748, zu Recht hin: Nach dem Wortlaut der Kostenregelung zählen nur die Kosten „der Gütestelle" zu den Prozeßkosten im Sinne der §§ 91 ff. ZPO, nicht aber die Kosten „des Güteverfahrens". Folge ist, daß etwa die Kosten eines im Schlichtungsverfahren eingeschalteten Prozeßbevollmächtigten nicht zu den Prozeßkosten gehören, was nicht Sinn der Regelung sein kann.

[650] Vgl. Hartmann, NJW 1999, S. 3749.

E. Zur Problematik eines obligatorisch ausgestalteten einvernehmlichen Konfliktregelungsverfahrens

Die Öffnungsklausel des § 15a EGZPO ermächtigt die Länder, ein obligatorisches Schlichtungsverfahren als Zulässigkeitsvoraussetzung vor der Erhebung einer zivilprozessualen Klage im jeweiligen Landesrecht zu installieren. Dies wirft die Frage auf, inwiefern sich ein zwangsweise angeordnetes Schlichtungsverfahren mit der damit verbundenen Zielsetzung einer „einvernehmlichen" Konfliktregelung überhaupt vereinbaren läßt[651]. Die Vermutung liegt nahe, daß die Chance auf eine konsensuale Einigung der Parteien durch den obligatorischen Charakter der außergerichtlichen Streitbeilegung gemindert sein könnte. Zudem macht ein freiwilliges Vorverfahren, das auf gütliche Einigung abzielt, möglicherweise keinen Sinn, wenn eine Partei das Tätigwerden des Schlichters von vornherein ablehnt[652].

Studien über mandatory mediation in den Vereinigten Staaten entkräften jedoch die Vorbehalte. Nach den Ergebnissen umfangreicher empirischer Untersuchungen ist die Anzahl der Einigungen bei der obligatorischen Ausgestaltung der Mediation nicht wesentlich kleiner als bei der freiwilligen Variante des Konfliktregelungsinstituts[653]. Während bei der mandatory mediation 46 % aller untersuchten Fälle verglichen wurden, betrug die Einigungsrate im Rahmen der freiwillig gewählten Mediation 62 %[654]. Untersuchungsgegenstand waren Streitigkeiten vor den US-amerikanischen small claims courts, also Konflikte, die den Bagatellfällen des § 15a Absatz 1 Satz 1 Nr.1 EGZPO im wesentlichen entsprechen. In Gesprächen mit den an den obligatorischen Mediationsverfahren beteiligten Parteien wurde festgestellt, daß die Mehrheit der Parteien den einvernehmlichen Schlichtungsversuch positiv beurteilt, selbst wenn keine Einigung erzielt wurde[655]. Die Einigungsraten in obligatorischen und freiwilligen Schlichtungsverfahren - deren Differenz bei weitem nicht so groß ist, wie man erwarten könnte - weisen darauf hin, daß der Erfolg eines außergerichtlichen Streitbeilegungsversuchs durch Mediation nicht davon abhängt, ob die Parteien den Schlichtungsversuch freiwillig oder unfreiwillig unternehmen. Die Erfolge

---

[651] Zweifelnd Stadler, S. 2479; Greger, ZRP 1998, 183.

[652] So Preibisch, S. 190 f.

[653] Wissler, S. 565, 576 unter Hinweis auf weitere Untersuchungen, welche die gefundenen Ergebnisse stützen.

[654] Wissler, a.a.O.

[655] Wissler, S. 576, berichtet, daß „parties in mandatory mediation were as likely as those in voluntary mediation to report that they would ‚definitely' recommend mediation to a friend and were ‚very glad' they tried it."

der obligatorischen Mediation in den USA könnten mit der Überzeugungskraft mancher Mediatoren zu erklären sein. Es ist nicht ausgeschlossen, daß ein erfahrener und gewandter Schlichter oder Mediator auch eine zunächst unwillige Partei im Rahmen der obligatorischen Schlichtung von den Vorteilen eines ernsthaften Einigungsversuchs überzeugen kann[656].

Hieran anknüpfend ist der Gedanke nicht fern, das Schlichtungsverfahren den Parteien aufzuerlegen, um sie gleichsam „zu ihrem Glück zu zwingen“[657]. Dieser Ansatz – gestützt durch die erwähnten Forschungsergebnisse – vermag jedenfalls etwaige Vorbehalte der Parteien aus Unkenntnis und Mißtrauen gegenüber dem Schlichtungsverfahren zu eliminieren.

Es gibt einen weiteren Vorteil des obligatorischen Güteverfahrens gegenüber dem freiwilligen Schlichtungsversuch. Der Zwang zur Schlichtung überwindet die Sorge, einen „unsicheren“ oder „schwachen“ Eindruck zu machen. Viele Parteien mögen auf den Vorschlag eines gütlichen Einigungsversuchs von vornherein verzichten, auch wenn ein gütlicher Einigungsversuch sinnvoll wäre. Schlägt nämlich eine Partei im Konfliktfall ein einvernehmliches Streitbeilegungsverfahren vor, so könnte die andere Seite daraus eine vermeintliche Position der Schwäche ableiten[658]. Ein obligatorischer Schlichtungsversuch kann dagegen nicht als Zeichen der Nachgiebigkeit gewertet werden.

Es sprechen also gewichtige Gründe für den Zwang zur Schlichtung. Daraus folgt, daß die obligatorische Ausgestaltung des Schlichtungsverfahrens nicht schablonenhaft nachteilig zu beurteilen ist. Der Zwang darf jedoch nur die Einleitung der Schlichtung betreffen. Innerhalb des Schlichtungsverfahrens ist jede Form von Druck oder Zwang auf die Parteien hinsichtlich einer Einigung unzulässig; dies wäre mit dem Gedanken des einvernehmlichen Versuchs der Konfliktlösung nicht zu vereinbaren. Letztlich muß die Entscheidung also bei den Parteien verbleiben, ob die Streitigkeit gütlich beigelegt wird oder nicht.

---

[656] Hutchinson, S. 85 f.; Nelle, S. 287 m. w. N.

[657] So meint Behrens, S. 237, daß „dem Bürger ... offenbar – ähnlich wie bei der Einführung der Gurtpflicht im Straßenverkehr – der persönliche Nutzen der außergerichtlichen Streitschlichtung erst durch den Gesetzgeber verdeutlicht werden“ müsse.

[658] Wissler, S. 565; Hutchinson, S. 85; Nelle, S. 287.

F. Kritische Würdigung des Konzepts der Öffnungsklausel

Der vom Bundesgesetzgeber geschaffene § 15a EGZPO kann als Schritt in die richtige Richtung gewertet werden, wenngleich inhaltliche Schwächen der Öffnungsklausel unverkennbar sind.

Daß die Notwendigkeit der Förderung und Implementierung von außergerichtlicher Streitbeilegung mittlerweile erkannt und im Gesetz zementiert wurde, ist zu begrüßen. Die dringend erforderliche Reduzierung der Arbeitsbelastung der Gerichte und der Wunsch nach einer Stärkung der konsensualen Konfliktregelungssysteme mit allen damit verbundenen Vorteilen für die Parteien haben zu Recht Anlaß gegeben, über Verbesserungen des Status quo nachzudenken. Mit der Verankerung der außergerichtlichen Streitschlichtung im Gesetz ist eine Signalwirkung verbunden, welche die positiven Aspekte einer alternativen Konfliktregelung ins Bewußtsein der Öffentlichkeit rückt.

Betrachtet man jedoch die Klausel des § 15a EGZPO im einzelnen, bleiben Irritationen nicht aus. So ist insbesondere die in der Norm zum Ausdruck kommende Vorsicht bemerkenswert, ausschließlich Bagatellfälle der obligatorischen Schlichtung zuzuweisen. Es ist bereits dargelegt worden, daß die Beschränkung des Anwendungsbereichs auf den Berufungsstreitwert von 1.500 DM sachlich nicht gerechtfertigt ist[659]. Auch die Eingrenzung auf bestimmte Nachbarstreitigkeiten und private Ehrverletzungen dokumentieren die Zurückhaltung des Gesetzgebers hinsichtlich der in das Schlichtungsverfahren einzubeziehenden Konflikte. Zwar wird der Modellcharakter der Vorschrift des § 15a EGZPO ausdrücklich betont; eine Erweiterung auf andere Konfliktfelder könne bei Bewährung der Vorschrift erfolgen[660]. Dennoch droht gerade wegen der stark begrenzten Konfliktarten ein verzerrtes Gesamtbild über die tatsächlichen Möglichkeiten einvernehmlicher Schlichtungsversuche. Etwas mehr Zuversicht in das Potential der außergerichtlichen Streitbeilegung hätte der Öffnungsklausel gut getan.

Der Eindruck einer halbherzigen Lösung festigt sich unter Berücksichtigung der vielfältigen Ausnahmetatbestände zur Schlichtung. Insbesondere die Herausnahme des Mahnverfahrens aus der obligatorischen Schlichtung kontrastiert die Bemühung um eine Regelung, welche nach ihrer Intention die Gerichte entlasten und die Parteien schneller und kostengünstiger zufriedenstellen soll. Dabei soll nicht verkannt werden, daß reine Forderungsbeitreibungen gegenüber säumigen

---

[659] Siehe oben § 10 B. I.

[660] BT-Drucks. 13/6398, S. 19.

Schuldnern natürlich im Mahnverfahren besser aufgehoben sind als im Schlichtungsverfahren – in solchen Fällen besteht kein Raum für einvernehmliche Lösungen. Diese oftmals unbestrittenen Forderungen berechtigen den Ausnahmetatbestand des § 15a Absatz 2 Satz 1 Nr. 5 EGZPO. Andererseits eröffnet die Klausel jedoch eine simple Umgehungsmöglichkeit des Schlichtungsverfahrens, was nicht im Sinne des Gesetzes zur Förderung der außergerichtlichen Streitbeilegung sein kann.

Das hinter der Öffnungsklausel stehende Konzept, die Bundesländer zu ermächtigen, das Schlichtungsverfahren im Rahmen des § 15a EGZPO nach eigenen Vorstellungen umzusetzen, führt unweigerlich zu Rechtszerplitterungen. Theoretisch könnten bis zu 16 verschiedene Ländermodelle erprobt werden, was zu nicht unerheblichen Problemen in der Rechtspraxis führen kann[661]. Der unter den Ländern gewünschte Wettbewerb um das beste Schlichtungskonzept wird Rechtsunsicherheiten nach sich ziehen. Dies hätte nur vermieden werden können, wenn der Bundesgesetzgeber eine für alle Länder verbindliche Regelung getroffen hätte. Aufgrund der unterschiedlichen Situationen in den Ländern, insbesondere dem unterschiedlich weit entwickelten Stand außergerichtlicher Streitbeilegungseinrichtungen, wurde jedoch zu Recht auf eine zwingende Bundesregelung verzichtet. Ein weiteres Zuwarten, bis bundeseinheitliche Standards in allen Ländern vorhanden sind, war wegen der unbestimmten Dauer keine befriedigende Alternative.

Zusammenfassend sollte die Möglichkeit der länderspezifischen Erprobung - trotz des Risikos von Rechtsunsicherheiten - als Chance begriffen werden, ein geeignetes Schlichtungsmodell später gegebenenfalls bundesweit zu etablieren. Auch bleibt abzuwarten, ob die Länder überhaupt in stark abweichender Form von der Öffnungsklausel Gebrauch machen. Möglicherweise wird die deutsche Rechtstradition zumindest in den Grundzügen ähnliche Länderregelungen hervorbringen – und sich damit von der so unterschiedlichen amerikanischen ADR-Praxis in den US-Einzelstaaten[662] abheben.

Im folgenden sollen die auf der Grundlage von § 15a EGZPO geschaffenen Länderregelungen mit dem Ziel dargestellt werden, sich abzeichnende Trends in der Behandlung der außergerichtlichen Schlichtung sichtbar zu machen.

---

[661] Hierauf weist Hartmann hin, NJW 1999, 3745 ff.

[662] Siehe oben § 8 A. und B.

§ 11 Tendenzen in der Umsetzung des § 15a EGZPO in den Bundesländern

Zum Zeitpunkt der Erstellung dieser Untersuchung liegen insgesamt sechs Ländergesetze bzw. Gesetzentwürfe vor, welche die Vorgaben des § 15a EGZPO aufgreifen und umsetzen. Im August 2000 ergibt sich folgendes Bild der gegenwärtigen Initiativen auf Landesebene:

Die Länder Baden-Württemberg[663], Bayern[664] und Nordrhein-Westfalen[665] sind am weitesten vorangeschritten und haben von der bundesgesetzlichen Ermächtigung des § 15a EGZPO bereits Gebrauch gemacht. In allen drei Ländern existieren landesgesetzliche Bestimmungen, welche die außergerichtliche obligatorische Schlichtung aufgreifen und regeln. Auf diese landesgesetzlich verankerten Ausführungsregelungen wird nachfolgend einzugehen sein. Ebenso sollen die Gesetzentwürfe der Länder Brandenburg[666], Hessen[667] und Schleswig-Holstein[668] in die vergleichende Betrachtung einbezogen werden.

Nicht ganz so weit sind Berlin und das Saarland. In beiden Bundesländern sind erste behördeninterne Referentenentwürfe zur Umsetzung des § 15a EGZPO im Umlauf[669].

Gegen die Einführung obligatorischer Streitschlichtung haben sich nach derzeitigem Kenntnisstand die Länder Bremen, Hamburg, Rheinland-Pfalz und Thüringen entschieden. Dagegen scheinen Mecklenburg-Vorpommern, Niedersachsen, Sachsen und Sachsen-Anhalt prinzipiell offen für eine Umsetzung der Öff-

---

[663] Vgl. Gesetz zur obligatorischen außergerichtlichen Streitschlichtung vom 01.07.2000, GBl. Baden-Württemberg 2000, S. 470 ff.

[664] Vgl. Bayerisches Schlichtungsgesetz vom 25.04.2000, Bayer. Gesetz- und Verordnungsblatt Nr. 11/2000, S. 268 ff.

[665] Vgl. Gesetz zur Ausführung von § 15a EGZPO vom 09.05.2000, Gesetz- und Verordnungsblatt für das Land Nordrhein-Westfalen Nr. 32, S. 476 ff.

[666] Landtags-Drucks. 3/1426.

[667] Zugrunde gelegt wird ein Gesetzentwurf des Hessischen Ministeriums der Justiz vom 16.05.2000, siehe Anhang B. Nach Mitteilung des Hessischen Ministeriums der Justiz vom 17.11.2000 besteht Einverständnis mit der Veröffentlichung des Entwurfs.

[668] Zugrunde gelegt wird ein Gesetzentwurf des Landesjustizministeriums Schleswig-Holstein vom 01.05.2000, siehe Anhang C. Nach Mitteilung des Landesjustizministeriums Schleswig-Holstein vom 22.11.2000 besteht Einverständnis mit der Veröffentlichung des Entwurfs.

[669] Die Angaben beruhen auf einer telefonischen Auskunft des Bundesministeriums der Justiz (BMJ) vom 13.06.2000.

nungsklausel; zunächst wollen diese Länder aber die Entwicklungen und Erfahrungen in den anderen Bundesländern abwarten[670].

Die Gemeinsamkeiten und Unterschiede der bestehenden und geplanten Länderregelungen stehen im Mittelpunkt der nachfolgenden Ausführungen. Den Schwerpunkt der Betrachtung bilden der in den einzelnen Ländern teilweise voneinander abweichende Anwendungsbereich der obligatorischen Schlichtung (A.), die z. T. unterschiedliche Auswahl der Schlichtungspersonen (B.), verschiedenartige Modalitäten des Verfahrensablaufs (C.) und sonstige Gemeinsamkeiten und Unterschiede der Länderregelungen (D.). Anhand dieser drei Strukturelemente sollen Entwicklungstendenzen dargestellt werden, die sich aus den unterschiedlichen Länderansätzen ableiten lassen.

A. Zum Anwendungsbereich der obligatorischen Schlichtung in den Ländern

Vergleicht man die Ausführungsgesetze der Länder im Hinblick auf den sachlichen Anwendungsbereich des obligatorischen Schlichtungsverfahrens, so zeigt sich, daß der vorgegebene Rahmen des § 15a EGZPO weitgehend ausgeschöpft wird.

Die Mehrzahl der Länderregelungen hat den Katalog der Streitigkeiten des § 15a Abs. 1 und 2 fast unverändert übernommen. Eine Abweichung von der bundesgesetzlichen Regelung, die nur in den Grenzen des § 15a Abs. 5 Halbsatz 2 EGZPO möglich ist, betrifft die Streitwertgrenze. Während die Öffnungsklausel Streitigkeiten mit einem Streitwert bis zu 1.500 DM der obligatorischen Schlichtung zuweist, haben Nordrhein-Westfalen und Hessen die niedrigere Grenze des § 495a ZPO (1.200 DM) als Obergrenze gewählt[671]. Damit wird der Kreis der Konflikte, die schlichtungsrelevant sind, in diesen Ländern noch enger gezogen. Zugleich können die unterschiedlichen Grenzwerte Verwirrungen im Rechtsverkehr erzeugen. Will ein Gläubiger eine Forderung über 1.300 DM gegen seinen Schuldner geltend machen, so muß er in Bayern und in Baden-Württemberg ein Güteverfahren durchlaufen. In Nordrhein-Westfalen dagegen kann er über diesen Betrag sogleich Zahlungsklage erheben. Zwar mag man bedauern, daß sich nicht alle Länder an der Vorgabe des § 15a Abs. 1 Satz 1 Nr. 1 EGZPO hinsichtlich der Streitwertgrenze orientiert haben. Letztlich ist dies aber

---

[670] Telefonauskunft des BMJ vom 13.06.2000.

[671] Vgl. § 10 Abs. 1 Nr. 1 Nordrhein-Westf. AusführungsG zu § 15a EGZPO; § 1 Abs. 1 Nr. 1 Hess. Entwurf AusführungsG zu § 15a EGZPO.

das Ergebnis des insofern mutigen Versuchs des Bundesgesetzgebers, das beste Schlichtungsmodell in den Ländern im Wettbewerb heranreifen zu lassen. Im übrigen ist ein Nachteil für den Bürger mit den unterschiedlichen, für den Unkundigen schwer durchschaubaren Regelungen nicht zwangsläufig verbunden. Das geschriebene Recht hat nicht den Anspruch, für den juristischen Laien in allen Facetten verständlich zu sein. Es obliegt vielmehr der Anwaltschaft, Unterschiede der aufgezeigten Art in den Ländergesetzen zu erkennen und hieraus die entsprechenden Konsequenzen zum Vorteil der Mandantschaft zu ziehen.

Eine Besonderheit ist in Bezug auf die Landesregelungen in Bayern und in Baden-Württemberg festzuhalten. Als einzige Länder beschränken diese die obligatorische Schlichtung ausschließlich auf Streitigkeiten, die sachlich vor die Amtsgerichte gehören[672]. Demgegenüber fallen nach der Bundesregelung gemäß § 15a Abs. 1 Satz 1 Nr. 2 und 3 EGZPO nachbarrechtliche Streitigkeiten und Ansprüche wegen Ehrverletzungen unter den Schlichtungszwang, die in den Zuständigkeitsbereich der Landgerichte fallen können. Aufgrund des Anwaltzwangs in Verfahren vor dem Landgericht ist die Wahrscheinlichkeit groß, daß eine außergerichtliche Beilegung bereits durch die Rechtsanwälte versucht wurde[673]. Im übrigen dürfte der Wert des Streitgegenstandes in diesen Fällen ohnehin nur selten die Zuständigkeit des Landgerichts begründen.

Einige Bundesländer haben von der Möglichkeit des § 15a Abs. 5 Halbsatz 1 EGZPO Gebrauch gemacht, die Ausschlußgründe des Absatzes 2 der Öffnungsklausel zu erweitern. Zu den von manchen Ländern zusätzlich aufgenommenen Ausschlußgründen des Schlichtungsverfahrens gehört etwa das strafrechtliche Adhäsionsverfahren nach den §§ 403 ff. StPO[674]. Da die Bundesregelung des § 15a Abs. 2 EGZPO nur Klageverfahren erfaßt, ist für das Antragsverfahren gemäß § 404 StPO eine Schlichtung nicht erforderlich, was durch die Landesgesetze klargestellt wird. Überdies entscheidet der Strafrichter im Rahmen des Adhäsionsverfahrens gerade über den aus der Straftat erwachsenden vermögensrechtlichen Anspruch, § 403 Abs. 1 StPO, so daß eine Schlichtung hier entbehrlich ist. Ferner werden Klagen, für die nach anderen Vorschriften ein obligatori-

---

[672] Vgl. § 1 Abs. 1 Satz 1 Baden-Württemb. SchlG; Art. 1 Satz 1 BaySchlG.

[673] So die Gesetzesbegründung des Landesgesetzgebers Baden-Württemberg, die dem Verfasser als Email-Dokument vorliegt.

[674] Vgl. z. B. § 10 Abs. 2 Nr. 7 Nordrhein-Westf. AusführungsG zu § 15a EGZPO; § 1 Abs. 2 Nr. 8 Hess. Entwurf AusführungsG zu § 15a EGZPO; § 1 Abs. 2 Schleswig-Holst. Entwurf AusführungsG zu § 15a EGZPO.

sches Vorverfahren bereits angeordnet ist[675], teilweise in den Länderregelungen als Ausschlußtatbestand aufgeführt[676].

Auffallend ist in diesem Zusammenhang, daß die südlichen Bundesländer Baden-Württemberg und Bayern im Gegensatz zu den nördlichen Ländern auf inhaltliche Erweiterungen des § 15a Abs. 2 EGZPO verzichtet haben. Lediglich Baden-Württemberg hat den Scheckprozeß als Unterfall des Urkundenprozesses der Klarstellung halber in die Landesregelung aufgenommen[677]. Bayern erklärt die Erhebung einer Klage erst für zulässig, wenn in „bürgerlich-rechtlichen Streitigkeiten mit Ausnahme der in § 15a Abs. 2 EGZPO genannten Streitigkeiten“ das obligatorische Schlichtungsverfahren absolviert wurde[678].

Bezüglich des räumlichen Anwendungsbereichs haben alle Landesgesetzgeber übereinstimmend die Regelung der Öffnungsklausel eingeschränkt. Während § 15a Abs. 2 Satz 2 EGZPO die Schlichtung auch dann ausschließt, „wenn die Parteien nicht in demselben Land wohnen oder ihren Sitz oder eine Niederlassung haben“, findet sich in sämtlichen Landesregelungen eine örtliche Begrenzung des Schlichtungserfordernisses auf Streitigkeiten von Parteien, die innerhalb desselben Landgerichtsbezirks ihren Sitz, Wohnsitz oder eine Niederlassung haben[679]. Nur Baden-Württemberg dehnt die Pflicht zur Schlichtung darüber hinaus auf Parteien aus, deren Sitz in „benachbarten Landgerichtsbezirken“ liegt[680]. Die lokale Beschränkung des Anwendungsbereichs der Länder-Ausführungsgesetze soll die persönliche Anwesenheit der Parteien im Schlichtungstermin ermöglichen. Zudem halte sich der Zeit- und Kostenaufwand der Parteien durch die Begrenzung auf die Landgerichtsbezirke in vertretbaren Grenzen[681].

---

675 Als Beispiel sei auf die Jagdgesetze der Länder verwiesen, vgl. § 35 LJagdG NRW, § 36 Hess. JagdG.

676 Vgl. § 10 Abs. 2 Nr. 8 Nordrhein-Westf. AusführungsG zu § 15a EGZPO; § 1 Abs. 2 Nr. 9 Hess. Entwurf AusführungsG zu § 15a EGZPO.

677 Vgl. § 1 Abs. 2 Nr. 4 Baden-Württemb. SchlG im Unterschied zu § 15a Abs. 2 Nr. 4 EGZPO.

678 Art. 1 Satz 1 BaySchlG.

679 Vgl. Art. 2 BaySchlG; § 11 Nordrhein-Westf. AusführungsG zu § 15a EGZPO; § 2 Hess. Entwurf AusführungsG zu § 15a EGZPO; § 1 Abs. 3 Schleswig-Holst. Entwurf AusführungsG zu § 15a EGZPO; § 2 Brandenb. Entwurf SchlG.

680 § 1 Abs. 3 Baden-Württemb. SchlG.

681 Vgl. z. B. die Begründung des Bayerischen Gesetzgebers, LT-Drucks. 14/2265, S. 10.

B. Die Auswahl der Schlichtungspersonen nach den Landesregelungen

Deutliche Unterschiede in der Ausgestaltung des obligatorischen Schlichtungsverfahrens zeigen sich vor allem hinsichtlich der Auswahl der Schlichtungspersonen. Die verschiedenartigen Ansätze der Landesgesetzgeber differieren in diesem Punkt beträchtlich.

Es stehen sich im wesentlichen zwei Modelle gegenüber. Während die nördlichen Bundesländer auf die Inanspruchnahme der bestehenden außergerichtlichen „Infrastrukturen" setzen, nämlich vornehmlich auf die über die Bezirke verteilten Schiedsämter[682], gehen Baden-Württemberg und Bayern einen anderen Weg. Nach dem Konzept der südlichen Bundesländer soll die Schlichtungsarbeit primär durch Rechtsanwälte und Notare geleistet werden[683]. Überspitzt formuliert, sollen also im Norden Laien die Schlichtungstätigkeit erbringen, während im Süden professionelle Kräfte für die Schlichtung bereitstehen. Damit ist die Kritik an der Lösung der nördlichen Bundesländer im Kern umrissen.

Historisch erklärt sich die unterschiedliche Entwicklung mit dem preußischen Ursprung des Schiedsmannwesens[684]. Da weder in Baden-Württemberg noch in Bayern je Schiedsämter vorhanden waren, mußten diese Länder eine andere Regelung treffen. Die Anwaltsverbände haben sich frühzeitig in die Diskussion eingeschaltet und die Streitschlichtung zur „Anwaltssache" erklärt[685], so daß der Gegenentwurf zur Schiedsmannlösung nicht allzu fern lag.

Zwar ist der Einsatz der im Norden flächendeckend vorhandenen Einrichtung der Schiedsleute naheliegend. Immerhin besteht ein engmaschiges Netz aus Schiedsämtern in den nördlichen Bundesländern, auf das die Landesgesetzgeber ohne weiteres zugreifen konnten. Gleichwohl verwundern die Begründungen zur Einschaltung der Schiedsleute, insbesondere in Anbetracht der bisher verschwindend geringen freiwilligen Inanspruchnahme der Schlichtungseinrich-

---

[682] Vgl. § 12 Nordrhein-Westf. AusführungsG zu § 15a EGZPO; § 3 Nr. 1 Brandenb. Entwurf SchlG; § 3 Abs. 1 Hess. Entwurf AusführungsG zu § 15a EGZPO; differenzierend § 2 Schleswig-Holst. Entwurf AusführungsG zu § 15a EGZPO, wonach der Schiedsmann erst dann obligatorisch schlichtet, wenn sich die Parteien nicht zuvor auf einen Rechtsanwalt als Schlichter einigen konnten.

[683] Vgl. § 3 Abs. 2 Baden-Württemb. SchlG; Art. 3 Abs. 1 Satz 1 BaySchlG.

[684] Siehe oben § 5 A. I.

[685] Vgl. die Vorträge im Rahmen des 49. Deutschen Anwaltstages in Frankfurt am Main in: Anwaltsblatt 10/1997, S. 520 ff. Der DAV hat seinerzeit ein eigenes Modell zur Einführung einer obligatorischen Streitschlichtung entwickelt, siehe AnwBl. 10/1997, S. 545 ff.

tung[686]. So handele es beim Schiedsmannwesen um ein „leistungsfähiges Schlichtungssystem", das „von den Bürgern zunehmend akzeptiert und in Anspruch genommen" werde[687]. Dies steht in Widerspruch zu empirischen Untersuchungen, die nicht nur einen stetigen Rückgang der Tätigkeit des Schiedsmanns in bürgerlich-rechtlichen Streitigkeiten belegen, sondern auch verbreitete Unzufriedenheit der Bürger mit der Einrichtung, soweit sie diese überhaupt kennen[688].

Die Probleme, die das Schiedsmannwesen insgesamt mit sich bringt, wurden an anderer Stelle bereits ausführlich behandelt[689]. Sie wirken sich hier zum Nachteil der Rechtssuchenden aus. Der bisher fehlende Bekanntheitsgrad der Schiedsleute mag durch die Aufgaben der obligatorischen Streitschlichtung steigen. Jedoch werden die strukturellen Defizite der Tätigkeit des Schiedsmanns nicht beseitigt. Im Gegenteil: es droht eine Überlastung und – vielleicht mehr noch – eine Überforderung der ehrenamtlich tätigen Schiedsleute durch eine in bisher unbekanntem Ausmaße steigende Fallzahl. Vor diesem Hintergrund muß bezweifelt werden, ob das Ziel der Förderung einer neuen Streitkultur mit dem Schiedsmannwesen erreicht werden kann. Viele dieser Probleme, die zum großen Teil aus der Unprofessionalität der Schiedsmänner resultieren, vermeidet der Ansatz Bayerns und Baden-Württembergs, die in erster Linie Rechtsanwälte mit der Schlichtungsaufgabe betraut haben. Allerdings ist auch die Übertragung der Schlichtungstätigkeit auf Rechtsanwälte aufgrund ihrer regelmäßig forensischen Fixierung nicht unproblematisch[690]. Nach der bayerischen Lösung können sich die Parteien für einen Schlichtungsversuch einvernehmlich „an jeden Rechtsanwalt" wenden, Art. 3 Abs. 1 BaySchlG. Demgegenüber müssen sich in Baden-Württemberg Rechtsanwälte, die im Rahmen der obligatorischen Schlichtung tätig sein wollen, in eine „Schlichtungspersonenliste" gemäß § 3 Abs. 2 Baden-Württemb. SchlG eintragen lassen, die bei den Rechtsanwaltskammern geführt wird. Zwar werden keine besondere Qualifikationen für die Eintragung in die „Schlichtungspersonenliste" verlangt, doch ist davon auszugehen, daß sich vorwiegend Rechtsanwälte registrieren lassen, die einen ihrer Interessenschwerpunkte auf dem Gebiet der außergerichtlichen Streitbeilegung

---

[686] Dazu oben § 5 A. IV. 1. und 2.

[687] So z. B. Brandenburg LT-Drucks. 3/1426, S. 20. Gleichzeitig konzediert jedoch der Landesgesetzgeber, daß die Schiedsstellen gegenwärtig „mit durchschnittlich zwei bis drei Verfahren im Jahr nicht ausgelastet" sind, vgl. LT-Drucks. 3/1426, S. 4.

[688] Siehe oben § 5 A. IV. 1.

[689] Siehe oben § 5 A. IV.

[690] Siehe oben § 4 B. I.

sehen. So dürften von dieser Lösung viele Rechtsanwälte angesprochen werden, die bereits jetzt als Mediator oder Schlichter wirken.

Letztlich ist eine Einbeziehung weiterer Schlichtungsstellen in die obligatorische Streitschlichtung wünschenswert. Dies wird auch von den Bundesländern so gesehen. Die Ausführungsgesetze der Länder lassen neben Schiedsmännern und Rechtsanwälten auch andere Einrichtungen („Gütestellen") zu[691]. So können die zahlreichen Schieds- und Schlichtungseinrichtungen der Kammern, Innungen und Verbände des Handwerks und Gewerbes ebenfalls nach der Konzeption der meisten Ausführungsgesetze die obligatorische Schlichtung übernehmen. Gleiches gilt für Mediatoren und sonstige private oder juristische Personen, die außergerichtliche Streitbeilegung anbieten. Hierdurch wird der Bevölkerung ein größeres Spektrum an Konfliktlösungsalternativen geboten. Im gleichen Maße, wie die Öffnungsklausel Wettbewerb unter den Länderregelungen zuläßt, wird der Wettstreit unter den unterschiedlichen Einrichtungen in den einzelnen Ländern initiiert.

Voraussetzung für die Anerkennung solcher Stellen, die auf dem Gebiet der Streitbeilegung tätig sind oder sein wollen, ist der Nachweis einer an rechtsstaatlichen Grundsätzen orientierten Schlichtungsordnung, einer Haftpflichtversicherung und der ordnungsgemäßen Aktenführung[692].

C. Besonderheiten im Verfahren der obligatorischen Schlichtung

Die nördlichen Bundesländer verknüpfen das obligatorische Schlichtungsverfahren mit ihren Schiedsamtsgesetzen bzw. mit den Verfahrensordnungen der Schiedsleute. Alle Länderregelungen halten an einer möglichst umfangreichen Flexibilität bei der Durchführung des Schlichtungsverfahrens fest, indem allenfalls Rahmenbedingungen des Verfahrensablaufs geregelt werden[693].

Charakteristikum der bayerischen Landesregelung ist die in Art. 4 Absatz 2 Alt. 3 BaySchlG vorgesehene Eignungsprüfung durch den Schlichter. Nach dieser

---

[691] Art. 3 Abs. 1 Satz 1 BaySchlG; § 3 Abs. 4 Baden-Württemb. SchlG; § 12 Nordrhein-Westf. AusführungsG zu § 15a EGZPO; § 3 Nr. 2 Brandenb. Entwurf SchlG; § 3 Hess. Entwurf AusführungsG zu § 15a EGZPO; § 2 Abs. 1 Schleswig-Holst. Entwurf AusführungsG zu § 15a EGZPO.

[692] Vgl. beispielhaft §§ 4 – 6 Nordrhein-Westf. AusführungsG zu § 15a EGZPO; Art. 2 §§ 4 - 6 Hess. Entwurf AusführungsG zu § 15a EGZPO.

[693] Vgl. §§ 5 ff. Baden-Württemb. SchlG; Art. 9 ff. BaySchlG.

Regelung ist das Zeugnis über den erfolglosen Schlichtungsversuch sogleich auszustellen, wenn der Schlichter die Angelegenheit für eine Schlichtung aus rechtlichen oder tatsächlichen Gründen von vornherein für ungeeignet erachtet. Diese unscheinbare Bestimmung hat weitreichende Folgen, kann doch hierdurch ein offensichtlich erfolgloser und zeitaufwendiger Güteversuch vermieden werden. Ein Schlichtungsversuch kann z. B. vom Schlichter abgelehnt werden, wenn eine Vielzahl von Zeugen zu vernehmen wäre oder eine komplizierte Rechtsfrage die Streitigkeit überlagert[694]. Durch diese „Ausstiegsklausel", die nur im bayerischen Ausführungsgesetz zu finden ist, wird dem Schlichter ein Höchstmaß an Flexibilität eingeräumt. Freilich sollte der Schlichter von dieser Möglichkeit nur restriktiv Gebrauch machen. Allzu schnell könnten einvernehmliche Lösungen, um die zunächst gerungen werden muß, vergeben werden.

D. Sonstige Gemeinsamkeiten und Unterschiede der Länderregelungen

Einige Länder haben zwecks Kontrolle der Wirksamkeit der Umsetzung des § 15a EGZPO ihre Ausführungsgesetze befristet[695]. Auf der Grundlage von wissenschaftlichen Begleituntersuchungen soll sodann darüber entschieden werden, ob sich die obligatorische Schlichtung bewährt hat. So müssen sich die Länderparlamente nach einigen Jahren wieder mit dem Thema der außergerichtlichen Streitbeilegung befassen. Eine Bund-Länder-Arbeitsgruppe unter Federführung Nordrhein-Westfalens soll die Ergebnisse zusammentragen und auswerten, um eine bundesweite Vergleichbarkeit der Erfahrungen mit dem Schlichtungsversuch zu gewährleisten[696]. In der vorgesehenen Befristung mancher Länderregelungen spiegelt sich der Versuchscharakter des obligatorischen Schlichtungsverfahrens wider. Es bleibt abzuwarten, ob sich die Erwartungen erfüllen, welche die Bundesländer in das obligatorische Schlichtungsverfahren setzen.

E. Zusammenfassung und Ausblick

Alle Bundesländer, die § 15a EGZPO auf Landesebene bereits umgesetzt haben oder dieses planen, schöpfen den sachlichen Anwendungsbereich der Norm weitgehend aus. Die Tatbestände, welche die Öffnungsklausel der obligatorischen Schlichtung zuweist bzw. von der Schlichtung ausnimmt, finden sich im

---

[694] LT-Drucks. 14/2265, S. 11.

[695] Die Befristung des Gesetzes schwankt zwischen drei und fünf Jahren, vgl. Art 21 Abs. 2 BaySchlG; Art. 3 Abs. 2 Nordrhein-Westf. AusführungsG zu § 15a EGZPO; § 11 Hess. Entwurf AusführungsG zu § 15a EGZPO; Art. 5 Abs. 2 Brandenb. Entwurf SchlG.

[696] Dieckmann, S. 2802.

großen ganzen in den Länderregelungen wieder. In räumlicher Hinsicht wurde mit der Beschränkung auf den Landgerichtsbezirk jedoch eine engere Grenze gegenüber der Bundesregelung gezogen.

Die bisherige Umsetzung des § 15a EGZPO in den Ländern hat zwei unterschiedliche Modelle hervorgebracht. Während in den nördlichen Bundesländern das seit langem existierende Schiedsmannswesen für die Streitschlichtung nutzbar gemacht wird, weisen Bayern und Baden-Württemberg die Aufgaben der Schlichtung primär Rechtsanwälten zu. Andere Konfliktlösungseinrichtungen werden nach den Länderregelungen nicht von der Gütetätigkeit ausgeschlossen, insbesondere sind die Kammern und Innungen des Handwerks und Dienstleistungsgewerbes in die obligatorische Schlichtung einbezogen.

Der Erfolg der obligatorischen Schlichtung hängt natürlich in erster Linie von der Leistungsfähigkeit der Schlichtungseinrichtungen ab. Nur kompetente und effektiv arbeitende Schlichter vermögen die Ziele der Justizentlastung und des Angebotes einer vorteilhafteren Konfliktlösungen für die Parteien zu erreichen. Die Bundesländer greifen vorwiegend auf bestehende Strukturen zurück, seien es die Schiedsleute im Norden oder die Anwaltschaft in den südlichen Ländern. Der Rückgriff auf Vorhandenes war für eine schnelle Umsetzung des § 15a EGZPO erforderlich. Zumindest hinsichtlich der Schiedsmannslösung verbleiben Zweifel, ob die verwurzelte, aber bislang erfolglose Schlichtungseinrichtung das richtige Instrumentarium für den obligatorischen Schlichtungsversuch darstellt.

Die obligatorische Schlichtung sollte nicht einseitig einer Schlichtungseinrichtung zugewiesen werden; vielmehr bedarf es vielfältiger Angebote verschiedener Anbieter auf dem sich langsam entwickelnden Markt der außergerichtlichen Streitbeilegung. Alternative außergerichtliche Konfliktregelung ist nichts anderes als eine Privatisierung des Streits. Dies bedeutet mehr Eigenverantwortung des Bürgers. Muß er ein Schlichtungsverfahren vor Erhebung der Klage absolvieren, so sollte ihm zumindest offenstehen, die geeignete Konfliktregelungseinrichtung auszuwählen. Hieran halten sich die Ausführungsgesetze der Länder mit Recht.

Zusammenfassend läßt sich festzuhalten, daß die obligatorische Ausgestaltung des Schlichtungsverfahrens im Sinne des § 15a EGZPO nicht den Grundsätzen einvernehmlicher Konfliktlösung widerspricht, solange kein Zwang innerhalb des Verfahrens besteht.

Der Einsatz von Laien (den Schiedsleuten in den nördlichen Bundesländern) im Rahmen des obligatorischen Schlichtungsversuchs ist grundsätzlich nicht geeignet, den Erfordernissen und Zielsetzungen einvernehmlicher Streitbeilegung hinreichend gerecht zu werden. Gegenüber dem Schiedsmannmodell ist das bayerische und baden-württembergische Modell der obligatorischen Schlichtung, gekennzeichnet durch die juristische Professionalität des Schlichters, vorzuziehen.

ANHANG A – Die bundesgesetzliche Öffnungsklausel

§ 15a EGZPO

(1) Durch Landesgesetz kann bestimmt werden, daß die Erhebung der Klage erst zulässig ist, nachdem von einer durch die Landesjustizverwaltung eingerichteten oder anerkannten Gütestelle versucht worden ist, die Streitigkeit einvernehmlich beizulegen

1. in vermögensrechtlichen Streitigkeiten vor dem Amtsgericht über Ansprüche, deren Gegenstand an Geld oder Geldeswert die Summe von eintausendfünfhundert Deutsche Mark nicht übersteigt,
2. in Streitigkeiten über Ansprüche aus dem Nachbarrecht nach §§ 910, 911, 923 des Bürgerlichen Gesetzbuchs und nach § 906 des Bürgerlichen Gesetzbuchs sowie nach den landesgesetzlichen Vorschriften im Sinne des Artikels 124 des Einführungsgesetzes zum Bürgerlichen Gesetzbuche, sofern es sich nicht um Einwirkungen von einem gewerblichen Betrieb handelt,
3. in Streitigkeiten über Ansprüche wegen Verletzung der persönlichen Ehre, die nicht in Presse oder Rundfunk begangen worden ist.

Der Kläger hat eine von der Gütestelle ausgestellte Bescheinigung über einen erfolglosen Einigungsversuch mit der Klage einzureichen. Diese Bescheinigung ist ihm auf Antrag auch auszustellen, wenn binnen einer Frist von drei Monaten das von ihm beantragte Einigungsverfahren nicht durchgeführt worden ist.

(2) Absatz 1 findet keine Anwendung auf

1. Klagen nach §§ 323, 324, 328 der Zivilprozeßordnung, Widerklagen und Klagen, die binnen einer gesetzlichen oder gerichtlich angeordneten Frist zu erheben sind,
2. Streitigkeiten in Familiensachen,
3. Wiederaufnahmeverfahren,
4. Ansprüche, die im Urkunden- oder Wechselprozeß geltend gemacht werden,
5. die Durchführung des streitigen Verfahrens, wenn ein Anspruch im Mahnverfahren geltend gemacht worden ist,
6. Klagen wegen vollstreckungsrechtlicher Maßnahmen, insbesondere nach dem Achten Buch der Zivilprozeßordnung.

Das gleiche gilt, wenn die Parteien nicht in demselben Land wohnen oder ihren Sitz oder eine Niederlassung haben.

(3) Das Erfordernis eines Einigungsversuchs von einer von der Landesjustizverwaltung eingerichteten oder anerkannten Gütestelle entfällt, wenn die Parteien einvernehmlich einen Einigungsversuch vor einer sonstigen Gütestelle, die

Streitbeilegung betreibt, unternommen haben. Das Einvernehmen nach Satz 1 wird unwiderleglich vermutet, wenn der Verbraucher eine branchengebundene Gütestelle, eine Gütestelle der Industrie- und Handelskammer, der Handwerkskammer oder der Innung angerufen hat. Absatz 1 Satz 2 gilt entsprechend.

(4) Zu den Kosten des Rechtsstreits im Sinne des § 91 Abs. 1, 2 der Zivilprozeßordnung gehören die Kosten der Gütestelle, die durch das Einigungsverfahren nach Absatz 1 entstanden sind.

(5) Das Nähere regelt das Landesrecht; es kann auch den Anwendungsbereich des Absatzes 1 einschränken, die Ausschlußgründe des Absatzes 2 erweitern und bestimmen, daß die Gütestelle ihre Tätigkeit von der Einzahlung eines angemessenen Kostenvorschusses abhängig machen und gegen eine im Gütetermin nicht erschienene Partei ein Ordnungsgeld festsetzen darf.

(6) Gütestellen im Sinne dieser Bestimmung können auch durch Landesrecht anerkannt werden. Die vor diesen Gütestellen geschlossenen Vergleiche gelten als Vergleiche im Sinne des § 794 Abs. 1 Nr. 1 der Zivilprozeßordnung.

ANHANG B – Gesetzentwurf des Landes Hessen vom 16.05.2000

Hessisches Gesetz zur Ausführung des § 15a des Gesetzes betreffend die Einführung der Zivilprozessordnung

Artikel 1
Gesetz zur Regelung der außergerichtlichen Streitschlichtung

§ 1
Sachlicher Anwendungsbereich

(1) Die Erhebung einer Klage vor Gerichten der ordentlichen Gerichtsbarkeit ist erst zulässig, nachdem von einer in § 3 genannten Gütestelle versucht worden ist, die Streitigkeit einvernehmlich beizulegen,

1. in vermögensrechtlichen Streitigkeiten vor dem Amtsgericht über Ansprüche, deren Gegenstand an Geld oder Geldeswert die Summe von eintausendzweihundert Deutsche Mark nicht übersteigt,

2. in Streitigkeiten über Ansprüche wegen
   a) der in § 906 des Bürgerlichen Gesetzbuches geregelten Einwirkungen, sofern es sich nicht um Einwirkungen eines gewerblichen Betriebs handelt,
   b) Überwuchses nach § 910 des Bürgerlichen Gesetzbuches,
   c) Hinüberfalls nach § 911 des Bürgerlichen Gesetzbuches,
   d) eines Grenzbaums nach § 923 des Bürgerlichen Gesetzbuches,
   e) der im Hessischen Nachbarrechtsgesetz geregelten Nachbarrechte, sofern es sich nicht um Einwirkungen eines gewerblichen Betriebs handelt,

3. in Streitigkeiten über Ansprüche wegen Verletzungen der persönlichen Ehre, die nicht in Presse oder Rundfunk begangen worden sind.

(2) Abs. 1 findet keine Anwendung auf

1. Klagen nach §§ 323, 324, 328 der Zivilprozessordnung, Widerklagen und Klagen, die binnen einer gesetzlichen oder gerichtlich angeordneten Frist zu erheben sind,

2. Streitigkeiten in Familiensachen,

3. Wiederaufnahmeverfahren,

4. Ansprüche, die im Urkunden- oder Wechselprozess geltend gemacht werden,

5. die Durchführung des streitigen Verfahrens, wenn ein Anspruch im Mahnverfahren geltend gemacht worden ist,
6. Klagen wegen vollstreckungsrechtlicher Maßnahmen, insbesondere nach dem Achten Buch der Zivilprozessordnung,
7. Klagen, die auf Duldung gerichtet und im Gewerbebetrieb der klagenden Partei begründet sind,
8. Anträge, die im Adhäsionsverfahren (§ 403 der Strafprozessordnung) gestellt werden,
9. Klagen, für die nach anderen Vorschriften ein obligatorisches Vorverfahren angeordnet ist.

§ 2
Räumlicher Anwendungsbereich

Ein Einigungsversuch nach § 1 Abs. 1 ist nur erforderlich, wenn die Parteien in demselben Landgerichtsbezirk wohnen oder ihren Sitz oder eine Niederlassung haben.

§ 3
Sachliche Zuständigkeit

(1) Das Schlichtungsverfahren nach diesem Gesetz führt das Schiedsamt oder eine andere von der Landesjustizverwaltung eingerichtete oder anerkannte Gütestelle nach Maßgabe der jeweils für sie geltenden Verfahrensordnung durch (obligatorische Streitschlichtung).

(2) Das Erfordernis eines Einigungsversuchs vor dieser Stelle entfällt, wenn die Parteien einvernehmlich versucht haben, ihren Streit vor einer sonstigen Gütestelle, die Streitbeilegung betreibt, beizulegen (fakultative Streitschlichtung). Die Aufgaben der sonstigen Gütestellen können auch von den Mitgliedern der Rechtsanwalts- und Notarkammern wahrgenommen werden.

(3) Im Rahmen der fakultativen Streitschlichtung sind die Mitglieder der Notarkammern befugt, eidesstattliche Versicherungen entgegenzunehmen und formbedürftige Erklärungen zu protokollieren.

§ 4
Örtliche Zuständigkeit

Für das Schlichtungsverfahren ist das Schiedsamt örtlich zuständig, in dessen Bezirk die Gegenpartei wohnt. Eine abweichende örtliche Zuständigkeit kann von den Parteien schriftlich oder durch eine zu Protokoll des von ihnen gewählten Schiedsamts gegebene Erklärung vereinbart werden.

§ 5
Übergangsvorschrift

Dieses Gesetz findet auf alle Klagen Anwendung, die nach dem .... bei Gericht eingehen.

§ 6
Zeitlicher Geltungsbereich

Dieses Gesetz tritt am.............in Kraft. Es tritt mit Ablauf des 31. Dezember 2003 außer Kraft.

Artikel 2
Gesetz zur Einrichtung und Anerkennung von Gütestellen
durch die Landesjustizverwaltung

§ 1
Gütestellen und Schiedsämter

(1) Als Gütestelle im Sinne des § 794 Abs. 1 Nr. 1 der Zivilprozessordnung können juristische Personen oder bei diesen bestehende Stellen eingerichtet oder anerkannt werden. Auch natürliche Personen können als Gütestellen anerkannt werden.

(2) Schiedsämter im Sinne des Hessischen Schiedsamtsgesetzes stehen den von der Landesjustizverwaltung anerkannten Gütestellen gleich.

§ 2
Aufgaben

Aufgabe der Gütestelle ist es, die außergerichtliche Streitbeilegung zu fördern und die Inanspruchnahme der Gerichte in geeigneten Fällen entbehrlich zu machen. Ihr obliegt die einvernehmliche Streitbeilegung nach § 1 des Gesetzes zur Regelung der außergerichtlichen Streitschlichtung.

§ 3
Persönliche Voraussetzungen

(1) Natürliche Personen können als Gütestellen anerkannt werden, wenn sie nach ihrer Persönlichkeit und ihren Fähigkeiten für das Amt geeignet sind.

(2) Nicht anerkannt werden kann, wer

1. die Fähigkeit zur Bekleidung öffentlicher Ämter nicht besitzt;
2. unter Betreuung steht;
3. durch sonstige, nicht unter Nr. 2. fallende gerichtliche Anordnungen in der Verfügung über sein Vermögen beschränkt ist.

(3) Juristische Personen oder deren Einrichtungen können als Gütestelle anerkannt werden, wenn gewährleistet ist, dass die von ihnen bestellte Schlichtungsperson die Voraussetzungen der Abs. 1 und 2 erfüllt. Es muss darüber hinaus gewährleistet sein, dass die Schlichtungsperson im Rahmen ihrer Schlichtungstätigkeit unabhängig und an Weisungen nicht gebunden ist. Die Bestellung als Schlichtungsperson muss für einen Zeitraum von mindestens drei Jahren erfolgen. Eine Abberufung darf nur stattfinden, wenn Tatsachen vorliegen, die eine unabhängige Erledigung der Schlichtertätigkeit nicht mehr erwarten lassen.

§ 4
Schlichtungsordnung

(1) Die Gütestelle bedarf einer Schlichtungsordnung. Diese muss den Parteien des Schlichtungsverfahrens zugänglich sein.

(2) Die Schlichtungsordnung muss vorsehen, dass

1. die Schlichtungsperson die Schlichtungstätigkeit nicht ausüben darf
a) in Angelegenheiten, in denen sie selbst Partei ist oder in denen sie zu einer

Partei in dem Verhältnis einer Mitberechtigten, Mitverpflichteten oder Regresspflichtigen steht;

b) in Angelegenheiten ihres Ehegatten oder Verlobten, auch wenn die Ehe oder das Verlöbnis nicht mehr besteht;

c) in Angelegenheiten einer Person, mit der sie in gerader Linie verwandt, verschwägert, in der Seitenlinie bis zum dritten Grade verwandt oder bis zum zweiten Grade verschwägert ist, auch wenn die Ehe, durch die die Schwägerschaft begründet ist, nicht mehr besteht;

d) in Angelegenheiten, in denen sie als Prozessbevollmächtigte oder Beistand einer Partei bestellt oder als gesetzliche Vertreterin einer Partei aufzutreten berechtigt ist oder war;

e) in Angelegenheiten einer Person, bei der sie gegen Entgelt beschäftigt oder bei der sie als Mitglied des Vorstandes, des Aufsichtsrates oder eines gleichartigen Organs tätig ist oder war;

2. die am Schlichtungsverfahren beteiligten Parteien Gelegenheit erhalten, selbst oder durch von ihnen beauftragte Personen Tatsachen und Rechtsansichten vorzubringen und sich zu dem Vortrag der Gegenseite zu äußern.

§ 5
Haftpflichtversicherung

(1) Soweit die Gütestelle nicht von einer öffentlich-rechtlichen Körperschaft oder Anstalt getragen wird, muss eine Haftpflichtversicherung für Vermögensschäden bestehen und die Versicherung während der Dauer der Anerkennung als Gütestelle aufrechterhalten bleiben. Die Versicherung muss bei einem im Inland zum Geschäftsbetrieb befugten Versicherungsunternehmen zu den nach Maßgabe des Versicherungsaufsichtsgesetzes eingereichten Allgemeinen Versicherungsbedingungen aufgenommen werden und sich auf solche Vermögensschäden erstrecken, für die die Gütestelle nach § 278 oder § 831 des Bürgerlichen Gesetzbuches einzustehen hat.

(2) Der Versicherungsvertrag hat Versicherungsschutz für jede einzelne Pflichtverletzung zu gewähren, die gesetzliche Haftpflichtansprüche privatrechtlichen Inhalts gegen die Gütestelle zur Folge haben könnte.

(3) Die Mindestversicherungssumme beträgt fünfhunderttausend Deutsche Mark für jeden Versicherungsfall. Die Leistungen des Versicherers für alle innerhalb eines Versicherungsjahres verursachten Schäden können auf den vierfachen Betrag der Mindestversicherungssumme begrenzt werden.

(4) Die Vereinbarung eines Selbstbehalts bis zu 1 vom Hundert der Mindestversicherungssumme ist zulässig.

(5) Im Versicherungsvertrag ist der Versicherer zu verpflichten, der für die Anerkennung von Gütestellen zuständigen Stelle den Beginn und die Beendigung oder Kündigung des Versicherungsvertrages sowie jede Änderung, die den vorgeschriebenen Versicherungsschutz beeinträchtigt, unverzüglich mitzuteilen.

(6) Zuständige Stelle im Sinne des § 158c Abs. 2 des Gesetzes über den Versicherungsvertrag ist die für die Anerkennung als Gütestelle zuständige Stelle.

§ 6
Aktenführung

(1) Die Gütestelle hat durch Anlegung von Handakten einen geordneten Überblick über die von ihr entfaltete Tätigkeit zu ermöglichen. In diesen Akten sind insbesondere zu dokumentieren

1. der Zeitpunkt der Anbringung eines Güteantrags bei der Gütestelle, weiterer Verfahrenshandlungen der Parteien und der Gütestelle sowie der Beendigung des Güteverfahrens;
2. der Inhalt eines zwischen den Parteien geschlossenen Vergleichs.

(2) Die Gütestelle hat die Akten auf die Dauer von fünf Jahren nach Beendigung des Verfahrens aufzubewahren.

(3) Innerhalb des in Abs. 2 genannten Zeitraums können die Parteien von der Gütestelle gegen Kostenerstattung beglaubigte Ablichtungen der Handakten und Ausfertigungen geschlossener Vergleiche verlangen.

§ 7
Rücknahme und Widerruf der Anerkennung

(1) Die Anerkennung als Gütestelle ist mit Wirkung für die Zukunft zurückzunehmen, wenn nachträglich Tatsachen bekannt werden, bei deren Kenntnis die Zulassung hätte versagt werden müssen.

(2) Die Anerkennung ist zu widerrufen, wenn

1. die Schlichterin oder der Schlichter nicht mehr die persönlichen Voraussetzungen des § 3 erfüllt;
2. die Schlichtungsordnung nicht mehr den Anforderungen des § 4 entspricht;
3. die erforderliche Haftpflichtversicherung (§ 5) nicht mehr besteht;
4. die Gütestelle auf die Rechte aus ihrer Anerkennung gegenüber der für die Anerkennung zuständigen Behörde schriftlich verzichtet hat.

§ 8
Zuständigkeit, Gebühren und Verfahren

(1) Zuständige Behörde für die Anerkennung sowie die Rücknahme und den Widerruf der Anerkennungen als Gütestelle ist die Präsidentin oder der Präsident des Oberlandesgerichts, in dessen Bezirk die Gütestelle ihren Sitz hat.

(2) Die Anträge sind schriftlich zu stellen. Die Schlichtungsordnung ist beizufügen.

(3) Für die Anerkennung als Gütestelle wird eine Gebühr in Höhe von zweihundertfünfzig Deutsche Mark erhoben. Wird der Antrag auf Anerkennung abgelehnt oder wird dieser zurückgenommen, so beträgt die Gebühr fünfzig Deutsche Mark.

(4) Änderungen in der Person des Schlichters sowie der Schlichtungsordnung sind der nach Abs. 1 zuständigen Behörde unverzüglich anzuzeigen.

(5) Die Anerkennung als Gütestelle sowie die Rücknahme oder der Widerruf der Anerkennung sind öffentlich bekannt zu machen. Die nach Abs. 1 zuständige Behörde führt eine Liste der in ihrem Bezirk anerkannten Gütestellen. Die hierfür erforderlichen Daten dürfen erhoben und gespeichert werden. Die erstellten Listen dürfen in automatisierte Abrufverfahren eingestellt werden.

§ 9
Anfechtung von Entscheidungen

Über die Rechtmäßigkeit von Anordnungen, Verfügungen oder sonstigen Maßnahmen nach diesem Gesetz entscheiden auf Antrag die ordentlichen Gerichte. Für das Verfahren gelten die Vorschriften der §§ 23 bis 30 des Einführungsgesetzes zum Gerichtsverfassungsgesetz; ein Vorverfahren nach § 24 Abs. 2 des Einführungsgesetzes findet nicht statt.

§ 10
Bestehende Gütestellen

Dieses Gesetz findet auf die zum Zeitpunkt seines Inkrafttretens bereits anerkannten Gütestellen mit der Maßgabe Anwendung, dass es einer erneuten Anerkennung nach § 1 nicht bedarf.

§ 11
Zeitlicher Geltungsbereich

Dieses Gesetz tritt am.............in Kraft. Es tritt mit Ablauf des 31. Dezember 2003 außer Kraft.

ANHANG C – Gesetzentwurf des Landes Schleswig-Holstein vom 01.05.2000

Entwurf eines Gesetzes zur Ausführung von § 15 a des Gesetzes betreffend die Einführung der Zivilprozessordnung

§ 1
Schlichtungsverfahren

(1) Die Erhebung einer Klage in den in § 15 a Abs. 1 und 2 des Gesetzes betreffend die Einführung der Zivilprozessordnung (EGZPO) in der im Bundesgesetzblatt Teil III, Gliederungsnummer 310 - 2, veröffentlichten bereinigten Fassung, zuletzt geändert durch Artikel 1 des Gesetzes vom 16. Dezember 1999 (BGBl. I S. 2400) genannten Fällen ist erst zulässig, nachdem von einer Gütestelle nach § 2 in einem Schlichtungsverfahren versucht worden ist, die Streitigkeit einvernehmlich beizulegen.

(2) Ein Schlichtungsverfahren ist nicht erforderlich, wenn ein vermögensrechtlicher Anspruch im Strafverfahren nach § 403 Abs. 1 der Strafprozessordnung geltend gemacht wird.

(3) Ein Schlichtungsverfahren ist nur erforderlich, wenn die Parteien ihren Wohnsitz, ihren Sitz oder eine Niederlassung in demselben Landgerichtsbezirk haben.

§ 2
Gütestellen

(1) Die Parteien können sich für einen Schlichtungsversuch einvernehmlich an jede Rechtsanwältin oder jeden Rechtsanwalt, die oder der nicht Parteivertreterin oder Parteivertreter ist, oder an dauerhaft eingerichtete Schlichtungsstellen der Kammern, Innungen, Berufsverbände oder ähnliche Institutionen im Sinne von § 15a Abs. 3 EGZPO wenden. Das Einvernehmen nach Satz 1 wird unwiderleglich vermutet, wenn die Verbraucherin oder der Verbraucher eine branchengebundene Schlichtungsstelle, eine Schlichtungsstelle der Industrie- und Handelskammer, der Handwerkskammer oder der Innung angerufen hat.

(2) Fehlt es am Einvernehmen nach Absatz 1, ist der Schlichtungsversuch vor dem Schiedsamt nach der Schiedsordnung für das Land Schleswig-Holstein vom 10. April 1991 (GVOBl. Schl.-H. S. 232), Zuständigkeiten und Ressortbezeichnungen ersetzt durch Verordnung vom 24. Oktober 1996 (GVOBl. Schl.-H. S. 652) durchzuführen. Für dieses Schlichtungsverfahren gelten die Vorschriften der Schiedsordnung entsprechend.

§ 3
Erfolglosigkeit der Schlichtung

(1) Eine unterschriebene Bescheinigung über die Erfolglosigkeit des Schlichtungsverfahrens wird auf Antrag erteilt, wenn

1. in der Schlichtungsverhandlung ein Vergleich nicht zustande gekommen ist,
2. allein die Antragsgegnerin oder der Antragsgegner dem Schlichtungstermin unentschuldigt ferngeblieben ist oder sich vor dem Schluss der Schlichtungsverhandlung unentschuldigt entfernt hat,
3. binnen einer Frist von drei Monaten seit Antragstellung das beantragte Schlichtungsverfahren nicht durchgeführt worden ist.

(2) Die Bescheinigung muss enthalten

1. die Namen, Vornamen und Anschriften der Parteien und ihrer gesetzlichen Vertreterinnen oder Vertreter,
2. Angaben über den Gegenstand des Streits, insbesondere die Anträge,
3. die Zeitpunkte des Antragseingangs und der Verfahrensbeendigung sowie
4. Ort und Zeit der Ausstellung.

(3) Führt das Schiedsamt das Schlichtungsverfahren durch, ist die Bescheinigung auch zu erteilen, wenn die Schiedsfrau oder der Schiedsmann die Ausübung des Amtes nach § 18 Schiedsordnung ablehnt.

§ 4
Änderungen der Schiedsordnung

Die Schiedsordnung wird wie folgt geändert:

1. In § 23 Abs. 3 Satz 1 werden die Wörter „20,-- bis 100,-- Deutsche Mark“ durch die Wörter „10,-- bis 50,-- Euro“ ersetzt.

2. § 34 Abs. 2 Satz 1 erhält folgende Fassung:
„Das Schiedsamt ist Gütestelle im Sinne des § 794 Abs. 1 Nr. 1 der Zivilprozessordnung."
3. In § 45 Abs. 1 und 2 werden jeweils die Wörter „Deutsche Mark" durch das Wort „Euro" ersetzt.

§ 5
Übergangsregelung, Inkrafttreten

(1) Soweit in diesem Gesetz Beträge in Euro genannt werden, gelten diese bis zum 31. Dezember 2001 auch als Beträge in DM; der Umrechnungskurs beträgt1 EURO = 1,95583 DM.

(2) Das Gesetz tritt am ersten Tag des dritten auf die Verkündung folgenden Kalendermonats in Kraft.

Bernd Minnich / Gerald J. Obermair / Stephen Deacon

Chronobiology and Chronic Rheumatism

Effects of Radon-Balneotherapy and Melatonin Treatment within Chronic Arthrosis

Frankfurt/M., Berlin, Bern, Bruxelles, New York, Oxford, Wien, 2001.
185 pp., num. fig. and tab.
Research Institute Gastein – Tauernregion. Edited by Hans Adam. Vol. 4
ISBN 3-631-37502-6 · pb. DM 69.–*
US-ISBN 0-8204-5355-2

The first part of the book introduces basic principles of chronobiology and forms of rheumatic diseases to the reader.
In the second part, the results of a clinical trial are presented. The aim of this study was to determine, for the first time, the extent of circadian rhythm disturbances in patients suffering from degenerative joint diseases, namely chronic arthrosis. Biorhythmical entraining effects of the patients' physical and mental conditions were observed after a three-week radon-balneotherapy and complimentary Melatonin treatment in the Bad Gastein health spa which is situated in the Austrian alps.

Contents: Chronobiology: an Introduction · Forms of Rheumatism: an Introduction · The determination of circadian rhythm disorders in patients with chronic rheumatism: the effects of radon-balneotherapy and Melatonin

Kolibri 360 GmbH
Ferdinand-Jühlke-Straße 7
99095 Erfurt, Deutschland
produktsicherheit@kolibri360.de

Druck:
CPI Druckdienstleistungen GmbH
im Auftrag der
Kolibri 360 GmbH
Ferdinand-Jühlke-Str. 7
99095 Erfurt